王勇　主編

『齊魯先賢家譜整理研究』叢書

黃金元　張金平　校注

《安德田氏家譜》整理研究

齊魯書社

·濟南·

圖書在版編目（CIP）數據

《安德田氏家譜》整理研究 / 黃金元, 張金平校注
. -- 濟南 : 齊魯書社, 2024.10
（“齊魯先賢家譜整理研究”叢書）
ISBN 978-7-5333-4800-7

Ⅰ.①安… Ⅱ.①黃… ②張… Ⅲ.①氏族譜系－研究－德州 Ⅳ.①K820.9

中國國家版本館CIP數據核字(2023)第207584號

策劃編輯：李軍宏
責任編輯：周　磊
裝幀設計：劉羽珂

“齊魯先賢家譜整理研究”叢書
王勇　主編
《安德田氏家譜》整理研究
ANDE TIANSHI JIAPU ZHENGLI YANJIU
黃金元　張金平　校注

主管單位	山東出版傳媒股份有限公司
出版發行	齊魯書社
社　　址	濟南市市中區舜耕路517號
郵　　編	250003
網　　址	www.qlss.com.cn
電子郵箱	qilupress@126.com
營銷中心	（0531）82098521　82098519　82098517
印　　刷	日照日報印務中心
開　　本	880mm×1230mm　1/32
印　　張	11.5
插　　頁	7
字　　數	300千
版　　次	2024年10月第1版
印　　次	2024年10月第1次印刷
標準書號	ISBN 978-7-5333-4800-7
定　　價	**92.00圓**

“齊魯先賢家譜整理研究”叢書（十部）

《馮氏世録》二種整理研究　張秉國 編著

新城《王氏世譜》整理研究　魏恒遠 編著

《安丘曹氏族譜》整理研究　趙紅衛 校注

萊陽《宋氏宗譜》整理研究　朱秀敏 宋金民 校注

《籠水趙氏世譜》整理研究　王勇 編著

《顔山孫氏族譜》整理研究　江永紅 王濟洲 編著

東郡《傅氏族譜》整理研究　李泉 箋注

《安德田氏家譜》整理研究　黄金元 張金平 校注

《東武劉氏家譜》整理研究　張其鳳 編著

《棲霞名宦公牟氏譜稿》整理研究　王海鵬 編著

主編簡介

王勇，男，1959年9月生，山東淄博人。山東師範大學文學院教授，主要從事中國古代文學藝術及齊魯傳統文化的教學與研究，著有《明清博山趙氏家族文化研究》《山東文學史》等。主持國家社會科學基金項目、山東省社會科學規劃研究項目等多項。曾集體榮獲山東省社會科學優秀成果重大成果并一等獎、山東省高等教育教學成果二等獎。

作者簡介

黄金元，男，1967年3月出生，山東齊河人。德州學院文學與新聞傳播學院教授，文學博士。山東省委組織部“名師送教”師資庫專家，山東省古典文學學會常務理事。長期從事傳統家族文化、地域文化與古典詩詞的教學研究工作。先後出版《清代德州田氏家族文化研究》《明清之際濟南府望族與詩歌研究》等專著4部，科研成果多次獲得省、市社科優秀成果獎。

山東省2016年齊魯優秀傳統文化傳承創新工程
第一批重點項目

山東省一流學科山東師範大學文學院中國語言文學
學科建設經費資助項目

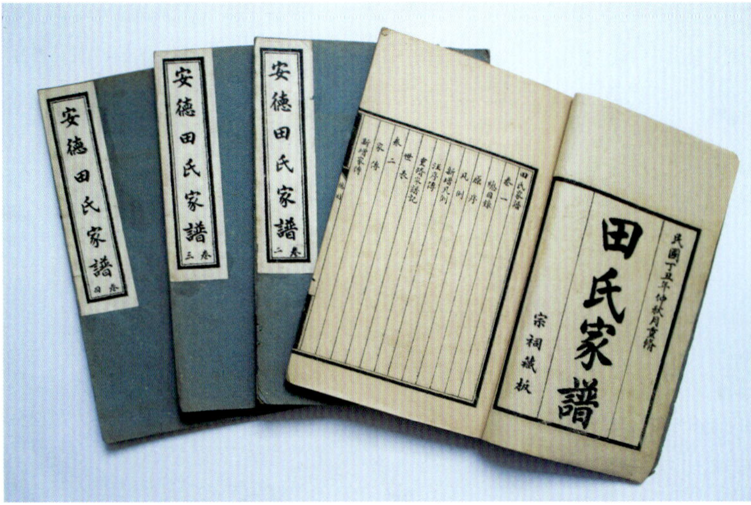

民國本《安德田氏家譜》書影（宗祠藏板）

田雯畫像（選自蔡冠洛著
《清代七百名人傳》）

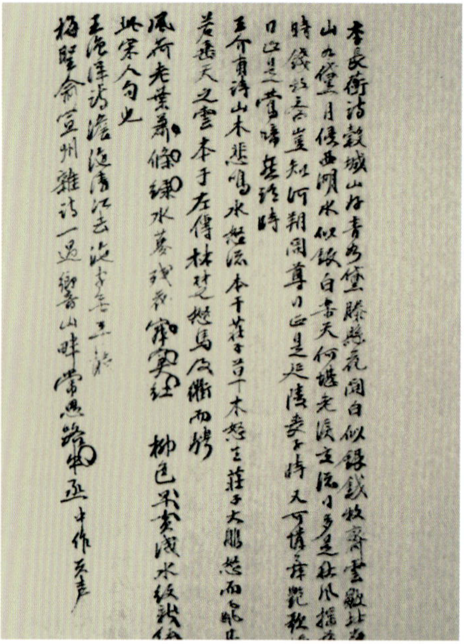

田雯手迹（選自山東博物館藏稿本《古歡堂筆記》）

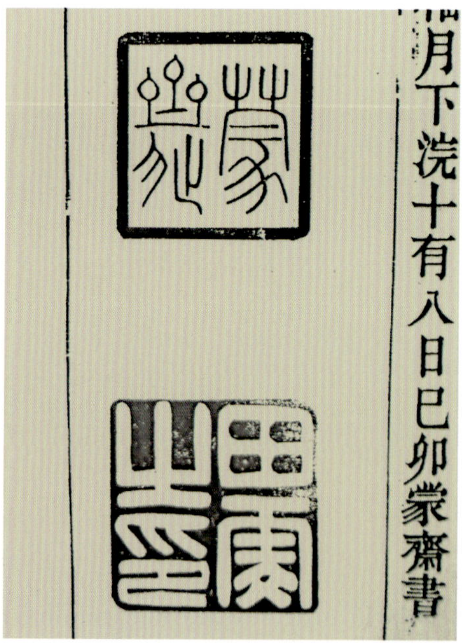

田雯鈐印（選自國家圖書館藏田雯《幼學編·自序》）

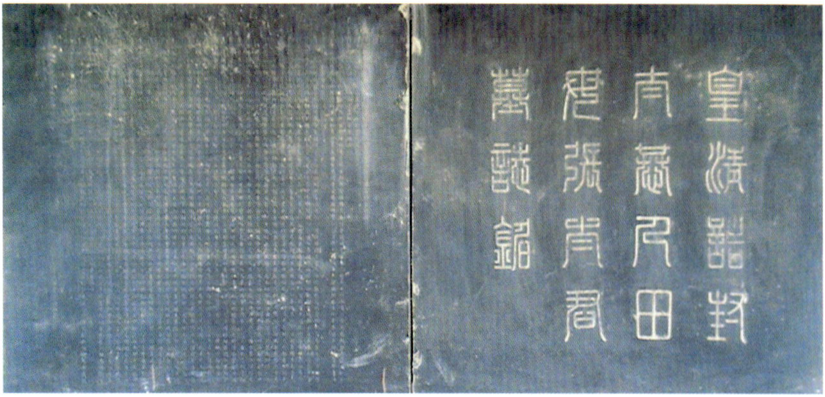

田雯母親張氏墓志銘，墓蓋篆書：皇清誥封太恭人田母張太君墓志銘（現收藏於德州蘇禄王御園）

田雯之妻馬氏墓蓋（殘），篆書：蒙齋之妻封夫人馬氏墓銘（現存於德州市天衢新區抬頭寺鎮溝李村）

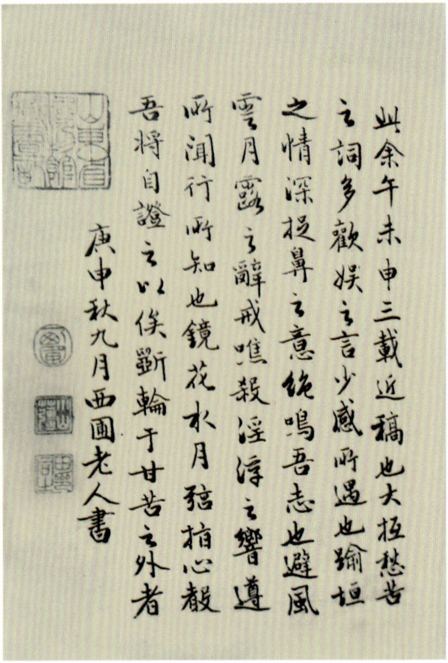

此余午未申三載近稿也大抵愁苦之詞多歡娛之言少感所遇也踰垣之情深捉鼻之意絶鳴吾志也避風雲月露之辭戒噍殺淫浮之響遵所聞行所知也鏡花水月殆[illegible]心[illegible]吾將自證之以俟斲輪于甘苦之外者

庚申秋九月西圃老人書

田同之手迹（《山東文獻集成》影印山東博物館藏稿本《西圃近稿·自序》）

位于古運河畔的田雯紀念館（内景）

總序

『齊魯先賢家譜整理研究』叢書（以下簡稱『叢書』），是山東省二〇一六年齊魯優秀傳統文化傳承創新工程第一批重點項目、山東省一流學科山東師範大學文學院中國語言文學學科建設經費資助項目。經過山東省內外十所高校與科研單位老中青三代十餘位學者的共同努力，終於順利結項，即將出版發行。作爲項目負責人，我感到十分欣慰，也堅信『叢書』將對齊魯優秀傳統文化乃至中華優秀傳統文化的創造性轉化、創新性發展産生積極影響。

一

『家譜』又稱『譜牒』『譜諜』『族譜』『家諜』『家牒』『譜録』『宗譜』『世譜』『家乘』『世録』『房譜』『譜稿』『牒譜』等（皇帝家譜則稱『玉牒』），或單稱『譜』『牒』『諜』『乘』等，是記載一姓（少數多姓）世系、重要人物事迹，以及家教、家風、家訓等内容的譜籍。它起源於父系社會，由國家纂修，漢代司馬遷《史記・太史公自序》曾連稱「維三代尚矣，年紀不可考，蓋取之譜牒舊聞，本於兹，於是略推，作《三代世表》第一」「幽厲之後，周室衰微，諸侯專政，《春秋》有所不紀；而譜牒經略，五霸更盛衰，欲睹周世相先後之意，作《十二諸侯年表》第二」〔一〕。至魏晋南北朝時，已有零散的私人家譜資料記載，如《世説新語》，南朝梁劉孝標注就引家傳四十餘部。唐代出現了私家族譜專書，《新唐書・藝文志》隨之增設「譜牒類」。到宋代，私修家譜的規模已經大大超過官修家譜，其中歐陽修的《歐陽氏譜圖》、蘇洵的《蘇氏族譜》都是影響深遠的家譜名著。明清以來，私修家譜日益普及，并且往往定期重修。

中國的家譜源遠流長，浩如烟海，素與方志、正史鼎足而三，被看作中國古代典籍的一大支柱，自古以來廣爲人們關注。上海圖書館編、王鶴鳴先生主編的《中國家譜總目》〔二〕，係全球中文文獻資源共建共享項目、「十五」國家社會科學基金項目、全國高等院校古籍整理研究工作委員會資助項目。全書由海内外六百一十四家譜牒文獻收藏單位、五千餘名譜牒文獻收藏者和一千餘名譜牒文獻研究者、編纂人員合作完成，共計十册，一千二百三十萬字，著録海内外家譜五萬二千四百零一種、姓氏六百零八個，是迄今爲止規模最大的帶有内容提要的中國家譜聯合目録，也是極其重要的中華文明探源成果。該書出版以來，先後榮獲第十届全國優秀古籍圖書獎一等獎、上海市第十一届圖書獎特等獎、上海市第十届哲學社會科學優秀成果獎著作類二等獎、第二届中國出版政府獎圖書獎等，在海内外贏得了廣泛好評，也爲我們從事研究、申報課題提供了極大便利。

『先賢』一詞，至遲在秦漢典籍中已見。《禮記·祭義》云：『祀先賢於西學（周代小學名），所以教諸侯之德也。』[三] 這裏的『先賢』指的是先世賢人，也即古代德才兼備者。他們既包括賢君、賢主、賢王、賢辟（德才兼備的君主），也包括賢相、賢輔、賢宰（德才兼備的宰相），還包括賢伯（德才兼備的諸侯）、賢牧（德才兼備的州郡長官）、賢令（德才兼備的縣令）、賢臣（德才兼備的臣子）、賢吏（德才兼備的官吏）與賢民（德才兼備的平民），是中國古人的杰出代表，也是中國古代家譜的亮點。先賢家譜大都具有文物價值，這從各級、各地公私收藏機構與個人競相收購先賢家譜、價格亦不斷攀升即可見一斑。近年來，新聞媒體也較關注先賢家譜的文物價值。二〇一六年三月，中央電視臺綜合頻道《我有傳家寶》節目導演賀躍進先生主動邀請筆者組織籠水（山東省淄博市博山區）趙氏族人代表趙捍東先生携帶清代刻本《籠水趙氏世譜》等赴京製作專題節目，并於當年四月四次播出，在山東省内外都産生了較大反響。而先賢家譜的輯佚、校勘、研究和利用價值，也應該高度重視。

以山東臨朐馮氏（始祖明代馮裕）爲例：《中國家譜總目》衹著録山東省圖書館藏清抄本《馮氏家乘》一卷；張秉國先生則注意到還有清道光二十八年（1848）纂修的《馮氏世譜》四卷及清光緒三十三年（1907）、民國十九年（1930）兩次續修本，一九六二年在其基礎上纂修的《馮氏族譜分派兑部》，明代以來私人過録、收藏《馮氏世録》抄本四種。經過全面比較，張秉國先生選擇《馮氏世録》二種（冶源本、青州本）作底本進行整理研究，并發現了一些他書不載的碑傳墓志類文獻、世所罕見的各種誥敕，解决了諸如馮惟敏的卒年等問題（張秉國《〈馮氏世録〉二種整理研究》），爲《中國家譜總目》增補、修訂提供了重要綫索，也爲明清兩朝誕生了九位進士、九位四品以上官員并至少撰寫了六十餘種著作的臨朐馮氏家族等文獻輯佚、校勘、研究和利用奠定了堅實基礎。

先賢各有生態，也即特定環境中生存、發展的狀態及其生活習俗等，包括家族生態與社會生態。先賢家譜既是先賢家族生態的主要載體，也是先賢社會生態的輔助載體。家譜的主體是世系，通常記載始祖以來家族成員的名字、別號、生辰、幼教、婚配、子嗣、忌日、墓地、祠堂等，是研究其家族生態的第一手資料，有的還是傳世文獻中僅見的珍品。家譜中的傳記、墓志銘等，介紹家族成員科考、仕宦、交游、節操等多種信息，是研究其社會生態的重要資源，有的還可補充、糾正正史與方志等傳世文獻的缺失。先賢家譜是老祖宗留給我們的寶貴遺産，兼具物質文化遺産（家譜實體）與非物質文化遺産（家譜編纂方法）雙重屬性，是社會主義精神文明建設的深厚滋養，能够幫助世人察古鑒今，勿忘其身。它們既可爲解决人們『我是誰』『我從哪裏來』的問題提供幫助，也可爲人們明確『我到哪裏去』『我怎樣到那裏去』的目標與途徑指示方向。一九九六年底上海圖書館家譜閲覽室正式對外開放以來，爲海内外成千上萬的尋根者、續譜者與研究者解决了困難，并極大地促進了全球華人對中華民族精神基因的認同，有力地推動了當代文明家庭建設與各地旅游事業發展。先賢家譜中收録的一些家訓、家規，至今仍有借鑒意義。新城王氏四世王重光制定的書面家訓『所存者必皆道義之心、所行者必皆道義之事、所友者必皆讀書之人、所言者必皆讀書之言』及八世王士禛所寫的廉政家規《手鏡録》，還引起中共中央紀委、國家監察部的高度關注。二〇一六年四月，中央紀委、監察部網站《中國傳統中的家規》欄目組專門趕赴山東省淄博市桓臺縣王士禛故里，拍攝專題片《山東桓臺王漁洋家族：忠勤報國潔己愛民》。節目推出後，在中國共産黨内外引起了熱烈反響，爲宣傳良好家風，推動廉政建設做出了積極貢獻。

二

齊魯大地歷史悠久，文化燦爛，先賢産生早、數量多、影響大、定位高，是一道獨特的風景綫。遠在秦代以前，就已誕生了孔子、孟子、孫子（孫武、孫臏）等先賢，并爲管子、墨子、莊子、荀子等先賢提供了成就偉業的平臺。孔子更培養了三千弟子、七十二賢〔四〕。此後開疆拓宇，代不乏人。及至明代嘉靖年間（1522—1566）禮部會議孔廟祭禮時，甚至衹把顔淵、曾參、孔伋、孟軻等十哲以下和孔子其他及門弟子稱爲『先賢』，而把左丘明以下稱爲『先儒』〔五〕。

受『至聖先師』孔子及其家族的深刻影響，齊魯先賢及其家族特别重視譜牒編纂。從孔孟顔曾到民國諸賢，兩千餘年綿延不斷，書寫了一部家譜伴先賢成長、先賢爲家譜增色的壯麗史册。清嘉慶十九年（1814），劉鐶之主持纂修的《東武劉氏家譜》全部完成，阮元應邀爲其作序。阮元是清代著名學者、出版家，他撰寫的《疇人傳》與《積古齋鐘鼎彝器款識》，是研究中國歷代天文學家、數學家生平與古文字學的重要參考文獻，主編的《經籍纂詁》、校刻的《十三經注疏》、彙刻的《皇清經解》等，都在中國文化史上産生了巨大影響。阮元盛贊被乾隆皇帝譽爲『海岱高門第』的東武劉氏家族，稱許該譜『井然秩然，何其慎也』『不妄推世系，又何慎也』，且認爲『是譜之修，非止世家之乘，且裨國史之表，誠不可緩於今日矣』。此論持之有據，絶非虛誇。張其鳳先生經過廣泛調查，發現東武劉氏家譜除清嘉慶十九年刻本，還有清乾隆二十一年（1756）劉統勛主持纂修的《東武劉氏家譜》（已佚），以及清宣統三年（1911）劉心鑒參與纂修并抄録的《東武劉氏家譜槎河支譜》、二〇〇二年劉德浦重印嘉慶本并補劉緒煊後裔手抄本、二〇〇四年劉德浦纂修《東武劉氏家譜槎河支譜續》、二〇〇九年劉鏡如編著《東武劉氏家乘》（以上五種家譜俱不見於《中國家譜總目》），并選擇嘉慶本作底本整理研究。張其鳳先生通過全面比較，認爲劉統勛、劉墉爲清代漢族父子宰相第一。又根據《東武劉氏家譜》分别統計，發現東武劉氏有品官銜者四百一十一人次（含封贈），無品官銜者九十一人次（含封贈），是著名的仕宦世家；東武劉氏擁有十一位進士，四十二位舉人，一百五十二位監生，五十二位庠生，又是著名的科舉世家；東武劉氏擁有水利、刑名、書法、醫學、金石學、版本目録學、詩學、史學、理學、文字學等專家，傳有一百八十餘部各類著作，還是著名的文化世家。此外，東武劉氏家族六人入選《清史稿》傳記，二人入選賢良祠，三人次入選名宦祠，五人次入選鄉賢祠，三次得到清帝賜匾、題詩或盛贊（康熙、乾隆、嘉慶），是全國一流的名門望族（張其鳳《〈東武劉氏家譜〉整理研究》）。這些成果真實地展現了齊魯先賢家譜的重要地位及其輯佚、校勘、研究和利用價值。

新城王氏在明清時期共孕育了三十位進士、五十二位舉人、數十位高官，除王士禛，還有大約七十人留下了各類不同著作，是山東乃至全國最著名的仕宦望族和文化世家之一。據魏恒遠先生考察，除已見於《中國家譜總目》的《王氏族譜》十三卷［明崇禎三年（1630）毛氏汲古閣刻本］、新城《王氏世譜》八卷首一卷［清乾隆二十五年（1760）刻本］、新城《王氏世譜》不分卷［清嘉慶十三年（1808）刻本］、《大槐王氏家譜譜略》一卷（清抄本）、新城《王氏世譜》三十五卷［民國四年（1915）木活字本］、《新城王氏世譜》八卷（一九九四年鉛印本），新城王氏還有明萬曆三年（1575）、清康熙五十五年（1716）、清同治三年（1864）、二〇〇八年纂修諸譜。甚至在萬曆三年五世王之垣『創修』之前，已有其叔王文光的《徙新城譜略》（魏恒遠《新城〈王氏世譜〉整理研究》）。魏恒遠先生選擇乾隆本作底本整理研究，并廣泛收集各個版本新城王氏家譜的資料等，彙爲《新城〈王氏世譜〉整理研究·下編》一百五十篇（組）。其中，有明代著名學者焦竑的《少司農王公傳》，明代著名戲曲作家、文學家屠隆的《王司徒誄》，明代著名文學家于慎行的《王氏琅邪公傳》《明故正議大夫户部左侍郎誥贈户部尚書見峰王公暨元配夫人于氏合葬墓志銘》《明故奉直大夫户部四川司員外郎錦峰王公墓志銘》《宣府巡撫大中丞新城王公生祠記》，明代著名戲曲作家、文學家湯顯祖的《大司馬新城王公祖德賦（有序）》，明代著名書法家邢侗的《資政大夫户部尚書王公行狀》，明代著名書畫家董其昌的《王氏族譜序》，明末清初著名文學家錢謙益的《王季木墓表》，清代著名詩人施閏章的《吏部考功司員外郎王公墓碑》，清代著名文學家、戲曲家尤侗的《王東亭進士傳》，清代著名散文家汪琬的《王象乾傳》《御史王公傳并贊》《節孝王先生傳》《誥封王母張宜人墓志銘》，清代著名文學家陳維崧的《祭王西樵先生文》，清代著名文學家姜宸英的《新城王方伯傳》，清代著名文學家朱彝尊的《文林郎湖廣道監察御史王公墓表》《誥封朝議大夫國子監祭酒新城王公墓碑》，清代著名史學家萬斯同的《王象乾傳》，清代著名經學家孫星衍的《資政大夫經筵講官刑部尚書王公傳》等。這些成果又一次清晰地展現了齊魯先賢家譜的突出地位及其輯佚、校勘、研究和利用價值。趙紅衛女士的《〈安丘曹氏族譜〉整理研究》，朱秀敏女士、宋金民先生的《萊陽〈宋氏宗譜〉整理研究》，王勇的《〈籠水趙氏世譜〉整理研究》，江永紅女士、王濟洲同志的《〈顏山孫氏族譜〉整理研究》，李泉先生的《東郡〈傅氏族譜〉整理研究》，黄金元、張金平先生的《〈安德田氏家譜〉整理研究》，王海鵬先生的《〈棲霞名宦公牟氏譜稿〉整理研究》，也都與此相似，各具價值。

遺憾的是，齊魯先賢家譜的收集、整理、研究和利用工作還做得不够。截至目前，尚未專門全面收集傳世齊魯先賢家譜的基本信息，也未正式出版系統整理研究齊魯先賢家譜的相關著作。有鑒於此，我們群策群力，分工協作，首選明清時期十家、十一種齊魯先賢古舊族譜整理研究，希望能够抛磚引玉，得到社會各界的重視與支持，進而探源逐流，不斷拓展，以推動齊魯先賢家譜的搶救、保護和利用，促進中華優秀傳統文化的繼承、創新和發展。

三

『叢書』自準備到完成，歷時三年半，得到很多領導、專家的殷切關懷與精心指教，令筆者倍感温暖，終生難忘。

二〇一六年二月二十九日，中共山東省委宣傳部、山東省發展和改革委員會、山東省財政廳、山東省文化廳、山東省新聞出版廣電局、山東省文物局聯合下發《關於推進齊魯優秀傳統文化傳承創新工程重點項目的通知》（魯宣發〔2016〕3號），面向全省徵集七個類別、三十個重點項目的相關課題。四月十二日，《中共山東省委高校工委關於組織申報2016年齊魯優秀傳統文化傳承創新工程重點項目的通知》（魯高工委通字〔2016〕22號）正式發布，要求全省各高校認真組織申報工作，并將擇優報送省委宣傳部參加評選。我在認真研讀文件、廣泛查閱資料後，申報了『研究闡發項目』類別中的『齊魯先賢家譜整理研究叢書』。其間，數次得到山東省政協原副主席、山東師範大學原副校長、山東師範大學山東省齊魯文化研究院原院長王志民教授，山東省委宣傳部副部長王紅勇同志、文藝處處長王偉同志，山東師範大學山東省齊魯文化研究院副院長仝晰綱教授，以及山東師範大學社科處副處長孫書文教授、顧大偉老師的悉心指導。九月一日，六部門又聯合下發了《關於推進2016年齊魯優秀傳統文化傳承創新工程第一批重點項目的通知》（魯宣發〔2016〕22號），正式公布經全省各地、各部門及高校組織推薦、專家學者評審，最終確定的包括『齊魯先賢家譜整理研究叢書』在內的七十二個重點項目。九月二十七日，山東省財政廳下達省級宣傳文化發展專項經費給予資助。自此，項目工作全面啓動。

早在二〇一〇年上半年王志民教授組織召開的《山東文化世家研究書系》第一、二次作者會議上，筆者就已與《清代聊城傅氏家族文化研究》作者李泉先生、《清代諸城劉氏家族文化研究》作者張其鳳先生、《清代德州田氏家族文化研究》作者黃金元先生、《清代棲霞牟氏家族文化研究》作者王海鵬先生、《明清安丘曹氏家族文化研究》作者趙紅衛女士、《臨朐馮氏家族文化研究》作者張秉國先生結下了良緣。『叢書』正式立項後，本着家族文化研究與家譜整理研究、遴選家譜與聘請作者相互結合的原則，筆者首先聯繫這六位學者，他們全都慨然允諾。李泉先生『項目很有意義，稿費并不重要』的表態，尤其令我感動。除筆者以外，其餘三書作者或爲同鄉，或爲學生，也都愉快地接受邀請，并迅即展開工作。

二〇一七年三月十八日至十九日，在山東師範大學舉行了『叢書』編纂工作研討會。山東師範大學文學院院長楊存昌教授、黨委書記王興盛老師，齊魯書社社長昝亮編審，山東師範大學社科處副處長孫書文教授，山東師範大學文學院省級重點建設學科中國古代文學學科帶頭人陳元鋒教授、中國古代文學教研室主任王琳教授，山東師範大學文學院辦公室主任張冰老師，以及『叢書』十部著作的主要作者與編者共二十人，參加了本次研討會。大家集體學習了中共中央辦公廳、國務院辦公廳《關於實施中華優秀傳統文化傳承發展工程的意見》及中共山東省委宣傳部、山東省財政廳的有關文件，并就『叢書』編纂與出版計劃等進行了熱烈而深入的研究與討論。會後，由筆者起草『叢書』凡例、編撰排版要求及試寫稿共同討論修改，以便統一體例。同年十二月十七日起，『叢書』初稿陸續提交。由筆者首先通讀，并與作者隨時討論。然後轉交『叢書』責任編輯復審，再與作者和筆者共同討論，經課題組内外專家審閱後定稿，申請結項。其間，『叢書』又多次得到山東省作家協會副主席、山東師範大學文學院院長孫書文教授的具體指導，并得到山東師範大學文學院黨委書記肖光軍老師及社科處處長高景海老師、副處長顧大偉老師等的熱情幫助。

『叢書』付梓之際，筆者謹向有關領導、專家與全體作者、編者表示崇高的敬意！向協助『叢書』推進工作的山東師範大學文學院辦公室主任李金波老師及我的研究生高燕、徐寧同學表示衷心的感謝！由於時間緊迫，能力有限，書中錯誤疏漏在所難免，敬請廣大讀者批評指正！

王　勇

二〇一九年八月十五日於山東師範大學文學院

【注】

〔一〕〔漢〕司馬遷：《史記》卷一三〇《太史公自序》，中華書局一九五九年版，第一〇册，第三三〇三頁。

〔二〕上海圖書館編，王鶴鳴主編：《中國家譜總目》，上海古籍出版社二〇〇八年版。

〔三〕〔清〕孫希旦：《禮記集解》卷四六《祭義》，中華書局一九八九年版，下册，第一二三一頁。

〔四〕〔漢〕司馬遷：《史記》卷四七《孔子世家》：『孔子以詩書禮樂教，弟子蓋三千焉，身通六藝者七十有二人。』中華書局一九五九年版，第六册，第一九三八頁。

〔五〕〔清〕張廷玉等：《明史》卷五〇《志·禮四》，中華書局一九七四年版，第五册，第一二九六頁。

凡例

一、本『叢書』選擇十部齊魯先賢家族的宗譜整理研究，一族一部，求同存异。旨在搶救珍貴家譜，發掘歷史資料，古爲今用，推陳出新，促進人們注重家庭、家教、家風，爲弘揚優秀傳統文化、建設社會主義精神文明貢獻力量。

二、『齊魯』以今『山東省』行政區劃爲界，『先賢家譜』從明清兩朝入手。此前家譜，將來再謀整理研究。

三、本『叢書』一律以善本、足本等舊譜爲底本，以別本家譜及其他歷史文獻等參校。原文涉及帝王與尊者等跳行、空格者，一律回改，不出校。篇幅較長者，酌情分段。

四、各譜人名、字號、地名、書名等專有名詞悉仍其舊，其他文字保留繁體，但异體徑改正體、諱字徑改本字、舊字形徑改新字形，不出校記。脱、衍、倒、誤文字一律改正，并出校記。

五、標點一律采用通行竪排新式符號，引號先雙（『』）後單（「」），不用專名號。

六、注釋重在簡介族人事迹、家鄉環境及對家族産生較大影響的其他人物、事件等，非特殊意義詞語一般不注。

七、校記與注釋合爲一體，以『【校注】』標示，列於各篇文章或相同世次譜表之末。同一條内，先校後注。

八、在整理文獻過程中，對於農民起義軍被誣爲『盗』『匪』『賊』等，我們是持批判態度的，但爲保證資料的真實性、完整性，對此不做改動。

九、本『叢書』參照王志民教授主編《山東文化世家研究書系》順序排列，各書按圖片、總序、凡例、前言、目録、家譜及其校注與研究、附録等順序排列。

前言

德州，古稱安德。安德田氏是明清時期運河沿岸魯北重鎮——德州的名門望族。德州田氏隨明初永樂年間的移民大潮，自河北省真定府棗强縣遷來德州，至清朝末年，時間跨度約五百年，經歷了從最初的民户農耕到以儒傳家、詩書繼世的家族文化轉變，特别是清代前中期科甲相連，一門六進士，形成了以詩學爲主的家族文化，可謂山東地域聞名海内的書香門第、文化世家。

一

德州，位於今天的山東、河北兩省交界處，堯舜時期爲兖州之域，夏爲有鬲氏之國，屬龍山文化區域。這裏有上古時代后羿射日、大禹治水的傳説。禹疏九河[一]，德州爲傳説中的九河主要流域。秦設鬲縣，隋設廣川、長河縣，五代改長河爲將陵，元改將陵爲陵州，明洪武七年（一三七四）徙州治於現址，遂名德州。明清時期隸屬山東省濟南府。

德州雖居華北平原的千里沃野，但因處於南北交通的咽喉要地，歷來爲兵家必争之地。長期以來的兵燹戰亂導致德州地域人烟稀少，尤其是明建文元年（一三九九）的『靖難之役』初期，德州爲重要的戰場，受害最重。朱棣奪得皇權定都北京後，大運河溝通南北的重要性凸顯，爲進一步加强漕運安全，永樂五年（一四〇七）在德州正衛以外，統治者又設立了德州左衛，守城衛所的官兵人數達到了近一萬五千人。爲解决戰後魯北、魯西地域人口稀少問題，朝廷動員山西、河北、膠東登萊二州等地百姓移民來德，德州城人口迅速增長，逐漸形成了州衛同城的特色。

自明成祖遷都北京後，統治者每年都要從江南運輸大量的糧食和其他物資以供京畿，大運河擔負了繁重的運輸任務，真正成了南北物資運輸、文化交流的大動脉，促進了南北方物資的大流動，推動了運河沿岸經濟的大發展。德州依靠其南通江淮、北達幽燕的得天獨厚的區位優勢，成爲京杭大運河漕運要港和驛道的中繼樞紐，迎來了她歷史上最爲輝煌的一頁。城内集市活躍，商賈雲集。清代乾隆年間，德州城内外已有街巷六十餘條，市九，商號四百餘家，手工業作坊兩百餘家，出現了百貨聚處、商賈往來、南通北衢、不分晝夜的繁榮景象。更有大量的文人墨客或進京趕考，或宦海沉浮，北上南下，途經德州，清代康熙、乾隆屢次南巡幾次駐蹕德州，形成了特有的『驛路文化』現象。

明清時期，山東尤其是濟南府所轄和運河兩岸區域，人杰地靈，英才輩出，文化繁榮。明代中後期至清初，長達幾百年的時間内，山東都是整個中國詩壇的重鎮，甚至一度成爲翹楚。『前後七子』上下相承且總居中樞位置，歷城人邊貢列『弘正四杰』之一，臨清人謝榛時居盟長，歷城人李攀龍更爲冠首。王士禛《古夫于亭雜録》卷三稱：『吾鄉風雅，明季最盛。』清初的趙執信在《談龍録》中也説：『本朝詩人，山左爲盛。』而清初的德州，也一時人文飆起，詩人輩出，王士禛標舉『金臺十子』，田雯、謝重輝居其二，還有趙執信敬佩的馮廷櫆，等等。

小城德州之所以在清代詩人輩出，究其原因，與德州深厚的詩文化傳統有着密切的關係。德州具有悠久而又厚重的歷史文化，有着三千年的文化積澱。漢代大儒董仲舒曾於此留下董子讀書臺遺迹，下幃苦讀，留下了『三年不窺園』的佳話，其『罷黜百家、尊崇儒術』的主張，對整個中華文明的發展産生了重大影響；與司馬相如并稱的漢賦大家東方朔，思想以儒爲本，雜家兼備，其詭辯言辭、占卜射覆的奇能與進退有度的政治態度無不體現了齊魯智慧；唐代名臣、大書法家顔真卿，雪膽孤忠，平原舉義，抗擊安史叛軍，演繹了驚天地、泣鬼神的悲壯……

明清時期的德州，經濟文化昌隆。城區内先後創設有崇仁書院、醇儒書院、董子書院、柳湖書院、董顔書院、繁露書院、正誼書院等，都是由紀念董子及其講學活動衍化而來，德州文化深深打上了董子的烙印，具有鮮明的區域色彩和儒家文化特徵。

明清時期的德州，北依京畿，南鄰濟南，京杭運河穿城而過，『控三齊之肩背，爲河朔之咽喉』，是溝通南北兩京的驛路與運河交通的要衝，是進出北京的必經之路，歷來有『神京門户』『九達天衢』之譽。許多文化名人駐留此處，或宦游小憩，或交游拜友，或講學題咏，與德州名士織就了一張張複雜的人際網絡，爲德州地域文化塗抹上了絢爛的色彩。最爲著名的當屬明清之際的文壇盟主錢謙益、大儒顧炎武。錢謙益一生有九次南北往返的經歷，其中有兩次在德州逗留，并與德州名士盧世㴶、程泰、程先貞、謝陞等交游。顧炎武是清初光臨德州、與德州詩群交往最密的另一位名士，在顧氏後半生漫游的二十六年中，有二十一年的時間往來居留山東，在其山東交游的行迹中，德州是其經常駐足的驛站，達十一次之多。

在濃郁的地域文化薰陶下，德州城出現了一批批科考舉子和文人官員。明清時期的『三李』（李浹、李源、李濤）、『四大』（馮大木、趙大經、封大受、陳大浩）、盧氏『五代八進士』和我們研究的德州田氏的『五田』（田緒宗、田雯、田需、田瑛、田元春），或研經，或寫史，或爲文，留下了許多傳世名篇。自明以後，德州籍名人的著作有二百五十四種之多，僅收入《四庫全書》的就達十種五十餘卷。

綜上可知，德州田氏的崛起與德州地域文化有密切的關聯，明清兩代是德州地域文化最爲昌隆的時期，經濟文化的昌隆造就了地域人文之盛，明清時期德州地域詩學成就呈蔚爲大觀之勢，德州田氏的家學既是其重要組成部分，也是地域文化滋養的結果。

二

德州田氏是伴隨着明初的移民大潮自河北真定府棗強縣遷來德州的。

明初「靖難之役」結束後，朝廷有計劃地大量遷徙山西、河北百姓回填因戰亂而人口空虛的魯北，成爲中國歷史上明初移民大潮的一支，德州是接受河北移民爲主的地域，德州田氏的祖先就在其中。據《安德田氏家譜》卷二《家傳》記載，德州田氏相傳是明永樂年間自河北棗强縣遷來，始祖曰田畹，田氏後人尊其爲植德公，携弟田疇，遷居德州後，占籍崇五里二甲，落籍爲民户，從最初的務農開始，過着自給自足的農耕生活，開枝散葉、繁衍開來。從此之後，德州始有田氏。在明代和清初的六世之中，以科舉起家，誕生了兩位進士，完成了從農耕爲生的民户到以儒傳家、書香門庭的轉變，并開始實現家族的崛起。

田畹育有四子，三子禹民居南關，「以儒顯，用毛詩起家」[二]，爲明代庠生，雖最終未登仕進，却是德州田氏的第一代讀書人，是田家讀書仕進的源頭，在德州田氏的發展史上起到了重要作用，後人尊稱其爲承德公。禹民一脉是德州田氏日後走上科甲蟬聯、文化昌隆的一支。

德州田氏第一位使家聲大振的人，是禹民之子、三世的田三戒，他是田氏的第一位進士和出仕爲官之人。

田三戒（一五一〇——一五六〇），字子慎，自號中泉，禹民長子。天生聰穎，幼時即砥礪節操，慷慨有志向。性好潔净，儀容、衣帽整潔，案几、床榻不染一絲灰塵。雖居所喬木短墻，家境貧寒，但立志苦讀。家無書齋，爲避免打擾，曾苦讀於南城外陳公堤壩的柳蔭之下。才思清敏，文章嗜《莊》《騷》，想象豐富，滔滔而有氣勢，被承德公寄予厚望。

明嘉靖十六年（一五三七）秋，田三戒到濟南參加丁酉科鄉試，高中舉人，時年二十八歲。但隨後的會試不順利，接連受挫，在鄉爲孝廉十七年。直至四十四歲時，中嘉靖三十二年（一五五三）癸丑科進士，位列三甲第二百三十九名，留任京官。官户部雲南司主事時，工作清廉勤勉，從不循俗，能確然自守，堅持原則，常與同年輩講『邯鄲學步』的故事以自勵。田三戒曾奉旨督漕三吴，到任後整肅漕運秩序，嚴格規制，風氣爲之一變。曾有運軍弁丁以呈驗米色之名，將銀錠藏於竹桶下面，賄贈田三戒，田三戒毅然加以拒絶。嘉靖三十九年（一五六〇）三月初九日，朝廷下詔晋升田三戒爲承德郎，贊其爲『廉勤精敏之才』，其父禹民因『善教其子』贈承德郎户部雲南清吏司主事，其母焦氏封爲太安人，其妻宋氏封爲安人。

同年春天，京畿一帶發生饑荒、瘟疫，田三戒又奉旨賑灾，在灾區設粥棚廣濟飢民，『公領其事，活人無數』[三]。他不顧危險，親自深入灾民之中巡查灾情，却不幸染疾，以身殉職。

田三戒作爲德州田氏出仕第一人，起家科舉，爲官勤敏廉樸，贏得封贈，榮及父母，從而使田家在當地家聲初振，其事迹垂於後世，是德州田氏家族的一筆寶貴精神財富，成爲田氏後人出仕爲官的楷模，田三戒被田氏後人尊稱爲户部公。

德州田氏的第二位進士是第六世的田緒宗。

緒宗字仿文，一字介慈，又字文起，自號蓼菴。自幼聰穎出衆，品貌脱俗。雖家境清寒，但勤學苦讀。冬日天氣寒冷，白天寒不能忍，繞屋數百步，再坐下繼續看書，寒夜將柴草點燃置於案几之下禦寒，吟誦到天明。崇禎十七年（一六四四）甲申，明朝滅亡，天下大亂。四月，德州城發生了明清鼎革時期著名的『誅僞』事件〔四〕。緒宗潔身事外，謹慎獨處。順治二年（一六四五）乙酉，濟南府各地的動蕩基本平息，社會秩序日趨安定，緒宗參加了清廷組織的童試，拔爲第一。順治八年（一六五一）辛卯，以第十二名的成績中舉。康熙朝詩壇盟主、新城的王士禛，時年十八歲，也參加了辛卯科的鄉試，并高中第六名，從而與田緒宗成爲同門。

第二年，田緒宗進京參加會試，殿試中三甲第二百三十四名進士，謁選授浙江處州府麗水縣知縣。順治十一年（一六五四）二月到任。麗水爲浙東南要路，連年戰亂和饑荒使縣邑荒殘凋敝，再加賦税徭役繁亂，人民苦不堪言，以難於治理著稱。緒宗到任後，重新丈量土地，按田畝徵繳，内外各置賬簿，納户自注名字和繳納額數，内外核對，使多年的弊政一掃而清。麗水縣境下聯閩建，上接温台，山路崎嶇，屬交通要道，故物流運輸繁忙，奸人霸占運差，貧弱毫無收穫。緒宗登記户口，造《烟居册》，依次撥差，不能應差的，由鄰里遞補并當堂領取薪酬，大解民困。城西五十里有通濟堰，蕭梁時代所建，截取松遂兩條溪水，分四十八派灌民田一萬餘畝。後來大水沖毁堤壩，失去灌溉之利。緒宗單騎視察，捐其俸禄，興修了通濟堰，恢復了其灌溉之利。麗水原有學宫在櫸山之陽，爲唐代鄴侯李泌所建，韓愈曾撰文記之，毁於戰亂兵禍，傾廢多年。緒宗到任後，修葺一新，命名爲麗澤大社，每月兩次親自授課諸生，麗水文風重振。於是當地有歌謡云：『邑侯清，鷄犬寧；邑侯廉，婦子安。』

緒宗爲政麗水雖然衹有五個月，却赢得麗水百姓的深深愛戴。他不幸中暑，飲寒泉水突發疾病，七月九日卒於任上。消息傳出，麗水士民罷市而哭，焚香禮跪、拜祭吊唁的人，七天七夜都絡繹不絕，并捐資建祠堂祀之。

在德州田氏走向鼎盛的過程中，田緒宗妻張氏居功至偉，是一位了不起的女性。她處事幹練，深明大義，既輔助丈夫科甲成功，又能在丈夫中年去世後，砥柱其間，二十五年内將兩個兒子相繼培養成進士，爲德州田氏的崛起做出了非凡的貢獻。

張氏出身書香門第，幼讀詩書，對聖賢經典的要旨很有個人見地。十七歲出嫁後，在田家孝順公婆，勤勞操持家務，以十分崇敬的心情祭祀先祖，對待奴僕十分仁愛，育有四男一女，不僅封建社會女性的婦德完全具備，而且緒宗設帳授生徒、交游在外，『稱引古今通義，文章爾雅，實先妣太夫人佐助之』〔五〕。緒宗教書的許多案頭輔助工作，往往是由張氏完成。

順治十一年（一六五四）七月，緒宗以身殉職，卒於麗水任上，張氏隻身前往麗水處理後事。她到達麗水的第一件事，即取來府庫中支納的賬簿藏於卧室，親自進行核算。面對繼任者就賬目問題發難，張氏凛然不懼，撰寫了辯詞，請處州府知府王崇銘親到麗水縣見證盤點。王知府坐於縣衙大堂之上，按照賬册對賬，張氏命家人抱賬册進入大堂，逐條應對，一一質對清楚。當年十月，張氏千里扶柩，回到故里。

在隨後六年裏，德州田氏侮患交加，張氏獨撑門户，在頂住各種壓力的同時，嚴格督促田雯、田需刻苦攻讀。夜半時分，一室之内，紡織聲、讀書聲、哭聲交織。直至順治十七年（一六六〇）長子田雯鄉試中舉，進而次子田需也進士及第，授翰林院編修。此時，張氏已經六十四歲，她用畢生心血，終於助推德州田氏走向鼎盛。明清德州田氏一門共有六位進士，有三位是在張氏教導下考中，且都在仕宦生涯中做出了不凡的業績。張氏可謂閨中丈夫，《清史稿》將其列爲『列女傳』第一人。

德州田氏的第三位進士是第七世的田雯。順治十七年（一六六〇）中舉，康熙三年（一六六四）考取進士，官至刑部、户部侍郎，是田氏子孫中官階最顯者。

但田雯初授不順，康熙六年（一六六七），補授内秘書院辦事中書舍人。六年之後，擢升爲户部福建司主事（正六品）。康熙十三年（一六七四）十月，升户部雲南司員外郎（從五品）。十四年（一六七五），署户部江南司郎中（正四品）。十五年，奉旨監督大通橋漕運事務。康熙十六年（一六七七）八月，升工部營繕司郎中。十八年（一六七九）正月，補工部虞衡司郎中，管理節慎庫，一年後離任。自康熙六年至康熙十九年，十餘年間，田雯官職一直在『郎』官的官階徘徊，難見升遷，即作者自云的『十年爲郎』時期，但所到皆有政績，官聲日隆。

康熙十九年（一六八〇）六月，田雯升提督江南學政按察使司僉事，開始步入官場上層。到江陰後，恪盡職守，宵衣旰食，一年之内奔走大江南北，回復往來水陸行程一萬餘里，閱卷九萬五千餘份，竟至徹夜不眠，飲食失節。田雯每次出行巡視，往往都是輕車簡從，衹帶着兩個僕人、兩頭騾馬和自己購買的菜蔬、糧食，堅决杜絶當地官員的宴請招待。田雯在江南酌古準今，提倡古學，江南文風爲之一變，獎掖提携了大批賢德孤寒之士。淮安、揚州一帶稱田雯爲『田聖人』。

康熙二十三年（一六八四）十一月，田雯授湖廣湖北督糧道布政使司參議。二十五年（一六八六）四月，補授光禄寺少卿，十七天後升大理寺寺丞，十五日後升鴻臚寺卿。二十六年（一六八七）四月，補授江寧巡撫（從二品），成爲總理一方的封疆大吏。二十七年（一六八八），巡撫貴州。莅任後，黔境内苗人因生活困難等各種緣由，常常作亂犯案，提督擬以武力會剿。田雯上書總督，力主以防代剿，注重教化，避免了一場玉石俱焚的屠殺。與此同時，他整頓吏治，『痛戒有司勿虐苗生事』，争取了民心。他還大力發展貴州的文化建設，重修甲秀樓、陽明書院、諸葛亮祠、龍場書院，捐書課士，從而一改貴州文化的荒落之氣，使貴州科舉翰苑中人才輩出。當地人民感謝田雯的功德，親切地稱之爲『德州先生』。

田需，字雨來，號鹿關，緒宗次子，田雯弟。康熙丙午舉人，己未進士，官翰林院庶吉士，於康熙二十年（一六八一）御試第一改編修，康熙二十三年甲子科典試河南，所拔盡知名人士。乙丑充纂修明史官，丙寅分修幸魯盛典後，充大清一統志纂修官。在任九年，康熙二十六年（一六八七）以脾疾告假退隱回鄉。

田氏第九世田同之，田雯長孫，字在田，號小山薑，康熙五十九年庚子（一七二〇）鄉試中舉，雍正己酉（一七二九）分教江南，得浦起龍、葉沃若、羅克昌等正副榜九人。按例應謁選縣令，堅志不就，鄉賢以陶潛比之。後尊父命赴京隸工部，身無專職，公事少弛。兩年後補國子監學正加一級，授徵仕郎，秉公訓士，痛絶陋規，堂試風雨無阻。在任三年，株守砥節，爲果親王允禮賞識，薦都水司主事，却以親老家貧不能久任辭之。

伴隨着第七世子弟科舉的成功和仕途上的顯赫，德州田氏迎來了家族最爲鼎盛的時期。這一時期歷時第七、八、九三世，大致從康熙初年始至乾隆中葉止，前後綿延一百一十餘年。此期間德州田氏誕生了兩位進士、一位舉人、十一位貢生、五位國子生。田氏子孫出仕爲官，最高官至巡撫、侍郎，位至二品，揚名在外；修身在家，則設帳授徒，南北游歷，與名流交游，有靖節之風。作爲家學代表的詩學，在清前中期詩壇産生了巨大影響，創造了頗具特色的家族文化。

在德州名門望族中，田氏仕途不算顯赫，但詩風大熾，綿延數世，其成就之高，於清代詩壇影響之大，德州各家無出其右者。

田氏詩學成績彰顯自第六世始。田緒宗不以詩名，其爲文尚樸實，重實用，『有歸震川風味』，有《筮仕記》一編行世。田氏詩風大熾，源於緒宗之妻張氏，她『幼讀詩書，探論聖賢要旨，多所發明』〔六〕，而且理事幹練，誠爲女中豪杰。無論田緒宗死後携子處置善後事宜，還是晚年就養於田雯撫署之中，其行止皆有識、有度，足爲懿範。尤其田緒宗去世之時，諸子尚幼，全賴張氏苦苦支撑，『闔户辟績，以禮自守』，『教三子雯、需、霖，皆有文行』。〔七〕張氏頗具詩才，詩清麗雅雋，寄托遥深，人謂有空谷之音，漁洋極其贊賞，但因不願諸女孫效之，所作詩章常常是脱稿即焚。

現僅存《茹荼詩稿》絶句三十首，有十二首被選入《國朝山左詩鈔》。

田雯一生居官廉正，體察民情，督學雅正，治河有方，治黔有績，人稱『德州先生』，是清初政壇上的名臣，且學識淵博，著述豐富。田雯以詩名家，是田氏詩群中成就最高者，三十五歲拜河朔派首領申涵光門下，精研詩藝，頗諳詩家三昧。康熙十四年（一六七五），主盟詩壇的王士禛選田雯與宋犖、王又旦、顔光敏、葉封、曹貞吉、謝重輝、丁煒、曹禾、汪懋麟詩爲《十子詩略》，編定刻之，世稱這十人爲『金臺十子』〔八〕。田雯詩以超邁的天資、博洽的學問，負縱横排奡之氣，崇尚雄偉奇麗，别闢門庭，晚年詩名幾與漁洋相頡頏，時稱『齊魯二賢』。其著《古歡堂集》（内含『詩集』『文集』等）三十六卷、《黔書》二卷、《長河志籍考》十集等俱收入《四庫全書》，是清代的重要文獻，歷代評價很高。

田需詩學乃兄，『其意幽深，其詞典贍』，傳世《水東草堂詩》詩集一册。田霡爲詩恬淡，有靖節之風，得田園之趣，服膺王士禛神韵之説，著有《鬲津草堂詩集》，《四庫全書》存目。田肇麗著有《有懷堂詩集》一卷、《有懷堂文集》一卷，《南北史纂》《麻衣消寒録》《硯北猶存録》《扈從記程》《拗體詩鈔》等。現除《有懷堂詩文集》外，餘者佚失。

田同之爲清中期山左詩學、詞學的重要代表之一。同之自幼嗜書如命，不事嬉戲，日誦數千言，人謂有乃祖之風，田雯『特鍾愛之，因賜號小山薑』。稍長爲文，顯示出過人天賦，出語直逼名師宿儒。遵照家訓從事科業之餘兼工詩賦。山薑、漁洋之後，同之念騷壇無主、雅鄭并陳，以詩繼承家學，而又心折於漁洋，沈德潛在《清詩别裁集》中説：『彦威爲山薑之孫，而篤信謹守，乃在新城王公。有攻新城學術者，幾欲拼命與争。』〔九〕於家學之外，尤篤信謹守漁洋神韵之説。每爲詩必力追唐音，盡洗宋元之陋習。

同之於乙卯歲暮丁憂回鄉，服闋後忘情軒冕，專承家學，閉門著書，獎引後學，持律甚嚴。丙子年届八旬，猶命長子徵輿赴省城濟南改刻各種著作，凡語涉激昂，皆悉數更正。家傳云同之詩追王孟，文法歐曾，詞宗姜史，書踵襄陽，至今觀公之墨迹者，不惜重值購之。著《詩竹堂試》二卷、《二學亭文涘》四卷、《晚香詞》三卷、《詩説》一卷、《詞説》一卷、《文説》三卷、《叢辨》三十二卷、《安德明詩選》遺一卷、《幼學續編》八卷、《詩竹堂歷代讀詩訂本》，影響巨大。

德州田氏於清初伴隨着開科取士而迅速崛起，在家族仕途并不十分顯赫的背景下，誕生了田雯、張氏、田霡、田需、田肇麗以及田同之等數位詩人。特别是田雯，三十五歲始學詩即位列『金臺十子』，晚年壇坫之盛『幾與漁洋埒』，是康熙朝山左詩壇名家，有與詩壇盟主王漁洋相抗衡的地位，有『文峰兩地崢嶸甚，試看嵩山與華山』〔一〇〕的説法。以田雯爲代表的德州田氏詩群，實爲國朝山左詩學『甲於天下』壯觀格局的重要構成。

清中期以後，田氏家族漸趨没落。這種没落一方面表現爲科舉成績的一落千丈，自清中期至清末的近一個半世紀中，田氏祇出了兩位進士田瑛、田元春，仕途不顯。另一方面表現在家學的傳承上，儘管田氏還保有書香門第的底蘊，但再也没有孕育出有全國乃至全省影響的文化學者。

國修史、縣修志、家族修譜是中華民族的傳統。一個家族的興衰起伏，在家譜中能得到最爲真實的記載與反映。

三

德州田氏作爲明清時期的宇内名族，明初德州移民中的一支，其家譜版本有二：一是天津圖書館藏，田雯於康熙三十八年（一六九九）創修，九世田同之於乾隆五年（一七四〇）續修，道光間遞修刻本；二爲民間家祠民國重修本，此本係石印本，在天圖本基礎上，續修增加了道光至民國間之内容。爲完整體現清代德州田氏家族的整體風貌，本書以民間家祠民國重修本爲底本，兩書内容重複相同部分互校是求。

民國宗祠本《安德田氏家譜》，共有四卷：

卷一包括總目録、原序、凡例、新增凡例、汪序傳、重修家譜記、世表；

卷二包括家傳、新增家傳、内傳、續增内傳、外傳、續增外傳、恩命；

卷三包括廬舍、墳墓、藝文、行述；

卷四包括鄉賢録、年譜、著述名録記、茹荼吟、家訓、重修家譜記。

在本書整理研究的過程中，德州田氏第十八世田志恕先生將所藏家譜供筆者複製使用，其子田西婁先生提供了自己録入的家譜電子稿和拍攝的照片，在資料提供方面給予了大力幫助，在此一并感謝。

【注】

〔一〕禹疏九河：見於《爾雅·釋水》，文中指出太史、覆釜、胡蘇、徒駭、鈎盤、鬲津、馬頰、簡、絜等九河的名字。經過數千年自然、歷史變遷，如今九河故道已經湮没或被其他河流所取代。

〔二〕田雯、田同之等修：《安德田氏家譜》卷二《家傳》，田志恕藏民國續修家祠本。

〔三〕汪懋麟《户部田公畫像記》，《安德田氏家譜》卷三。

〔四〕明亡後，李自成大順政權派來的官吏收羅「土賊豪惡」爲胥役，以「割富濟貧」的名義，將京城「考掠」之法帶到德州，對德州士紳、世家望族進行迫害。部分富户巨室的奴僕乘勢索要賣身契，侵占財産，發動被史家稱作「奴變」的運動，大者殺人放火，小者劫掠一空，世家望族深受其害，陷於噩夢之中。爲保護自身家族利益，以御史盧世漼、趙繼鼎，主事程先貞，推官李讚明，生員謝陛等爲首的德州士紳集團，擁戴明朝寧王後裔朱師欽爲濟王，發動暴動，誅殺了德州、景州（今河北省景縣）、故城、武邑、東光等地大順政權派來的官吏，以德州爲中心的魯西北、冀東南地域實行了自治。

〔五〕田雯、田同之等：《安德田氏家譜》卷二《内傳》。

〔六〕民國二十四年（一九三五）修《德縣志》。

〔七〕趙爾巽：《清史稿》，中華書局一九七七年版，第一四〇二〇頁。

〔八〕鄧之誠：《清詩紀事初編》卷六，上海古籍出版社一九八四年版，第七〇三頁。

〔九〕沈德潛：《清詩别裁集》卷二四，河北人民出版社一九九七年版，第四七二頁。

〔一〇〕康熙三十五年（一六九六），田雯奉命祀嵩山，王士禛祀華山，故言。

目録

卷二……五五

卷一

序

家譜之作，有繇來矣。蘇洵云：親盡則塗人。本一人之身，分而至於塗人，愀焉軫嘆，『譜之所以作也』。子孫雖愚，過先人之墓未有不動心者。時而祀其先，語及其遺事，未有不追泣者。故宗廟之制，祭祀之禮，君子以此崇本返始，知有身當知身之所自出，知奉其身當知吾身之所同出，知先人之德昺當世、澤貽祚昆而爲之闡之、揚之。搦管聯册，長留天壤，其作譜之義乎？小子伏深慚悚，周流戀念，撫今鏡古，條縷析辭，載考摯虞之《族姓昭穆記》，賈執之《姓氏英賢譜》，孫秘之《尊祖論世録》，裴松之之《家記》，令狐德棻之《家傳》，摹其規略，厘訂流傳。史家《自序》，遠謝於孟堅；《家訓》攸垂，竊淑於之推。譜之作也，顧可緩歟？

康熙己卯孟陬，雯沐手敬題。

凡　例

一、序傳，序受姓之始，田所自也。傳遷德之祖，以及高、曾、祖、父，譜爲親作也。

一、世系，五世爲準，示不紊也。

一、家傳，前人行實，無敢略也。

一、書諱，親則諱之，它則直書也。

一、封典，重主恩也。

一、內傳，尊母德也。

一、外傳，古有外宗之典也。

一、祭祀，始祖不祧，思本源也。忌辰必祭，子孫齋食，不燕賓客，孺慕之誠也。

一、家廟，朔望焚香拜，四時令節設祭，男子遠行焚香拜，歸亦如之。新婦廟見，主婦率之行禮，明有儀也。

一、家譜，十年一修。十年之中，舊者既存，新者可增，明宗法也。

一、家訓，采摭古人之言行與海內名賢所撰著，訓後人也。

一、藝文，行狀、銘志、年譜、誄章，將以傳世行遠也。

新增凡例

一、家譜，司農公〔一〕創修於前，國博公〔二〕重修於後，祖作孫述，皆係自修。故自植德公〔三〕至朝議公〔四〕，凡八世，曰某公、曰諱某，蓋仿蘇譜，遵所自出。而他則遂名之。新譜係合族公修，故不得不直書也。

一、新譜自九世至十一世，名、字多與舊譜不同，咸依其後日所改而載，今宜表出，以免疑惑也。

【校注】

〔一〕司農公：指田雯。司農，官名，上古時爲教人稼穡的農官，漢代掌錢穀之事，明清以户部司漕糧田賦，田雯曾官户部侍郎，故田氏後人尊稱其爲司農公。

〔二〕國博公：指田同之。田同之曾任國子監學正，故田氏後人尊稱其爲國博公。

〔三〕植德公：指田氏自棗强遷德州一世祖田畹。

〔四〕朝議公：指田肇麗。肇麗曾官户部江南司郎中加一級，授朝議大夫，故稱。

續修增例

一、謹查前次世表，自九世起，至十一世止。此次賡續進行，自十二世起，至十六世止，復自十七世起，至二十一世，均行列入，示不紊也。

一、此次至先國博公悉遵先司農公體例重修，承先啓後，有功田氏。雖係醵資，而法良意美，實有不可湮没者，全族歡迎。故將公之名諱敬謹特書，用昭不忘。

一、此次外名號、内姓氏，俱係采録。慮有未實，後應隨時更正，庶無錯亂疑惑之弊。

一、此次内外兩傳，均係後人記録，恐有不〔一〕盡良善之處，惟望繼續更正，以昭傳實之意。

【校注】

〔一〕不：底本原爲『木』，或爲形似誤。

序傳

王符《潛夫論》曰：舜姓虞，又爲姚，居〔一〕嬀。武王克殷，封嬀滿於陳，是爲胡公。陳哀氏、舀氏、咸氏、慶氏、夏氏、宗氏、來氏〔二〕、儀氏、司徒氏、司城氏，皆嬀姓也。厲公孺子完奔齊，桓公悦之，以爲工正。齊人謂之陳田矣。漢高祖徙諸田關中，先齊諸田徙長陵。丞相田千秋、司直田仁，皆陳後也。武帝賜千秋乘小車入殿，故世謂之車丞相，子孫遂爲車氏。敬仲之後，又有皮氏、占氏、沮氏、輿氏、獻氏、子氏〔三〕、鞅氏、梧氏、坊氏、高氏、芒氏、禽氏、穰氏、法氏、袁氏、轅氏、息氏、尚氏、夏氏、宋氏、司馬氏、胡母氏、顓孫氏、第二氏、第五氏、第八氏，又田弘爲紇干氏。王世貞云：『王姓，北海、陳留，齊王田和後。』如是，則太原之王，殆田裔歟！晉陸雲《祖考頌》曰：『有嬀之後，將育於姜，而貞龜發鳴鳳之兆，周史表觀國之繇。故能光宇營丘……厥嗣〔四〕昌大。』由此以觀，陸亦田也。凡此，概論田姓之自也。古之以姓貴者，江左門高，故稱王謝；淮北大姓，又有崔盧。迨薦闢科舉之政行，誦法孔孟之徒，旦白屋而夕朱户。其子弟習遺編以繼顯，故姓之所貴，不在門第，而在《詩》《書》。求之前人，亦何必凂梁公之華胄，痛汾陽之舊冢哉！雁門著望，概可睹矣。大抵胙土受氏，肇自闢疆。祚遠流長，遂傳東海。青齊之區，厥族繁衍。靈根既茂，萬葉垂林。嗚呼，盛哉！夫隋號長河，秦名德水。漢蚡食采於鄃邑，公子分封於陸鄉。平原之野，地連棘津。重丘之城，址遺安德。事非臆説，信而有徵。世代綿邈，莫可罄述。溯自植德公始，植德公晼，由真定之棗强〔五〕偕兄疇遷於德州。晼生禹民，贈承德郎。禹民生三戒，以進士官户部主事，督漕賙饑，以廉幹稱。三戒生高，諸生，食貧。高生實栗，端方通直，好行其德，先質後文，重規沓矩。樂志無風塵之慕，砥節有井渫之潔。教授生徒，人比之河汾。卒之日，門人謚曰『貞曜先生』。二子，仲緒宗，以進士官浙之麗水〔六〕令，爲文章英拔自喜，性嗜飲，摛文掞藻，飛觴泛醳。年逾四十始第，三月廉吏以疾卒，麗邑祀之，今廟存焉。嗟乎！金石可碎，聲華無寂，有如我公矣。小子雯弱年夙孤，銜恤陟庭。負薪經時，披葛軼紀。春枯之條得與秋蘭重芳，陸沈之羽復共翔鴻刷翼。雖堂户增閎，而德義薄衰。家道穎穎，望古慚良。鞠躬跼蹐，靦汗亡厝。撫葳蕤之勁竹，緬照曜之寒松。清風綿綿，舊德奕奕。裘不改帶，車實襲規。豈非餘慶之積祐，神明之殷祥哉？

翰林院庶吉士汪士鋐〔七〕填諱。

【校注】

〔一〕居：原作『君』，當訛，據《潛夫論箋校正》改。

〔二〕來氏：原脱，據《潛夫論箋校正》補。

〔三〕子氏：原脱，據《潛夫論箋校正》補。

〔四〕厥嗣：《陸雲集》作『胤祚』。

〔五〕棗强：明代屬真定府，今屬河北省衡水市。

〔六〕麗水：清代屬浙江省處州府，爲府治所在地。今浙江省麗水市蓮都區。

〔七〕汪士鋐（一六五八—一七二三）：字文升，號退谷，又號秋泉居士，長洲（今江蘇蘇州）人。清代書法家、藏書家。汪琬從子。康熙三十六年（一六九七）會元，是科田雯主禮闈試。授翰林院編修，官至中允，入值南書房。

重修家譜記

田氏家譜，自我祖司農公於康熙己卯創修，距今乾隆庚申計四十有一年矣。宗支日繁，新者未增，揆諸十年之例，缺已三焉，而尚可緩乎？在我父朝議公於雍正丑寅兩年間，嘗擬增修，業經條記。無如痼疾纏綿，不二載而遽捐館舍。余小子每一思及，殊怦怦然，因不揣而繼踵之，舊者敬存，新者按增。凡司農公志狀、鄉賢録前已載年譜中者，兹不重出。謹將朝議公所作家傳、内傳，并所受户部兩代誥命以及廬墓悉行增入，又補撰先大夫、先恭人兩傳於後，父善母德，罔敢缺略，非文也。至世表則奉植德公爲始祖，特列於前，昭不祧之規，二世則重起簡端，層累遞序，以便系準五世，示不紊焉。

乾隆五年歲次庚申孟秋，同之沐手敬識。

世表

世表，表世系、明宗法也。由今而上凡五世，高祖而上凡六世，六世之上莫之考矣。享祀烝嘗，奉植德公爲始祖。水木本源，蓋百世不祧者也。下逮曾玄凡十五世，歷三百八十餘年，支分派別，親疏以辨，宗法詳焉。

一世
始祖植德公諱晼 相傳自棗强縣遷居德州，占籍崇五里二甲，葬南郊七里舖陳公堤口之西阡。 子四人：堯民、舜民、禹民、湯民。

二世	三世	四世	五世	六世
堯民 子一人：三畏。	**三畏** 子三人：方、永、齊。	**方** 子二人：汝京、汝坻。	**汝京** 無嗣。	
			汝坻 無嗣。	
		永 子一人：汝檁。	**汝檁** 居窑上，無嗣。	
		齊 子一人：汝松。	**汝松** 子一人：太華。	**太華** 無嗣。
舜民 無嗣。				
贈承德公諱禹民〔一〕 庠生。明贈承德郎、户部主事，居南關，葬南郭外里許。	**户部公諱三戒**〔二〕 字子慎，號中泉，明嘉靖癸丑進士。官户部雲南司主事，	**文學公諱高**〔三〕 字紹泉，增廣生。居西關。配丁氏，子四人：實成、實	**實成** 配趙氏，子一人：綿宗。	**綿宗** 字嗣田，壽八十六。配李氏，子一人：九德。

二世	配焦氏，封太安人，子二人：三戒、三省。
三世	授承德郎。配宋氏，封安人。子一人：高。
四世	穎、實栗、實畝。
五世	**實穎** 字豐所，庠生。配申氏，子一人：秋榮。 **贈司寇公諱實栗**〔四〕 字裕所，庠生。贈通奉大夫、刑部左侍郎加一級，崇祀鄉賢。配于氏，贈夫人，繼配錢氏。子二人：纘宗、緒宗。
六世	**秋榮** 配劉氏，子一人：龍。 **纘宗** 字憲文，庠生。居城西之鬲津。配王氏，繼配時氏，子二：書、善。 **贈司寇麗水公諱緒宗**〔五〕 字彷文，號蓼菴。居西關竹竿巷。順治壬辰進士，任浙江麗水縣知縣，崇祀名宦。累贈通奉大夫、刑部左侍郎加一級，崇祀鄉賢。配張氏，贈夫人。子四人：雯、需、震（殤）、霦。

二世

三世

三省
配馬氏，子二人：變、克。

四世

變
子一人：實好。

克
配邱氏，子四人：實發、實秀、實盈、實增。

五世

實畝
字滿所。配梁氏，無子，以實成子繼宗嗣。

實好
子二人：萬春、富春。

實發
庠生，無嗣。

實秀
子一人：紳宗。

六世

繼宗
字丹田。配葉氏，子二人：起龍、洽。

萬春
無嗣。

富春
子一人：正。

紳宗
壽七十四，居城北之第六屯。配朱氏，子三人：霈、霖、霙。

二世			湯民 無嗣。
三世			
四世			
五世	賓盈 無嗣。	賓增 庠生，子一人：萬言。	
六世		萬言	

七世	八世	九世	十世	十一世
九德 配胡氏，子三人：選、遴、進。	**選** 配趙氏，子一人：賓豐。	**賓豐**		
	遴 配狄氏。			
	進 配董氏，子一人：仰陶。	**仰陶** 配周氏，子一人：豫。	**豫**	
龍 配宋氏，子二人：惟政、惟登。	**惟政** 配徐氏，子一人：旆。	**旆** 配王氏，子一人：亨。	**亨**	
	惟登			
書 字瑞子，廪生。配孫氏，子三人：惟上、惟倬、惟公。	**惟上** 配方氏，子三人：于郇、于郃、于邟。	**于郇** 配羅氏，子二人：苹、蕙。	**苹**	
			蕙	

七世							
八世				惟倬 國子生。配韓氏，繼配陳氏。子二人：于邵、于郲。			
九世	于部 配袁氏，子二人：藩、菵。	于邡 無嗣。		于邵 配甘氏，子四人：苞、芝、苾、荀。			
十世	藩 配馮氏，子一人：耜。	菵		苞 配葉氏，子二人：肯堂、肯搆。		芝 字秀生。配魏氏。	苾 字松如。配陳氏，繼配蕭
十一世	耜			肯堂 配潘氏。	肯搆		克仁 配周氏，子一人：裕。

七世	八世	九世	十世	十一世
			氏。子二人：克仁、克儉。	**克儉**
			荀	
		于邾 配馬氏，繼配袁氏、魏氏。子一人：蘭。	**蘭** 字秀章。配鄔氏。	
	惟公 配魏氏，繼配王氏。子二人：于郕、于鄗。	**于郕** 配劉氏，無子。以于郇子莊嗣。	**莊** 配陳氏，子二人：克孝、克協。	**克孝**
				克協
		于鄗 配齊氏，無子。以于郜子芷嗣。	**芷** 配陳氏，子一人：克類。	**克類**
善 字懿修。配顏氏，子三人：臣稷、臣臯、臣契。	**臣稷** 配周氏，子二人：廣、廓。	**廣** 無子，以廓子大受嗣。	**大受** 配張氏。	

七世

八世

臣臯　國子生。配魏氏，子二人：庸、庠。

九世

廓　配方氏，子三人：大有、大可、大鯤。

庸　配魏氏。

庠　配牛氏，子二人：大量、大山。

十世

大有　配程氏，子一人：耕。

大可　配張氏，子二人：雲、貴（出嗣）。

大鯤　配趙氏，無子。以大可子貴嗣。

大量　配□氏。□美。

大山　配□氏。□立。

十一世

耕　配程氏，子二人：見龍、成德。

雲　配温氏，子一人：成方。

貴　配宋氏，繼配李氏、劉氏。子一人：成玉。

美　配朱氏，子二人：成文、成林。

立　配甘氏，子二人：成祥、成瑞。

世				
七世		**司農公諱雯** 字綸霞，號蒙齋。順治辛丑會試，康熙甲辰進士，官户部左侍郎加一級，授通奉大夫。壽七十，欽賜祭葬，崇祀鄉賢。配馬氏，封夫人。子五人：肇麗、曼碩、合敬、幼安、中儀。		
八世	**臣契** 配智氏，無子。以臣皋子序嗣。	**朝議公諱肇麗** 字念始，號蒼崖。廩貢生，官户部江南司郎中加一級，授朝議大夫，壽七十五。配蘇氏，贈恭人。子一人：同之。		
九世	**序** 配王氏，子三人：大鯨、大任、大勲。	**國博公諱同之** 字在田，號小山薑。康熙庚子科舉人，官國子監學正加一級，授徵仕郎。配封氏，贈孺人，繼配吕氏，封孺人。子四人：徵輿、逢泰（出嗣）、佺期、際昌。		
十世	**大鯨**	**大任**	**大勲**	**徵輿** 字孟扶，號清漪，晚號香孤。國子生。配李氏，子三人：靖、竢（出嗣）、蹬。
十一世				**靖** 字企共，號小圃，晚號鵲華山人。歲貢生，候選訓導。配康氏，繼配張氏。子三人：礽、礿、祫。 **蹬** 字直上，號蘧園。歲貢生，候選訓導。配李氏，子三人：春芳、春熙（殤）、春潤。

七世					
八世		曼碩 字揭令，歲貢生，官兵部車駕司主事。配朱氏，子三人：重光、仁右、致遠。			
九世		重光 字蔚思，歲貢生。配蕭氏，子二人：璟、璘。		仁右 字儁思，歲貢生，官署陝西西安府通判。配李氏，繼配高氏、王氏。	
十世	佺期 字雲卿，號松堯，庠生。配蘇氏，無子。以徵輿子⿰立堯嗣。	際昌 字暎六，國子生。配李氏，子二人：竑、位（出嗣）。	璟 字企采。	璘	
十一世	⿰立堯 字舉望，號鈍吟。恩貢生，候選州判，任泗水縣教諭。配劉氏，子二人：祐、⿰礻番（殤）。	竑 字輻莊，庠生。配米氏，子一人：禧。			

世				
七世				
八世		**合敬** 字無慢，歲貢生，候選七品京官。配王氏，子二人：敦詩、志潔。		
九世	**致遠** 字静思。配李氏，子二人：瑾、瑜。	**敦詩** 字義六，廪生。配王氏，繼配李氏。子一人：琏慈。	**志潔** 字稱馨。配王氏。	
十世	**瑾**	**瑜** 無子，以際昌子位嗣。	**琏慈** 字允和。配羅氏，子三人：禄宜、福宜、祥宜。	
十一世	**位** 字居正，歲貢生。配李氏，繼配李氏、盧氏。子二人：潄芳、季芳。	**禄宜** 字天俾。配王氏。	**福宜** 字介繁。配金氏，子一人：失名（殤）。	**祥宜**

七世	
八世	**幼安** 字無疾，號南津。國子生，官廣東西寧縣知縣，授文林郎。配馬氏，封孺人。子二人：嘉檖、嘉謨。
九世	**嘉檖** 字百穀。國子生，候選州同。配封氏，子四人：有章、有慶（殤）、有譽、有序。 **嘉謨** 字大年。以孫晉候補州同加一級，貤〔六〕贈奉直大夫。配周氏，貤贈宜人。子
十世	**有章** 庠生。 **有譽** 字令聞。國子生，候選布政司經歷。配盧氏，繼配秘氏。子二人：益、升。 **有序** 字鷺如，庠生。配吳氏，繼配□氏。子一人：謙。 **有穀** 字貽孫。候選布政司理問。配申氏，繼配齊氏。子一人：頤。
十一世	**益** 字克謙。配吕氏。 **升** 字允升。配吳氏，無子。以晉子兆春嗣。 **謙** 字益齋。配金氏，繼配李氏。子一人：億春。 **頤** 字觀亭，太學生。配杜氏，無子。以晉子啓春嗣。

七世	八世	九世	十世	十一世
		三人：有穀、有麟、有筠。	**有麟** 字若陵，號詳處。以子晋候補州同加一級，誥封奉直大夫。配李氏，誥封宜人。子一人：晋。	**晋** 字錫庶，號裴園。廩貢生，候補州同。配李氏，繼配張氏，張氏封安人。子六人：元春、榮春、正春（出嗣）、育春、啓春（出嗣）、兆春（出嗣）。
			有筠 字竹吟，庠生。配鄒氏，無子。以晋子正春爲孫嗣。	
	中儀 字無咎，號白岩。歲貢生，官鸞儀衛經歷。配程氏，無子。以同之子逢泰爲孫嗣。		**逢泰** 字階符，號六竹。國子生。配吕氏，子三人：嶔、嵜、岑。	**嶔** 字峻齊，庠生。配許氏，子三人：鶚、鷲、鸞。
				嵜 字津坦。配蘇氏，子三人：鵬、鶱、鵠。

七世	**需** 字雨來，號鹿關。康熙己未進士，官翰林院編修，授文林郎，崇祀鄉賢。配呂氏，贈孺人，繼配羅氏，封孺人。子二人：貽麗、[彳吾]家。
八世	**貽麗** 字南陔，國子生。配李氏，繼配趙氏、申氏。子四人：山農、力農、應宸、力勤。
九世	**山農** 字偶樵，國子生。配李氏，子二人：孖、金城。
十世	**孖** 字連子，庠生。配蕭氏，子三人：錫祜、百禄（出嗣）、綏祚。 **金城** 字雙生，武庠生。配陳氏，子二人：壽禄、壽祺。
十一世	**岑** 字梁亭。配劉氏，子二人：國榮、國賓（殤）。 **錫祜** 字得眷。無子，以聯芳子潤爲孫嗣。 **綏祚** 字慶長。配呂氏，繼配劉氏、楊氏。 **壽禄** 字德正，歲貢生。配劉氏，子一人：道性。 **壽祺** 配馬氏，繼配程氏。子二人：自芳、保全。

世				
七世				
八世				
九世	**力農** 字豐村，號蕙圃，增廣生。配李氏，繼配趙氏、程氏。子四人：廷槐、廷梅（出嗣）、廷桂、廷相。			
十世	**廷槐** 字茂棘。配李氏，繼配崔氏。子二人：琦、琇。		**廷桂** 字玉書。配馬氏，繼配蕭氏、馬氏。子一人：璋。	**廷相** 字帝臣。配索氏，子一人：琚。
十一世	**琦** 字景韓，恩貢生，候選直隸州州判。配王氏，繼配劉氏。子三人：華齡、椿齡（出嗣）、百齡（出嗣）。	**琇** 字越石，庠生。配張氏，無子，以琦子椿齡嗣。	**璋** 字右宜，庠生。配蓋氏，旌表節孝。無子，以琦子百齡嗣。	**琚** 字佩璜。娶劉氏，繼娶劉氏。子一人：吉祥。

世				
七世				
八世			**俉家** 字中儔，庠生。配魏氏，繼配曹氏。子四人：硯農（殤）、易農、振農、良農。	
九世	**應宸** 字儒林。以孫瑛官内閣中書加一級，貤贈文林郎。配王氏，貤贈孺人。無子，以力農子廷梅嗣。	**力勤** 字時敏，號退之。配金氏，繼配盧氏。無子，以孖子百禄爲孫嗣。	**易農** 配李氏，子一人：弼。	**振農** 字植薪，歲貢生。配李氏，子一人：嗣昌。
十世	**廷梅** 字雪崖。以子瑛官内閣中書加一級，封文林郎。配金氏，封太孺人。子一人：瑛。		**弼**	**嗣昌** 字昭服。配劉氏，子一人：琛。
十一世	**瑛** 字懷雨。乾隆庚戌科進士，内閣中書加一級，授文林郎。配谷氏，繼配盧氏。子二人：本方（殤）、本治。	**百禄** 字壽天。配吕氏，子二人：聯芳、信芳。		**琛** 字佩玉。配蓋氏，子二人：巨亭、巨橋。

七世	八世	九世	十世	十一世
		良農		
霖 字子益，號樂園。拔貢生，原授東昌府堂邑縣教諭。壽七十八，貤贈修職郎。配鄭氏，貤贈八品孺人。子二人：蔭麗、髦士。	**蔭麗** 字甌餘。歲貢生，任曹州府濮州訓導，貤封修職郎。配李氏，貤封八品孺人。子四人：開、祈、至、滋。	**開** 字河東。優貢生，委署浙江鹽課大使。配張氏，子二人：寉孫、壽孫。	**寉孫** 配劉氏，子一人：瑞。	**瑞**
			壽孫 字松齡。欽天監天文生。配柴氏，子一人：珠。	**珠** 字掌元，居李官屯。配高氏，子一人：義生。
		祈 字擇臣，廩生。配許氏，無子，以嶷子芝孫嗣。	**芝孫** 配周氏，子二人：賡、質。	**賡** 字載歌。配夏氏，繼配殷氏。子三人：維訓、維和、維平。
				質
		至 字稼先，武庠生。配夏氏，子三人：桐孫、蘭孫、成孫。	**桐孫** 字梓友，武庠生。	

七世

八世

髦士 字西峻。國子生，候選州同。配李氏，子一人：淳。

九世

滋 字陘谷，庠生。配范氏，繼配周氏。子一人：懋曾。

淳 字藍洲。配董氏，子二人：際盛、玉書。

十世

蘭孫 字馨佩，廩生。配魏氏，繼配石氏。子一人：贊。

成孫

懋曾

際盛 字藍園，號虞臣，增廣生。配趙氏，繼配趙氏。子二人：毓峋、毓嶙。

玉書

十一世

贊 字向辰。配劉氏，子二人：長春、玉春。

毓峋 配石氏，子一人：振。

毓嶙

七世	八世	九世	十世	十一世
起龍 配朱氏，子一人：瑞馥。	**瑞馥** 配陳氏，子二人：守庸、守本。	**守庸** 字欽如。配于氏，子二人：祥麟、威鳳。	**祥麟** 聘劉氏。	
		守本		
洽 配葉氏，繼配葛氏，無嗣。				
正 無嗣。				
霈 配紀氏，子二人：復興、復盛。	**復興** 配甯氏，子二人：岐、嶷。	**岐** 配劉氏，子一人：培基。	**培基**	
		嶷 配魯氏，子二人：宏基、御基。	**宏基**	
			御基	

七世	八世	九世	十世	十一世
	復盛 配徐氏，子一人：岱。	**岱** 配趙氏，子一人：恒基。	**恒基**	
霖 無嗣。				
霷 配申氏，子二人：復隆、復初。	**復隆** 配謝氏，子一人：溥。	**溥** 配甯氏，子一人：懷基。	**懷基**	
	復初 配常氏，子一人。			

十二世	十三世	十四世	十五世	十六世
成續 配陳氏，子二人：長泰、長平。	**長泰**			
	長平			
裕 配王氏。				
見龍				
成德 配□氏，子二人：明、生。	**明**			
	生			
成方 配王氏。				
成玉 配張氏，繼配王氏。子三人：太、平、安。	**太** 配袁氏，子一人：克温。	**克温**		

十二世	十三世	十四世	十五世	十六世
	平 配張氏，子一人：克讓。	**克讓**		
	安 聘林氏。			
成文 配葛氏。				
成林 配□氏，子一人：合。	**合**			
成祥 配王氏。				
成瑞 配黃氏。				
礽 字菊人，號竹亭，增廣生。	**萬陞** 字盈黼，武庠生。配劉氏，	**牧** 字景杜。娶蓋氏，子一人：	**雨逢** 字潤之。山東測繪學堂畢	**增雍** 字熙齋。陸軍步兵少尉。

十二世	十三世	十四世	十五世	十六世
配孫氏，旌表節孝。無子，以祫子萬陞嗣。	子二人：牧、叙（承祧本支）。	雨逢。	業學員。娶胡氏，子一人：增雍。	
礿 字春露，庠生。配謝氏，繼配曹氏、盧氏、劉氏。子一人：昺一（殤）。				
祫 字峻亭，國子生。配張氏，繼配趙氏。子一人：萬陞（出嗣）。		**叙** 字修五。娶劉氏，子五人：雨村（殤）、雨田、雨岫、雨亭、雨岑。	**雨田** 字新農。娶安氏。	
			雨岫 字雲嵐。娶趙氏，子一人：增玉。	**增玉**
			雨亭 字新銘。娶□氏。	
			雨岑 字秀岱。娶胡氏。	

十二世	十三世	十四世	十五世	十六世
春芳 字杏林，歲貢生，候選訓導。配劉氏，子一人：大鏞。	**大鏞** 字鳴東，增廣生。配楊氏，子三人：斌、政、敏（出嗣）。	**斌** 字得均。		
		政 字正文，鄉飲介賓。娶王氏，子一人：雨公。	**雨公** 字助臣，優廩生。娶郭氏，子三人：德峻、德崇、德榮。	**德峻** 字明齋，庠生。娶王氏，無子，以德榮子文波嗣。
				德崇 字偉齋。娶趙氏，子一人：文玉。
				德榮 字松齋。娶于氏，子二人：文波（出嗣）、文和。
春潤 字沐堂，增廣生。配李氏，繼配謝氏。子四人：大模、	**大模** 字楷亭。配楊氏，子一人：敔。	**敔** 字祝朋，鄉飲介賓。娶陸氏，繼娶張氏。無子，以敦子	**雨澍** 字若霖。娶□氏。	

十二世	十三世	十四世	十五世	十六世
大瀛、大紳、大烈。		雨澍嗣。		
	大瀛 字仙居。配劉氏，子一人：敬。	**敬** 字桂林。娶金氏，旌表節孝，無子，以敦子雨澤嗣。	**雨澤** 字慰農。娶王氏，子二人：德隆、德昌。	**德隆** 字洪全。娶劉氏，子一人：子佑。
				德昌 字興周。娶李氏。
	大紳 字書佩。六品軍功。配趙氏，繼配王氏。子三人：敦、邁（出嗣）、攸（殤）。	**敦** 字篤菴。娶曲氏，子三人：雨澍（出嗣）、雨澤（出嗣）、雨樓。	**雨樓** 字晴浦。娶趙氏，子二人：德來、德和。	**德來**
				德和
	大烈 字光廷。附貢生，軍功保以六品職銜。配馬氏，子三人：致、敷、斆。	**致** 字和卿，號祥允。增廣生。娶邱氏，旌表節孝。無子，以斆子雨時嗣。	**雨時** 字華魯。國子生，縣丞職銜。娶湯氏，繼娶蘇氏。子二人：曾慶、曾貽（承祧本支）。	**曾慶** 字壽萱。縣高等小學校畢業。娶李氏，子二人：子健、子任。

十二世	十三世	十四世	十五世	十六世
		敷 字禹卿。娶張氏，子二人：新畬、新畊。	**新畬** 字康年。陸軍步兵中尉。	
			新畊 字曉雲。	
		敦 字學山，號夢魚。歲貢，軍功議叙候選直隸州州同。娶李氏，子一人：雨時（出嗣）。		**曾貽** 字仲燕。縣高等小學校畢業。娶殷氏。
祐 字伯承，從九職銜。配劉氏，繼配李氏。子一人：大李。	**大李** 字正修，國子生。配杜氏，繼配謝氏。子一人：哲。	**哲** 字保身。娶封氏，子一人：沛霖。	**沛霖** 外出。	
禧 字德凝，庠生。配封氏，子四人，久已外出，俱不知名。				

十二世	十三世	十四世	十五世	十六世
湫芳 字潤泉。配封氏。				
季芳 字馥亭，廩生。配張氏，無子，以長春子奉詳嗣。	**奉詳**			
兆春 字芳橋。配曹氏，繼配張氏。子三人：晟、昶（出嗣）、杲（殤）。	**晟** 字星垣，從九職銜。配吴氏，繼配李氏、趙氏。子二人：瑞霖、瑞森。	**瑞霖** 字裕澤。娶周氏，繼娶程氏。子一人：金鵬。	**金鵬**	
		瑞森 字振宇。高等小學校畢業，陸軍步兵上尉。娶楊氏。		
億春				

十二世	十三世	十四世	十五世	十六世
啓春 字凌橋，號鑑塘。庠生，候選主簿。配張氏，無子，以兆春子昶嗣。	**昶** 字旭齋，從九職銜。配趙氏，子一人：瑞憲。	**瑞憲** 字子豐。		
元春 字寅卿，號槿籬，別號對橋。道光丙戌科進士，甘肅平羅縣知縣。配謝氏，無子，以育春子昆嗣。	**昆** 字裕菴。配李氏，旌表節孝。子一人：遜。	**遜** 字子謙，國子生。娶祝氏，繼娶張氏、趙氏。子二人：岵瞻、屺瞻。	**岵瞻**	
			屺瞻	
榮春 字向卿，優廪生。配趙氏，旌表節孝。子一人：昂。	**昂** 字伯頻，號蓮舟，庠生。配秘氏，繼配封氏、馬氏。無子，以大紳子邁嗣。	**邁** 字選亭。娶李氏，子二人：繼業、繼勳。	**繼業** 字紹先。娶張氏，繼娶劉氏、傅氏。子三人：德林、德秀、德銑。	**德林** 字□□。娶孫氏，子一人：海泉。
				德秀
				德銑

十二世	十三世	十四世	十五世	十六世
			繼勳 字建安。娶李氏，繼娶崔氏，張氏、王氏。子三人：德垚、德鑫、德森。	**德垚** **德鑫** **德森**
育春 字秀永，國子生。配陳氏，子一人：昆（出嗣）。				
正春 字尚卿，優廩生。配楊氏，子一人：準。	**準** 字平階，增廣生。配賈氏，旌表節孝。無子，以大鏞子敏嗣。	**敏** 字景文，從九職銜。娶袁氏，繼娶陳氏、劉氏、蕭氏。子一人：廷弼。	**廷弼** 字朝臣。娶蘇氏，繼娶陳氏。子三人：德成、德裕、德懋。	**德成** 字子修。娶李氏，繼娶王氏，子二人：鎰生（殤）、會生。 **德裕** 字鑾坡。娶王氏，子一人：厚生。

十二世		**鶚** 字一上。配許氏，子一人，殤。以鷲子澤承嗣。		**鷲** 字西嶺，庠生。配宋氏，繼配趙氏。子一人：澤承（出嗣）。
十三世		**澤承** 字柱石，庠生。配封氏，繼配魏氏、劉氏。子一人：士煒（出嗣）。		
十四世				**士煒** 字杏圃，增廣生。娶馬氏，子三人：慶堦（承祧本支）、封圻、益增（出嗣）。
十五世		**慶堦** 字星橋，國子生。娶戴氏，子二人：重、慧。		**封圻** 字樹村。七品軍功。娶曹氏，子二人：易、肅。
十六世	**德懋** 字子勉。娶張氏，子一人：臯生。	**重** 字子厚，增生。娶梁氏，繼娶封氏。無子，以慧子文榮嗣。	**慧** 字德泉，廪生。娶李氏，子三人：文榮（出嗣）、文杰、文煥。	**易** 字學占。娶孟氏，繼娶王氏。子一人：海峰。

十二世	十三世	十四世	十五世	十六世
				肅 字靜軒。
鸑 字鳳佐，國子生。配張氏，子二人：澤永、澤遠（殤）。	**澤永** 字恩長。配張氏，繼配黄氏。子一人：士棨。	**士棨** 字德華。娶吴氏，子一人：澧中。	**澧中** 字樹滋。娶佟氏，子二人：其新、鳳占。	**其新** 字憲周，增生。娶趙氏。 **鳳占** 字儀廷。單級養成所畢業，教員。娶臧氏。
鵬 字扶九。配劉氏，子二人：澤洪、澤普。	**澤洪** 字正路，國子生。配張氏，無子，以澤普子士豹嗣。	**士豹** 字希文。國子生，候選同知。娶張氏，無子，以士煒子益增嗣，繼生子育增，側室劉氏生子棨增，俱承祧本支。	**益增** 字茂庭。國子生，候選同知，誥封奉政大夫。娶李氏，子二人：蘊章、蔭章。	**蘊章** 字湘泉，國子生。娶劉氏，無子，以蔭章子汝翰嗣。 **蔭章** 字召棠。國子生，方略館供事五品銜，直隸候補府經歷。娶王氏，子二人：汝翰（出嗣）、汝翼。

十二世	十三世	十四世	十五世	十六世
	澤普 字義路，國子生。配王氏，子一人：士豹（出嗣）。		**育增** 字輝軒。從九職銜。娶閻氏，子一人：綬章。	**綬章**
			榮增 字善亭。國子生，五品職銜。娶王氏，子四人：漢章、憲章、雲章、奎章。	**漢章** 字星河。娶吴氏，無子，以雲章子汝霖嗣。
				憲章 字聖卿。娶張氏，子汝崧。
				雲章 字堯臣。娶張氏，子二人：汝霖（出嗣）、汝霽。
				奎章 字星五。娶于氏，子三人：汝震、汝才、汝源。

十二世	十三世	十四世	十五世	十六世
鶱 字仞千，庠生。配梁氏。				
鵠 配梁氏。				
國榮 字□□。配郭氏，子四人：澤楹、澤模、澤桂、澤楷。	**澤楹** 字泗洲。配杜氏，子二人：士奎、士元（殤）。	**士奎** 字文明。娶趙氏，子一人：玉生。	**玉生** 字温如。娶楊氏，子二人：德厚、德服。	**德厚** 字福庭。娶馮氏，子二人：九臯、有樂（出嗣）。
				德服 娶賈氏，無子，以德厚子有樂嗣。
		士元		
	澤模			

十二世	十三世	十四世	十五世	十六世
	澤桂 配武氏。			
	澤楷 配俞氏。			
	潤 字滋圃。配劉氏，繼配鄧氏。			
道性 字孟言，庠生。配韓氏，子二人：獨立、自立。	**獨立**			
	自立 配張氏。			
自芳 字□□。配羅氏，子一人：長嶺。	**長嶺**			

十二世	十三世	十四世	十五世	十六世
保全 字性真。配李氏，子一人：祥。	**祥** 字雲千。配孟氏，繼配耿氏。子二人：玉柱、國柱。	**玉柱** 娶李氏，子一人：福慶。	**福慶** 娶高氏，子一人：常德。	**常德**
		國柱 娶孫氏，子二人：福禄、福禎。	**福禄** 字培芝。娶郭氏，子一人：子英。	**子英**
			福禎	
華齡 字擬山。配鄧氏，子一人：爾畯。	**爾畯** 字子軒。娶□氏，無子，以汝成子季昌嗣。	**季昌** 字筱村，號蓮使。濟南中學堂畢業，清候選巡檢，民國薦任職陸軍二等軍需正。娶李氏、崔氏，子一人：燕芳。	**燕芳** 字平福。	
椿齡 字子春，鄉飲耆賓。配趙氏，子二人：爾甸、爾昡。	**爾甸** 字籽園，號墾夫。軍功七品。配陳氏，子一人：廼慰。	**廼慰** 字既安。娶陳氏，繼娶蕭氏、□氏。子一，殤。		

十二世	十三世	十四世	十五世	十六世
	爾畇 字□□。配封氏。			
栢齡 字培初，號介眉。國子生，鄉飲大賓，例授承德郎。壽七十有五。配馬氏，封安人，子四人：一成、汝成、端（出嗣）、九成（殤）。	**一成** 字子康，號竹君，晚號菊友。國子生，軍功七品銜。配盧氏，封安人，子二人：壽昌、世昌。	**壽昌** 字松泉，號雪樵，吏員。娶張氏，繼娶宿氏、劉氏。無子，以蒔芳兼祧。		**寶駒**
		世昌 字輔卿，號鳳五，庠生。娶杜氏，旌表節孝。無子，以永昌子蒔芳嗣。	**蒔芳** 字繼馨。娶毛氏，子二人：寶駷、寶駒。	**寶駷**
	汝成 字德村，號濬川。國子生，軍功七品銜。配高氏，子二人：永昌、季昌（出嗣）。	**永昌** 字華卿，號受之。娶李氏，繼娶吴氏。子二人：芷芳、蒔芳（出嗣）。	**芷芳** 字友蘭。娶何氏，繼娶王氏。子三人：寶騄、寶驪、寶騏。	**寶騄**
				寶驪
				寶騏

十二世	十三世	十四世	十五世	十六世
吉祥				
本治 字景迁，歲貢生。配李氏，無子，以栢齡子端嗣。	**端** 字□□。配于氏。			
聯芳 字奎光。配吕氏，子三人：潔、潤（出嗣）、澍（出嗣）。	**潔** 字奉公。配趙氏，繼配鄭氏。子一人：旻良。	**旻良** 字耜臣。娶吕氏，子二人：多稼、多泰。	**多稼**	
			多泰 字杜友。娶楊氏，子一人：福增。	**福增**
信芳 字懷軒。配李氏，無子，以聯芳子澍（嗣）。	**澍** 字沾霖。配王氏，繼配李氏。子二人：雲盛、雲龍。	**雲盛**		
		雲龍 字現章。娶高氏，子一人：洛鎬。	**洛鎬**	
巨亭				

十二世	十三世	十四世	十五世	十六世
巨橋 字虹舟。配葉氏，無子，以長春子鳳麟嗣。	**鳳麟** 字麗臣。配于氏，無子，以福芝子敦墉爲孫嗣。		**敦墉** 字亮疇。娶□氏。	
義生 字宜亭。配王氏，繼配崔氏。子一人：俊傑。	**俊傑** 字望高。配辛氏，子二人：玉城、雲城。	**玉城**		
		雲城 字彩岑。娶□氏，無子，以福芝子敦倫嗣。	**敦倫** 字克剛。娶王氏。	
維訓				
維和 配唐氏，子二人：琉、理。	**琉**			
	理			
維平 配□氏，子一人：琳。	**琳**			

十二世	十三世	十四世	十五世	十六世
長春 字茂萱。配李氏，繼配楊氏。子三人：奉奎、奉詳（出嗣）、鳳麟（出嗣）。	**奉奎** 字星元。軍功七品職銜。配王氏。			
玉春 字潤石。配屠氏，子一人：奉元。	**奉元** 字掄才。配馮氏，子一人：福芝。	**福芝** 字湧泉。娶高氏，子八人：敦墉（出嗣）、敦倫（出嗣）、敦化（殤）、敦崇、敦慶、敦緒、敦仁、敦樸。	**敦崇**	
			敦慶	
			敦緒	
			敦仁	
			敦樸	
鋠〔七〕 字□□。配金氏。				

十七世	十八世	十九世	二十世	二十一世
文波				
文玉				
文和				
子佑				
子健 字乾之。				
子任 字志伊。縣立高等小學校。				
海泉				
鎰生（殤）				

十七世	十八世	十九世	二十世	二十一世
會生				
厚生				
皐生				
文棨 字華軒。娶夏氏，子二人：志廣、志恕。	**志廣**			
	志恕			
文朮 字俊臣。娶李氏，子一人：志超。	**志超**			
文焕 字郁臣。娶崔氏，繼娶石氏。子二人：志强、志遠。	**志通**〔八〕			

十七世	十八世	十九世	二十世	二十一世
	志遠			
海峰 字岱東。娶馬氏，繼娶李氏。子一人：成玉。	**成玉** 字□□。娶紀氏。			
汝翰 字佐民。娶孫氏，子五人：成恩、成瑞（出嗣）、成訓、成誥、成業。	**成恩**			
	成訓 字□□。娶王氏。			
	成誥			
	成業			
汝翼 字逸民。娶趙氏，繼娶張氏。無子，以汝翰子成瑞嗣。	**成瑞** 字□□。娶李氏。			

十七世	十八世	十九世	二十世	二十一世
汝桐				
汝霖 娶楊氏。				
汝崧 娶張氏。				
汝霽 娶申氏，繼娶張氏。				
汝震 娶謝氏。				
汝才				
汝源				

十七世	十八世	十九世	二十世	二十一世
九皋 字鳴鶴。娶張氏，繼娶王氏。子一人：致和。	**致和**			
有樂 字怡然。娶熊氏，子二人：致中、致尚。	**致中**			
	致尚			

【校注】

〔一〕贈承德公諱禹民：指德州田氏二世祖田禹民，以子三戒贈承德郎、户部雲南清吏司主事，故稱。

〔二〕户部公諱三戒：指德州田氏三世祖田三戒，曾任户部雲南司主事，故稱。

〔三〕文學公諱高：指德州田氏四世祖田高，一生讀書不遇，與諸生交游。室無他物，墳籍數百卷而已。

〔四〕贈司寇公諱實栗：指德州田氏五世祖田實栗，因孫田雯受贈此號。

〔五〕贈司寇麗水公諱緒宗：指德州田氏六世祖田緒宗，曾任浙江麗水知縣，因子田雯受贈此號。
〔六〕貤：原作「馳」，當誤，「貤贈」意爲封誥呈請朝廷移贈給先人。下文「貤」同。
〔七〕鋠：前文爲「振」，未知孰是，存以待考。
〔八〕志通：上文作「志强」，未知孰是，存以待考。

卷二

家傳

吾家詩書之澤遠矣，自承德公而下，歷二百餘年。高曾燧道之石，記載必詳，不可復睹，而邦之文獻無徵，前人遺迹致嘆闕略，良足悲也。茲纂次《家傳》，或得故老之傳聞，或聆先公之訓述，言存其可信，事詳於大宗。蘇洵曰『譜爲親作也』，禮在則然哉。

始祖植德公，諱畹，相傳自棗强縣偕諱疇者遷居德州，占籍崇五里二甲，業農，長子孫焉。德有田氏自是始，遂爲始祖。

二世祖諱禹民，植德公第三子，贈承德郎、户部雲南司主事。先世業農，公以儒顯，用《毛詩》起家，振采膠序，未登仕版，已邀貤封。田氏二百年來，服耒耜者，植德公之澤。習三百篇，應制科名繼踵，皆公之洪烈發祥云。配焦氏，封太安人。子三戒、三省嗣。

嘉靖三十九年三月初九日，敕曰：士有躬之不試而善教其子者，是猶匯而流、種而穫，在天道固为食後之報，矧國典而無推本之恩。爾田禹民乃户部雲南清吏司主事田三戒之父，黌校早游，弗諧進取，義方迪子，克效其官。是用贈爾爲承德郎、户部雲南清吏司主事。祇歆慭綸，永慰冥漠。

敕曰：壽母之为燕喜，人子之至情也。榮及父母，豈非所以體之哉。爾焦氏，乃户部雲南清吏司主事田三戒之母，順而有則，愛以知勞，義方克相於夫嚴，恩數宜從於子貴，特封爾爲太安人，益介康祺，茂延來渥。

高祖户部公，諱三戒，字子慎，號中泉，贈承德公長子。才思清敏，志節貞礪，文章嗜莊騷，弱冠以嘉靖丁酉舉於鄉，爲孝廉。十七年嘗讀書於南郭外長堤柳陰之下，足蹋朱履，歷久猶新，鄉人識之若舄革聲也。性好潔，日更水盥頮者再，衣冠、几榻不容纖塵。遇人垢敝，輒避去，若將浼焉。癸丑登進士第，授户部雲南司主事。時分宜柄政，不肯以委蛇徇俗，每語同年輩曰：『曾有學步於邯鄲者，既未得其仿佛，又復失其故步，不如匍匐歸也。』官以曹郎終。當公之督漕三吴也，運弁呈驗米色，貯金箕斛上冒米以進，毅然却之。事報竣，烏帽布袍，策蹇驢以歸。及過里門，偶出投刺，一老婢自隨，客至亦一婢捧茗出，無它僕也。值歲饑疫，領賑恤之役，躬自周視，遂染疾，卒於京邸，嘉靖庚申五月六日也。距生於正德庚午十二月二十日，年五十有一。配宋氏，封安人，子高嗣。

嘉靖三十九年三月初九日，敕曰：地卿之屬，視他曹爲詳，管財賦而酌其盈縮，司庾帑而制其約浮，稽簿書而明其登耗，於邦計至重也。匪得廉勤精敏之才，曷克以濟？爾户部雲南清吏司主事田三戒，起家賢科，宣勞民署，罔辭艱劇，慎慮以從，功載書庸，達於朕聽。是用進爾階爲承德郎，錫之敕命。夫時詘務殷，輸半而費倍，日者常往來朕衷矣。上有以足國，而下不病於民。古所謂善理財者，宜何如廣恩熟究，益懋遠圖？

敕曰：家有良嬪之克相，則國有良臣之匪躬，道固相成也。旌勞之典，不施及以偕榮，豈所以示勸哉？爾户部雲南清吏司主事田三戒妻宋氏，稟性儉勤，禔躬淑慎，夫罔還顧，實由内襄，兹封爾爲安人，象服攸宜，益勤交儆。

曾祖紹泉公諱高，淹詳有器度，美丰儀，善容止。讀書不遇，浮湛諸生間。承父清白之貽，室無長物，墳籍數百卷而已。裋褐不完，膏火鮮資，依外家丁公以給，屯亶而殁。生於嘉靖戊申十二月二十一日，卒於萬曆庚子六月初三日，年五十有五。配丁氏，子實成、實穎、實栗、實畝嗣。

祖贈侍郎公，諱實栗，字裕所，曾祖第三子。少負志節，通今函雅，以《毛詩》講學里塾間。性嚴重，笑比河清。庭以内肅若朝儀。晝書行事得失於曆上，昧爽起，焚香告天呼佛者三，正襟危坐，子孫臧獲無擅趨堂下者。疾惡若仇，人有過，輒加面斥，既去，仍目攝之。見一善則盱衡扼腕，遇一才則揚眉抵掌。絶景雲霄之表，濯志北溟之津。經行牢牢，亡情軒紱。從游者日衆，程資制之高下，立道藝之繩尺，必俾之成材乃已。故及門之士多彬彬英彦焉。一時比之河汾云。喜爲人排難解紛，慷慨論議，才鑒足以辨物，思理足以研幽。當明季癸甲之歲，兵革未息，興廢多故，歔欷三嘆，隱憂孔疚。亦猶河汾援琴鼓《蕩什》，弟子沾襟泣下時也。事母孝謹，温清無輟日，家即貧，祭葬必豐。與弟滿所公友善，嘗曰：『嗚雀匪和，析薪弗荷，豈敢荒寧，我堂靡構。古人所以訓弟乎！吾堅守詩書，爾無同傷原憲也。曷精計然術，贍財用恤窶乏？亦匹夫一善之行矣。』滿所公再拜。授教數年，立致千金。公疏眉廣額，布袍方履，歲時膢臘，四世一堂，觥籌交錯，顧而樂之。春秋集族姓，展祭先壟，禮畢序昭穆坐，受胙松楸之下，雍雍肅肅。鄉人稱宗法者，必曰田先生。今猶爲名賢所傾慕，父老所競傳。風流郁烈，久而彌芬矣。雯方九齡時，記一日杖立檐榮間，偕弟滿所公笑言啞啞，已而長太息者再，撫雯背曰：『自户部公後垂八十年，吾以先人詩書之澤，教爾諸父及汝曹久矣。家聲尚墮，奚爲修善立名乎？此徑廷之詞也，惜哉！吾老不及睹矣。』小子雯尚謦欬在耳也。順治二年乙酉五月二十二日卒，距生於萬曆五年閏八月初七日，年六十有九。卒後門人謚曰『貞曜先生』。康熙三十六年，贈通奉大夫、刑部侍郎，崇祀於州學之鄉賢祠。配于氏，贈夫人。繼配錢氏。子纘宗、緒宗嗣。

叔祖實畝，字滿所。才辨穎悟，精强有心計。事兄惟謹，以兄命理治生之術，歲所入數倍，擁厚資。兄嘗誨之曰：『《史記》言白圭之治生也，以爲智不足與權變，勇不足以決斷，仁不能以取予，强不能有所守，雖學吾術終不告之。夫智、勇、仁、强，儒者之事也。吾用之以淑身砥行，子用之以貨殖生財，可乎？』公唯唯。崇禎之末，庚辰辛巳，歲大饑，人相食。復誨之曰：『鄰里親串望拯於汝矣。人生不爲長者之行，雖有餘財，能常聚而不散乎？』公又唯唯，以是全活百餘人。生於萬曆十二年甲申六月初九日，以順治五年戊子十月初四日卒，年六十有四。無子，以伯兄子繼宗嗣。

世父纘宗，字憲文，王父長子。習知稼穡，隱居河西之鬲海村。晚游吴越歸，自號『鬲村蘧夫』。飲酒自娱，不入城市。萬曆二十九年辛丑四月十九日生，康熙九年庚戌三月二十九日卒，春秋七十二。子長書，次善。書，字瑞子，聰穎過人，讀書寓目成誦，文章捷敏。數奇不偶，性拘耻貧，鬱鬱以終。年五十二。

先考通奉大夫，諱緒宗，字仿文，一字介慈，又字文起，號蓼菴，王父次子。生於萬曆三十七年己酉正月十一日辰時，幼有异徵，不屑伍弄戟兜。或相之曰：『河目海口，高顴巨顙，當代髦杰也。』八歲入小學，日誦千餘言，長倜儻不群。家貧苦學，冬夜擁薪几下禦寒，咿唔達旦。當啓、禎之際，文士競尚餖飣、骫骳之習，公覃思古學，孤行己意。甲戌丁母艱，服闋，設講席於桑園鎮〔一〕，爲文益奇。乙酉五月，遘父喪，又遭時多故，悲天憫人，鍵户著書數年。辛卯舉於鄉，壬辰登鄒忠倚〔二〕榜進士，觀户部政。九月檄選館職，同年白公乃貞、曹公爾堪〔三〕約入試，以錢太夫人病未果行。先是屢躓場屋，人規以諧俗。嘆曰：『「啾發投曲，感耳之聲，合之律度，淫蛙而不可聽者，非《韶》《夏》之樂也。」夫諧俗之文，吾知之矣。虎豹之班，鳳凰、翡翠之羽，貴其文异耳。使吾文而猶夫人也，烏用吾文爲？』卒持之不變。晚登一第，思親罔極，讀《蓼莪》之詩，掩卷流涕，故自號『蓼菴』。州爲漢董仲舒故里，唐顔真卿爲平原太守〔四〕。醇儒、忠臣异代同揆，創合祠，額曰『董顔書院』。士之讀書其地者，俎豆弗衰。癸巳八月，授浙江麗水知縣，甲午二月抵任。麗水殘邑，徭賦紛戾，胥吏高下作奸。公勾稽土田、户口，定履畝之籍，造烟居之册，大紓民困。通濟堰在郭西五十里，始自蕭梁時，障松遂兩溪，水分四十八派，灌溉民田。後大水决堰，田散土龜。單騎往視，畚臿浚復，堰利以興。又學宫居櫸山之巔，世傳唐李鄴侯泌所建，韓侍郎愈爲之記。兵燹圮廢，亟出俸金新之。立麗澤大社，月課諸生。初嘗作《筮仕自記》一編，於古之循吏、勸農、建學、士習、水利諸往事無不周備，一出爲政，所行悉如記中語。甫三月，民歌曰：『邑侯清，婦子寧。邑侯廉，婦子安。』其年五月，以中暑啜寒泉成疾，七月初九日戌時卒，年四十有六。邑氓哭之，效桐鄉之祀，今廟存焉。公貌矍峻風裁，氣韵遒正，神鋒標映，千里絶迹，百尺無枝，人敬之不敢狎。議論懸河，風流文辨，下筆藻思雄逸，英采焕發，一時名士見其文嘆服，吟研俯首焚君苗之硯也。善飲酒，百觴不醉，引滿舉白，談笑大噱，賓客合沓，坐無虚席。兄鬲村公亦豪飲，弟勸兄酬，漏分不輟。余年十六，得侍觴酒之側，依稀昨日也。嗚呼，一爾過隙，永歸長夜，宿草風凄，繐帷塵委。昔人云：『性命之道，窮通之數，夭閼紛綸，莫知其辨。』吾父之不享長年，天爲之乎？維時諸弟齒稚耳，小子獨罹厥艱，東里西華，葛帔練裙，覯閔既多，受侮不少，回首有餘痛焉。以丙午年十一月二十日葬於城南祖兆之北阡，西山卯向。康熙六年十一月二十六日，覃恩贈徵仕郎、内秘書院中書舍人。康熙十四年十二月十四日，覃恩贈奉政大夫、户部雲南清吏司員外郎加一級。

康熙二十年十二月二十四日，覃恩贈奉政大夫、江南按察使司僉事，提調學政道。康熙二十七年十月二十三日，覃恩贈中憲大夫、巡撫貴州兼理湖北川東等處地方提督軍務、都察院右僉都御史。康熙三十五年六月二十八日，克襄公事，贈通奉大夫、刑部左侍郎。康熙三十六年七月十九日，覃恩贈通奉大夫、刑部左侍郎加一級。配張氏，累封太恭人，贈太夫人。子雯、需、震、霦嗣。

紳宗，行二，實秀子。余族叔行也。隱居城北屯氏河上之第六屯，家貧，訓村中童蒙取資以自給。才智過人，精强有心計，凡《禾譜》《耒耜經》《齊民要術》、農家月令、卜筭、星曆諸書靡不研討洞晰。體清臞，弱不勝衣，而深曉兵法，習武鬥，坐作擊刺可十人敵。操行高潔，足迹不入城市，奇士也。吾家宗法之立，世系之表，唯公爲獨詳。年七十四卒。配朱氏，子霈、霖、囊嗣。

【校注】

〔一〕桑園鎮：今屬河北省吴橋縣。

〔二〕鄒忠倚（一六二三—?）：字于度，號海岳，江蘇無錫人。順治九年（一六五二）殿試狀元。

〔三〕白公乃貞：白乃貞（一六一八—一六八三），字廉叔，號蕊淵，又號慭齋。陝西清澗人。清順治八年（一六五一）中舉，翌年進士，與田緒宗爲同門進士。入仕後授翰林院檢討，任《順治大訓》纂修官。康熙二年（一六六三），任順天府鄉試主考官，擇優取才，守正不阿，而罷黜歸里，同僚備受牽連。數年後冤案昭雪，仍隱居鄉里，詩酒爲樂，勉學勤耕，本縣科舉出第者多出其門。

著有《愁齋存稿》四卷，《四庫全書總目》存目著録。順治九年（一六五二）九月，白乃貞約田緒宗共同入京接受館選，但田緒宗因爲繼母病重而未能成行。曹公爾堪：曹爾堪（一六一七—一六七九），字子顧，號顧庵，浙江嘉興籍，華亭（今上海市松江區）人。順治九年（一六五二）壬辰進士，與田緒宗爲同門進士。入仕後改庶吉士，授編修，歷官侍講學士。博學多聞，善書畫，工詩，是明末清初柳洲詞派中的重要人物，有《杜鵑亭》《南溪》《客裝里音》等集。與宋琬、沈荃、施閏章、王士禄、王士禛、汪琬、程可則并稱爲『海内八大家』或『清八大詩家』。順治十年八月，田緒宗選授浙江麗水縣知縣，曹爾堪有《送同門蓼菴先生之官麗水詩》。

〔四〕漢董仲舒故里，唐顔真卿爲平原太守：《史記》記載董仲舒爲漢廣川人，德州漢時屬廣川國，唐時屬平原郡，顔真卿曾於天寶年間任平原郡太守，故云。

先考司農公，諱雯，字綸霞，號漪亭，晚號蒙齋，王父長子。生於明崇禎八年五月二十三日丑時。幼岐嶷，寡言笑。五歲背誦《孝經》，及入塾，以王父爲師，堅守詩書。不事嬉戲，亦不求温飽。十歲學文字，語出驚人，雖老宿莫敢抗行。十六冠童子試，越歲食餼，二十中甲午副榜。時王父已成進士，除知麗水縣，甫三月卒於官。舁櫬歸里，潦倒孀孤，一時悍族勢戚輩無端釁構。公一身摒擋之，晝訟夜讀，讀書聲與哭聲相間。奉母訓弟，艱苦備嘗矣。庚子登賢書，辛丑甲辰成進士，授節推。未幾，裁節推，就中書。壬子分校順天鄉試。遷户部閩司主事，進滇司員外郎，尋差監督大通橋運務，升工部營繕郎中。乞假歸省，再補虞衡節慎庫郎中。於時詩名噪長安，列『十子』〔一〕，漁洋〔二〕所稱『能詩何水部』是也。外升江南學政道，期滿補湖北糧儲道。視學兩江時，盡拔孤寒，文風丕變，士林嘗有『田聖人』之稱。及督糧湖北，十日内辦荆州兵糈六萬石，又抉漕政十二弊，捕南糧大蠹置諸法。由是，上益才公。擢光禄寺少卿，遷大理寺丞，升鴻臚寺卿，旋命巡撫江蘇。自楚儲距此甫八月，且鴻臚四品，例不開列，蓋异數云。公抵任蘇撫，於地方民生之最切者，具奏五大疏，皆報可。又奉命偕總督董公訥、總河靳公輔〔三〕，會勘下河。公力持公議，不徇曲説，幾爲同事中傷，遂調撫貴州。時值苗仲猖獗，公抵黔後，即遍閲輿圖，於苗盗出歿之地，除窩家，立連炮法，擒一二渠魁，黔境獲安。土總兵龍天祐向肆跋扈，至是納款軍門，願效驅使。復有會川番蠻阿所，殺主叛陣，傷守備常珍，奔匿老安氏水城内。蜀撫奏聞，差官至平彝衛，會同督撫、提鎮商榷機宜。衆議出兵，公獨不可，曰：『蠻逆據險負固，兵力難施，用剿不能，損威無益。』乃自作檄文，下移老安氏，不數日，竟縛阿所以獻。衆皆拱服，且謂：『一紙書勝十萬師。今於公見之，益信德威之服於遐邇者，素矣。』事定回貴陽，夜行萬山中，突有倮倮酋長截肩輿，入半體跪持公足，貌猙獰可駭。公問：『爾何人？』曰：『土官安世基也，仰公德威，欲識公耳。』公曰：『聞〔四〕爾嘗抉人之眼而啗〔五〕之，有之乎？』曰：『舊有之，自公來，無復爲矣。』公因諭以從善，保首領，遂唯唯而去。黔處蠻荒，數十年無發甲科者，公重修甲秀樓，以助形勝。入山采木，僅得大柱三，再求不得。忽碧潭中浮一柱出，恰與三柱符，樓遂成。《洛陽伽藍記》所謂『東南飛柱』，信有之乎。於是修武鄉侯、王文成二祠，并葺龍場書院，購備經史詩文數百卷，集諸生肄業其中。公暇時自行課督。自是文風日盛，列翰苑者不乏，且有詩人焉。又曩日，貴陽城外南明河，天不雨則水鳴火應，爲害已久。公爲文祭之，從此水不鳴，火亦不發，民多神奇之。在任三載，化童澤石脊之地爲禮樂文物之邦。大法小廉，倮仲服而蔀屋安。黔人各於歲首署門曰『夜郎復旦，羅甸回春』，則公之治績可見矣。及丁内艱去，黔民泣送者，百里不絶。又争率醵錢，築山薑別業以祠公，至今俎豆不衰。向非下河之勘，公一生抱負亦烏能大展於鬼方，萬里得以上報君恩，下副民望如此哉？不遇盤根，安別利器，其信然矣。服始闋，特旨升補刑部右侍郎，俄轉左侍郎，總裁丁丑禮闈，復遷户部左右侍郎，奉差督催高堰工程。事竣，得議叙加五級，即具疏以老病乞歸。公賦性剛直，孤立無援，自中書舍人時，得受主知，故自此轉曹郎爲監司，遷京卿，兩撫吴、黔，歷佐司農、司寇，皆出特簡。雖數被在廷讒阻，終不能稍回上意。公有詩云：『宦情絶似秋蟬翼，世路偏多妒婦津。』又：『殷勤天語詢名姓，聖主何嘗弃不才？』蓋實證也。至前後恩賜種種，已悉載年譜中。公生平慷慨，遇事無兩可，見義必爲，無少觀望。宅憂時，以米四百斛贍族黨。歸田後，以麥穀千二百斛濟災賑。重修鄉賢舊祠，以安先賢暴露之木主。又修城頭雁塔，并歷科進士坊，以振文風。表彰前賢，選刻遺集。舉一切有關於桑梓者，靡不殫力爲之。安德二百年來，不乏顯貴，求如公之所爲，曾復有幾？且宦游四十餘年，門第不殊布素，庭訓家法備極嚴整，從無一事擾公門，亦無一事忤鄉黨者。立朝居鄉，即文正端肅，何加焉。家居二載，年享七十，於康熙四十三年二月二十三日辰時，以疾考終里第。蒙恩賜恤，身後有餘榮矣。公長身玉立，湛深經術，自通籍以來，歷中外，建勛名，德言并立，出處無虧。主文苑騷壇數十年，海内望之如泰山北斗。膺封命者六，邀贈典者一。一官、一集、一事、一善，雖經志狀之已悉，而究非傳述之可罄者，余小子肇麗亦僅攄梗概，敬附家乘云。以康熙四十四年二月十九日，葬於楊穀村之南阡，癸山丁向。累授通奉大夫、刑部左侍郎加一級，又贈通奉大夫、户部左侍郎加一級。崇祀鄉賢。配馬氏，累封夫人，又贈夫人。子肇麗、曼碩、合敬、幼安、中儀嗣。

河南開封府北岸同知，門下晚學生許佩璜〔六〕填諱。

【校注】

〔一〕十子：康熙十六年（一六七七），主盟詩壇的王士禛選田雯與宋犖、王又旦、顔光敏、葉封、曹貞吉、謝重輝、林堯英、曹禾、汪懋麟詩爲《十子詩略》，編定刻之，世稱『金臺十子』或『長安十子』。另關於『金臺十子』成員組成，現存資料相抵牾，學界有争議，詳見朱則杰、陳凱玲：《『長安十子』考辨》，《文學遺産》2009年第6期，今取朱文結論。

〔二〕漁洋：清初詩壇詩人王士禛號。王士禛（一六三四—一七一一），字子真，一字貽上，號阮亭，晚號漁洋山人。清初濟南府新城縣（今桓臺縣）人。順治十二年（一六五五）進士。歷官至刑部尚書，兼任國史館總裁。康熙時文壇盟主，被譽爲『泰山北斗』。詩、詞、散文皆善，傳世著作達數十種。創『神韵』説，提倡清新淡遠、藴藉含蓄的詩風。有詩集《帶經堂集》《漁洋山人精華録》，詞集《衍波詞》。另著有《居易録》《池北偶談》《香祖筆記》《分甘餘話》《漁洋詩話》等，編修類書《淵鑒類函》四百五十餘卷。

〔三〕董公訥：董訥（一六三九—一七〇一），字兹重，號默庵，山東平原人。康熙六年（一六六七）丁未科探花，授弘文院編修，改翰林院編修，歷任日講起居注官、中允、侍講、侍讀學士、禮部侍郎，康熙二十四年（一六八五）乙丑科會試總裁，擢經筵講官，吏部、户部侍郎，左都御史，兵部尚書兼右都御史，兩江總督，左遷侍讀學士，升内閣學士，轉兵部侍郎總督漕運，復入掌都察院，因事罷官，旋復左都御史，督修高堰河工，因病卒於清河館舍。著有《西臺奏議》《兩江疏草》《督漕疏草》《柳村集》《華瑄集》等。靳公輔：靳輔（一六三三—一六九二），字紫垣，漢軍鑲黄旗人，遼寧遼陽人。歷官國史院編修、内閣中書、兵部員外郎、内閣學士、安徽巡撫、加兵部尚書銜、河道總督。靳輔長期任河道總督，爲清代治河名臣，挑河淤土，高築岸堤，疏浚河道。建減水閘壩等束水攻沙措施，使黄河安流三十餘年。卒贈太子太保，雍正五年（一七二七），復加工部尚書。著有《靳文襄公奏疏》《治河方略》。

〔四〕閘：民國本作『問』，當訛，據道光本改。

〔五〕啗：同『啖』，吃。

〔六〕許佩璜：生卒年不詳，字渭符，號雙渠，京師『群雅堂』八友之一，江都人。乾隆元年（一七三六）舉博學鴻詞，官衛輝同知、開封同知，後出任德州知州，有《抱山吟》行世。

先考朝議公，諱肇麗，字念始，號小霞，一號蒼厓，王父長子。生而穎異，美丰儀，總角如成人，端凝簡默，見者皆器重焉。當王父官京師，家務無巨細，悉以委公，蓋年甫十二也。十五歲補博士弟子，旋食餼。初習制舉業，刻意先輩羞時下帖括之習，以故累躓秋闈，賞音莫遘。雖或有勸以降格順時者，公夷然不屑顧。鏗戛韶鈞，終不入箏篴之耳，亦莫可如何矣。後以王父命，不得已由教習知縣改補户部司務。升刑部江南司主事，進陝西司員外郎，遷户部江南司郎中。受癸巳萬壽覃恩加一級，授朝議大夫。前之在西曹也，矜慎自矢，案件大小必反覆究詳，務協平允。否則，力爭之，不畏上官，不惑胥吏，欽恤人命，視一官漠如也。一時同寅友如高安朱公軾、福清李公馥，共相推服且水乳焉。及其遷農部也，司江南財賦，徹底澄清，甫半載，以大司農富公寧安〔一〕、倉場總督施公世綸〔二〕保舉，監督富新倉。曩八倉最爲弊藪，國儲多虧。歲辛卯，特命保舉漢司員任之。是差收放固難，而意外之防尤在盜、火兩患，公抵任視事，立法嚴肅。又訪得利弊，總不外攢典老吏手，遂責成之。恩威并用，革除陋規，即茶果應得者，亦悉屏去。一出一入，無不躬親閱歷，百計防閑，雖寒冬不火兩餐遠饋，亦不問冷暖，清慎勤勞，利興弊絶，一時相傳，均以富新倉爲清净場矣。時有滿弁二人，妄傳王命，擾亂倉規，欲不行法事。公查問來歷，親啓王府，遂蒙諭令『田監督自行鞭責』，法紀于是特肅。及差滿考核，計贏米二萬餘斛，經富、施兩公首薦，得加等議叙。瓜期將届，公以一載積勞，請急歸里，暫行調治，時康熙癸巳八月也。抵舍後，病勢轉劇，又增以眩暈之症，纏綿床褥垂十餘年。至癸卯憲皇帝龍飛，忽奉特旨，諭巡撫塞楞額〔三〕，訪原任户部郎中田肇麗在家消息，塞以抱病未痊回奏。荷蒙朱批：『此人可惜，着該撫加意調理，俟其病痊送京引見。』奈沉疴積久，不獲仰答九重之眷，惟潦倒林下，感激天恩而已。是時，老病雖兼，尚堪强勉，故命小子同之，縻禄成均，稍效犬馬之報。迨雍正十三年八月，一聞聖駕升遐，哀痛幾殆，遂卧病不起，延綿三月而卒，春秋七十有五，計請急歸來已二十有二年矣。雖才不偶命而幹國隆家，無慚君父，惟公有焉。公天性孝友，氣概嚴峻，養病家居，雖至戚不輕接一人，惟與二三兄弟寒暑罔間。或事有參差不可隱忍者，亦必委婉其間，不忍作色。即向日五分晰産田舍外，從未較量餘物。固不見彼此之迹，亦不拘長幼之論，手足情深渾然如一，吾鄉閥閱諸家，若公之爲嫡長兄者，亦僅矣。公生平無他好，專嗜讀書，博聞强記，無所不窺，于聲律之學持論特嚴，而所爲不多。古作以龍門爲本，以震川爲標，體法非合宜不輕落筆。所著有《忍冬詩集》《忍冬文集》《硯北猶存録》《扈從紀程》《麻衣消寒録》《南北史纂》，皆蠅頭小楷，公自手録者。二十年鍵關，抱病猶沉酣于載籍中，老不廢學，其袁伯業之芳踪乎？然富有萬卷，艱於一第，公之飲恨畢生也，有以夫！順治十八年正月初八日辰時生，雍正十三年十二月初七日未時卒，以乾隆元年十一月初六日酉時，葬於楊穀村祖塋之次，艮山坤向。不丐志銘，僅勒姓氏、官爵、生卒年月以及著述名目於石，遺命也。配蘇氏，贈恭人，子同之嗣。

山東榮成縣知縣，門下晚學生羅克昌〔四〕填諱。

【校注】

〔一〕富公寧安：富寧安（？—一七二八），富察氏，大學士阿蘭泰之子。滿洲鑲藍旗人，清朝康雍年間大臣，累官至吏部尚書、武英殿大學士。

〔二〕施公世綸：施世綸（一六五九—一七二二），字文賢，號潯江，晋江縣（今屬福建）人，祖籍河南固始，後入清八旗漢軍鑲黄旗。清靖海侯施琅之子。歷官江蘇泰州知州、揚州知府、漕運總督。爲官清正廉潔，秉公执法，不畏權貴，勤於民事，有『施青天』之譽，被康熙帝稱爲『江南第一清官』。

〔三〕塞楞額（？—一七四八）：清滿洲正白旗人，瓜爾佳氏。康熙四十八年（一七〇九）進士，歷官侍講、侍郎，雍正二年（一七二四）出撫山東。乾隆十一年（一七四六）擢湖廣總督。

〔四〕羅克昌：生卒年不詳，江蘇高郵人。雍正七年（一七二九）己酉科舉人，出田同之之門，雍正八年（一七三〇）庚戌科中進士，歷官山東榮成知縣。四川涪陵知州等職。榮成知縣任上受恩師同之之請爲田肇麗作傳。

先考國博公，諱同之，字在田，一字彦戚〔一〕，晚號西圃，曾王父司農公冢孫，王父朝議公長子。生有岐嶷，不事嬉戲。六齡即嗜書如性命，日誦數千言，有曾王父風。曾王父特鍾愛之，因錫字『小山薑』。稍長，爲文尤彰夙慧，出語逼名師宿儒，見者皆卜爲偉器焉。十六補諸生，十七食餼，弱冠充丁丑選拔正。曾王父及王父官京師時也，公在家一遵家訓，遠志力圖，磨厲之餘兼工詩賦，固不僅縈懷於一第矣。顧文高數奇，屢薦不售，丁酉已擬元卷，仍置副車。年四十四，始舉康熙庚子鄉試，從此春官四上，僅與雍正丁未科明通。己酉分校江南，得浦起龍〔二〕、葉沃若、羅克昌等正副榜九人。歲辛亥，例應謁選縣令，公堅志不就，鄉前輩以陶元亮比之。時王父養疴林下，重荷憲廟殊恩，屢促公補報。公不忍拂嚴命，赴京隸工部學習，值果親王〔三〕統理，公矢公矢慎，不以身無專職公事少弛。歷二年，差滿補國子監學正。公秉公訓士，痛絶陋規，每逢堂試，雖雨雪阻途，罔有曠課與後期者。莅任三年，株守砥節，塞捷徑絶攀援，皆公之奉職無愆，可以上答國恩而中光祖德者也。曩習正工部，久爲果親王所知，會冬官員缺，王念舊日勤勞，許題都水司主事，公心有所鑒，遂以親老家貧不能久任爲辭。王嘉悦之，親書《天馬賦》一縑，并書自執金泥便面，以奬勵之。夫公之學問經濟，即敷政水曹，豈足以罄量而展，而得親王知遇之隆，或可以略賞平生之抱負與。公又念風雅一途，自漁洋與曾王父繼没，騷壇無主，幾至雅鄭并陳，每爲詩必力追唐響，盡洗宋元之陋習而後已。公餘之暇，與長洲沈公確士、雲間張公少儀、桐鄉朱公霞山〔四〕諸名輩沿波討源，爲群雅堂之交，識者咸謂『仁廟十子并驅中原，而群雅諸公堪當後勁』云。乙卯八月，恩加一級，於時題署監承事。迄歲暮，王父訃音到京，哀毁幾殆，旋請急歸，喪葬悉如禮。服闋後，忘情軒冕，專承家學，閉户著書，兼之獎引後輩，表彰潛德。雖年逾古稀，而燈火丹鉛視壯歲無少減。但持律嚴正，從不略爲假借，以故大江南北非真能治詩者亦不敢輕造焉，是知正法眼藏不屑於魔俚之籠絡也。迨丙子年届八旬，猶命徵輿赴省改刻各種著作，凡語涉激昂，悉更正之。徵輿猶謂是絢爛平淡之常，詎料是歲冬杪，攤書猶昔，竟以微疾而端坐長逝耶。念公之才雄學富自足，繩祖武而有餘，卒乃藝苑云遥，閑曹淹滯，堂蓑不御，恨豈終窮，然而得清流於江上，受知遇於名籓。著書十萬言，歷年八十載，何莫非文章之有靈哉？且體王父在天之靈，爲人所不能爲，忍人所不能忍，更不獨文章之冠世矣。公詩追王、孟，文法歐、曾，詞宗姜、史，書踵襄陽，至今睹公之墨迹者，不惜重值購之。當時貴顯者，似不及也。著作有《詩竹堂彙稿》，《硯思詩集》六卷，《二學亭文渼》四卷，《晚香詞》三卷，《詩文詞三説》共八卷，《西圃叢辨》三十二卷，久經鏤板行世。又《幼學續編》八卷，《各體臨書》四册，藏之祠廟，以訓子若孫者。公生於康熙十六年丁巳四月初二日辰時，卒於乾隆二十一年丙子十二月十七日未時，壽八十歲。以乾隆二十九年甲申三月二十五日申時，合葬於楊穀店老塋之東北新阡，亥龍轉艮入首，癸山丁向。遵遺命不丐墓銘，謹記官爵、生卒、葬日及著述名目於隧道之石，仍循朝議公家規也。配封孺人，繼配吕孺人。子徵輿、逄泰（出嗣）、佺期、際昌嗣。

禮部儀制司員外郎，受業門人仁和沈世煒[五]填諱。

【校注】

〔一〕彦威：民國本作『彦戚』，當訛，據道光本改。

〔二〕浦起龍（一六七九—一七六二）：字二田，號孩禪，自署東山外史，晚號三山傖父，時稱山傖先生，江蘇金匱（今無錫）人。於雍正二年（一七二四）寫成《讀杜心解》。該書爲杜詩學中的創新之作，許多觀點被采入《唐宋詩醇》。雍正七年（一七二九）中舉，出田同之門。次年中進士，歷任揚州府學教授、雲南昆明五華書院山長、蘇州府學教授，主紫陽書院，學者王昶、錢大昕，經史學家王鳴盛皆出其門下。

〔三〕果親王：果毅親王胤禮（一六九七—一七三八），清康熙帝第十七子，庶妃陳氏即純裕勤妃出，雍正帝异母弟。其初行次爲第二十七，旗籍正紅旗。幼從學沈德潛，豁達識體，不參與皇權之争。且又聰明持重，政績斐然。雍正即位後，避聖諱改爲『允』字排行，稱『允禮』，曾秘密奏請蠲免江南諸省民欠漕糧、蘆課、學租、雜稅，獲准，有着『秉性忠直』『存心寬厚』的贊譽，卒謚毅。著有《春和堂集》《工程做法》等。雍正七年己酉（一七二九），田同之奉父命進京赴工部學習，時值果親王統理工部，同之在工部見習二年，恪盡職守，不以身無專職而懈怠，深得果親王贊許。

〔四〕沈公確士：沈德潛（一六七三—一七六九），字確士，號歸愚，長洲（今江蘇蘇州）人，清乾隆朝著名詩人。乾隆元年（一七三六）薦舉博學鴻詞科，乾隆四年（一七三九）成進士，曾任内閣學士兼禮部侍郎。爲葉燮門人，論詩主格調，提倡温柔敦厚之詩教。著有《沈歸愚詩文全集》《古詩源》《唐詩别裁集》《明詩别裁集》《清詩别裁集》等，流傳頗廣，影響巨大。雍正十三年（一七三五）乙卯初夏，沈德潛入京應試，與田同之定交。後沈德潛爲田同之詩集《硯思集》作《小山薑詩序》，論詩酬唱頗多。張公少儀：張鳳孫，字少儀，京師『群雅堂』八友之一，江蘇華亭（今上海松江區）人。雍正十年（一七三二）副貢，乾隆間舉鴻博，又薦經學，三十一年（一七六六）知邵武府，後官至刑部郎中。詩秀杰清麗，又工駢文，著有《寶田詩鈔》。田同之的《晚香詞》由『雲間張鳳孫少儀評』。朱公霞山：朱蔚，字霞山，號西簃，廪貢生，年十四補博士弟子，屢困場屋。詩宗漢魏，文學曾子，生性嚴肅凝重，不苟言笑，與人交往崇尚情誼、意氣，有古人之風。殁後遺稿散佚，僅存《春明吟稿》一卷。田同之與朱蔚志趣相投，情誼真摯，朱蔚是田同之終生懷想的摯友。《硯思集》中存有多首寫與朱蔚的交游、酬贈、思懷之作。

〔五〕沈世煒：山東按察使沈廷芳之子，生卒年不詳。田同之及門弟子，田同之曾爲其詩集撰《沈樓詩草序》。

本生父香孤府君，諱徵輿，字孟扶，號清漪，晚號香孤，曾王父朝議公冢孫，王父國博公宗子。生於康熙四十年辛巳二月初六日辰時。幼性明達，無俗情，束髮受書即酷嗜韵語。七歲遭王母變，哀毁如成人。逾年隨曾王父任讀書京邸，一室雒誦不待教督，曾王父雖課孫最嚴，而譴呵曾未及之也。迨曾王父假歸謝客，乃從師爲文。外聆師傳，内承祖訓，廢寢忘食，固奮期小草之有成矣。無奈脾胃虚弱，一病纏綿，十餘年來不離薑桂，至戊申始獲痊可。方擬重續舊學，會王父例應謁選。曾王父服勞，無人委以家事，巨細皆責成之，不得已補國子生。時曾王父却掃已久，年家故舊相訪，皆府君酬答，如高安朱公軾、福清李公馥、曲沃裴公律度〔一〕皆小友相遇，且孔李焉。自是綜理之暇，箕裘不墜。五七言原本家學，兼宗漁洋。每詩成，專主韵格，不是綺靡。填詞則蒨婉韶秀，直逼稼軒。小雅堂諸公共許爲衣鉢專承，不愧家學者也。且殫心字學，如音韵之异讀，意義之分解，無不精細追求，從無隻字模糊，致失古人之意。府君才思富有，覓句揮毫之外，復工篆刻，於鐘鼎篆籀，源流正變，既博極無遺，而得心應手尤在林寉田印册上。故據石游刃，皆堂堂正正，無時下魔鬼之習。大江南北得片石者，皆珍愛之。直督方觀承聞府君名，特浼幕友張鳳孫持玉章索刻，且道其夙慕之懷，欲聘留督署，遇機保舉。府君雖感其誼，於捷境實夷然不屑，是淹雅之性、孤介之操，又有并行不悖者。生平性惡營，遂門無濫交，一言一動皆遵曾王父庭訓。丙子冬月，王父易簀，舊疾復作，形神倍减，含悲茹痛，精力愈困。己丑乾隆二十四年七月十一日未時，端坐長逝，享年六十有九。府君自處分家事，前後逾四十年，而家學依然不墮，基業纖豪不失，親舊中求如府君者，寧復有幾？一生著作，以律己過嚴，焚弃甚多。今所存惟《石南齋遺詩》一卷，《詩餘》一卷，《磨礱頑鈍》四册。論者謂：『威鳳一羽，可覘五德矣。』辛卯乾隆三十六年十月二十四日申時，合葬於楊穀村祖塋之次，癸山丁向。循家規不求志銘，謹勒姓氏、生卒於墓門之石。配李氏，子靖、嶢（出嗣）、蹬嗣。

乾隆庚寅科舉人，姑山愚侄張韐填諱。

【校注】

〔一〕朱公軾：朱軾（一六六五—一七三六），字若瞻，又字伯蘇，號可亭，謚文端，瑞州府高安縣（今屬江西省）人。歷仕康熙、雍正、乾隆三朝，官至太子太傅、文華殿大學士，兼吏兵二部尚書，爲乾隆帝師。李公馥：李馥（一六六二—一七四五），字汝嘉，號鹿山，福建閩縣人。康熙二十三年（一六八四）舉人，官至浙江巡撫。工詩，有《鹿山詩鈔》傳於世。田肇麗詩集中有五古《述懷柬李鹿山》、五絶《送李鹿山出守重慶四首》等詩，抒發兩人的離别、酬贈情懷。裴公律度：裴律度（一六六七—一七四〇），字晋武，號香山，山西聞喜縣人。歷官浙江鹽驛道、湖北按察使司按察使、貴州布政使、左都御史、江西巡撫，仕康熙、雍正、乾隆三朝，居官四十年。工詩文，善書畫。田肇麗詩集中有與裴律度的和作七律《和裴香山中丞原韵二首》。

先考松堯府君，諱佺期，字雲卿，號松堯，王父國博公叔子。生有至性，三歲值王母見背，依靈筵泣不忍置，旋染脾疾。長偕諸父讀書，苦病體孱弱，作輟恒不時。十四始從王父學文，以才質明敏有所授，輒心解，王父常樂誨焉。越二載，王父舉鄉式、赴公車，乃受外傅。學經數師，如章邱焦穀貽司空、同里李星門刺史二公，尤所得者。凡十餘年來，雖身卧病榻而手披卷帙，猶故也。辛亥病體小愈，勉與科試，州郡俱膺首拔，督學按臨補博士弟子員。時王父官長安，聞而喜曰：『世澤可以不絶矣。』蓋自贈承德公，詩書發祥，傳十世無不列黌序者，王父爲家學稱幸云。無何芹藻初芬，文靈復滯。秦書屢上，鳳嶺云遥。既阻秋懷，益增愁病，脾疾以棘役積勞而愈劇矣。戊辰歲，病勢漸篤，春猶少可，至夏末，寢食俱廢，百藥罔效，彌留之際，先妣惟撫弱妹掩泣而已。府君慨然曰：『得母憂無子也。伯兄次子澆應嗣我者，且性戇直，略知讀書爾。稟命子此人，异日尚可樹立。但我不以此爲意，所恨者，七十二歲老父我不能終養天年，死難瞑目耳。爾務善事老父，即所安亡者也。』言甫已形神遂削，夜分端坐而逝，蓋乾隆十三年六月初九日子時也。府君天性懇至，王父意有所注，不惜努力布置。王母忌辰，哀哀孺慕，無异襁抱時。然所如不偶，一竪時侵；既絀於年，復艱於嗣，天之困我府君也，又何極哉！生於康熙四十四年乙酉四月十四日未時，享年四十四歲。以卒之本年戊辰八月十二日未時，葬於楊穀村高王父賜域之西北新阡，亥龍結穴，癸山丁向。配蘇氏，王父以香孤仲子澆嗣，葬時未有墓石，謹以澆所聞於先妣及女兄者大略記之，以載諸家傳云。

乾隆丁酉科舉人單甫愚侄陳昭填諱。

續增家傳[一]

雪崖先生傳

先生姓田氏，諱廷梅，號雪崖，山東德州人。代有通儒顯於世，多崇祀鄉賢及官宦祠者。司農山薑先生，其曾伯祖；編修鹿關先生，其曾祖也。詩書澤衍，顯晦時异。先生嘗從事科舉之業矣，文不諧俗，以諸生老。然先生之不愧家聲，不在科名也。平昔力追古賢，每以司馬温公《家儀》及朱文公《訓學齋規》自勵，矩矩然不敢跬步失。而居心最厚，嘗携其子公車北上。家故貧，囊橐不豐也。遇老嫗哭甚哀，一幼兒隨後，蓋子客死不能斂，幼兒[二]其孫也。先生解囊以贈，不留名姓而去，人尤以是稱之。兄弟四人，先生以仲子出嗣，事嗣母以孝聞，遇妹某氏如同胞。始終儀節不少衰，與所生伯叔季友愛尤篤，財産無所分异。其孝於親也，生事死葬情餘於禮，無憾於所生；禮稱其情，無愧於所嗣。子瑛成進士，官内閣中書，余每與晤談，見其才識開明，而言動循循有規矩，决爲遠到之器。及閲其家世及先生素行，乃艱其庭訓之有自。今先生以子貴，受封如瑛官，向顯矣。迎養來京，未幾病殁。論者既惜先生之德鬱而未施，更悲其壽命止於浹甲也。

賜進士出身，誥授中議大夫、鴻臚寺卿、前光禄寺少卿、吏科掌印給事中，掌廣西道監察御史院、翰林編修，欽命稽查覺羅左翼學，巡視瓜儀天津漕務，西城察院充國史館四庫全書處纂修官加一級，清平劉湄拜撰。

賜進士出身，内閣撰文，中書舍人，方略館分校，年愚侄葉繼雯頓首拜書。

先叔高祖考，諱逢泰，字階符，號六竹，行五。清俊有逸才。書法米襄陽，兼工篆、隸，極承家學，書法頗臻神化。白巖公以其肖己甚鍾愛之，令承宗祧。惟體弱多病，每日問安外，飲食起居重嚴愛而憐之，每每代爲珍恤，參苓常錫，廑懷故也。在京隨侍，納捐監生。雖屬堂備，猥以病體難以勝勞，非名場中人也。其爲文則洋洋灑灑，機暢神流，命意遣辭饒有長江、大河一瀉千里之妙。其爲詞、爲賦、爲詩無不豐采奕奕，清雋雅正，别具風規。而其性情純誠專一盡孝，其奉侍嗣祖父之心，有畢生孺慕。自順親外，不知天下更有何事之可言。閑居一室，潔浄自喜。廬無纖塵，庭無喧囂，一身肅戒，舉家競競，所謂澹泊寡營，不慕榮利者歟。惜年五十餘，蒼蒼白髮，從此而逝矣。公生於清康熙四十二年癸未十月二十四日亥時，卒於乾隆二十四年己卯十月二十八日子時，享年五十有七。配吕氏，子三人：嶔、嵜、岑。於乾隆二十六年三月十五日未時，合葬於城東清演寺東原祖塋之次，未山丑向。

先伯曾祖考，諱靖，字企共，號小圃，晚年眈於繪事，又號鵲華山人。十八歲入泮，翌年食餼，科歲兩試，輒列前茅，名流艷稱之，遐邇皆知。秋闈備中數次。四十歲以後，以歲貢就職訓導，在籍候銓。公爲小山薑公冢孫，上承祖德，下貽孫謀。念堂構之維艱，箕裘恐墜。幸弟兄之俱邇，詩禮相循。惟食指日增，度支日減，遂分爨各度。每日仍與諸弟研究典籍，考校義理。每下筆千百言，如三峽之流泉，滔滔不絕，真有韓潮蘇海之觀。鄰封各縣之碑版文字，多出公手。尤能留心邑中典故，乾隆五十三年續修志書，公與事焉。閑與邑中名宿討論詩學，日夕往來，惟脱稿輒弃置無存。尤精隸書，廟學各碑，至今猶存。可謂善承先志以啓後昆者也。公生於清雍正十二年甲寅十月初十日酉時，卒於嘉慶九年甲子正月十八日子時，享壽七十有一。配康氏，繼配劉氏，子三人：礽、礿、祫。於嘉慶二十年乙亥三月十二日申時，合葬於城東南楊穀店迄南國博公墓之新阡，艮山坤向。

先伯曾祖考，諱譊，字舉望，號鈍吟，行四，出嗣胞叔松堯公。家學淵源，性情豪邁，好吟咏，喜結納。早歲入庠，屢躓秋闈，年未四十以恩貢就教職選，授兖州府泗水縣學教諭。抵任後，召集生徒，命題觀風，擇優給奬，士論熙然。泗水居曲阜東偏，留學受業者日衆。每日講研經史，分期面試。聚首青燈，卓然有鹿洞、鵝湖風規。嗣登秋榜者二人，其餘多士更加琢磨。公之德行，合學銘感。在泗三載，但學官清苦，薄俸不足供給，始則寄信來家變産彌補，繼則刘孺人典質簪珥、衣物以助之，而公不知也。及至小圃公函告，始知梗概，遂決意告歸林下。回里後，惟與戚族講求文藝云。公生於清乾隆四年己未十月二十九日亥時，卒於嘉慶十五年庚午六月十五日巳時，享壽七十有二。配劉氏，子二人：祐、禵（幼殤）。合葬於城東南楊穀店西南司農公兆外之西原，癸丁兼子午向。

先族伯曾祖考，諱琦，字景韓，號香雨。品端學粹，體健神清，其嚴正之氣，望之生畏。家道素寒，入學食餼後焉。學博百遒延請爲子弟師，學規甚嚴，每日必正襟危坐，雖盛暑嚴寒亦著潔浄長衣，言必行，信必敬，動作有常，毫無惰慢之氣，所謂先正典型於斯未墜者此也。族中兄弟行書法端正者，如企共、鈍吟、德正、懷雨等，常以此爲口實。公則懔然自勵，未十年，居然自摹成一家，筆姿遒勁，超凡邁俗。每日必臨池恭書，以歐、柳爲正宗，而小楷則取法於邢、董。素寡交游，惟最重同里吕音正、蕭綀江、陳紀堂諸公，時相過從，以道義相切劘。日與諸生研究經學，探討精深。對於各本講義，均用各色批改、注傳。無不本正心、誠意之功，演陳奥義，實與理學相爲表裏，直堪追宗杜林、賈逵、鄭玄、張禹諸儒。闡發昌明，豈若後世操蠡測海輩相提而并論也歟。公生於清乾隆三十年乙酉六月十九日辰時，卒於道光二十五年乙巳九月十七日申時，享壽八十有一。配王氏，繼配劉氏，子三人：華齡、椿齡（出嗣）、栢齡（出嗣）。道光二十六年丙午，合葬於城南齊家莊西南祖塋之道南，辛山乙向。

先族伯曾祖考，諱晋，字錫庶，號裴園，若陵公之長子。性沈毅，寡言笑。上承祖業，儉以持躬，勤以處事，好讀書而親近耆德。髫年入泮，次歲以優等食餼。主持家政，日理繁劇，不能應試。遵例報捐訓導，於改捐州同并加二級，清給兩代封典，承先志也。與從堂兄弟同居四十餘年，未嘗有一語之失，一堂雍穆，重孝義也。嗣因生齒日繁，不能同居，遂分爨焉。有蘇州吴姓者，其翁官於北京，殁後眷屬十數口自津賃舟運柩回里，至德缺資。聞公好義，遇諸途，公見其形狀困苦，异之，人告以故，親往河干密查，屬實，按途計畫助資，使之得以歸里。吴姓求問姓名，竟不告知，亦未嘗向人道及。嗣吴姓後人發科，登門求見，公曰：『不過濟一時之困厄耳，豈望報耶？』遂終不見。本族中有負債者，將訟之官，公勸索債者，而代償之。有赤貧者，公按時按人周濟之。其任恤睦族之誼，發於至性，鄉黨咸欽敬焉。公生於清乾隆三十三年八月初八日巳時，卒於道光十一年九月十五日亥時，享壽六十有五。配李氏，繼配張氏、張氏，子六人：元春、榮春、正春（出嗣）、育春、啟春（出嗣）、兆春（出嗣），女二人。道光十六年十月初九日，合葬於南關外周莊迤南祖塋之次，辛山乙向。

先伯祖考，諱祐，字伯承，行一，泗水公之子。性靈才敏，幼主家政。因母劉孺人背患瘡症，延醫診治無效，遂精研外科，參閱《内經》及名賢醫書，自爲劉孺人治療，始獲痊可。肄力二十餘年，專精外科及小兒痘疹。遵照古方，配合良劑，品類多種。凡經診治，無不應手奏效，名播遐邇。時值嘉慶紀元，小兒染痘疹而殤者頗多，延公診治，均慶更生。遇貧寒之家，并捨給藥品，均誦爲盧扁復生。邑侯原公所立育嬰堂，收診貧嬰二百餘口，公每日診治，兩月有餘，均獲安全。原公禀明撫憲，奏奬九品職銜。公之醫理精良名傳閭里。是年六旬晋五大慶，族姓兄弟醵筵稱祝。凡有稱誦醫道者，皆不合公意，自作七律四章而却之。及弟春露公獨責公不能守先待後之和韵，公則拜延上座，具見公之學問、德行不尤超越乎尋常萬萬者哉？公生於清乾隆三十一年丙戌正月十五日亥時，卒於道光十二年壬辰十二月三十日寅時，享壽六十有七。配劉氏，繼配李氏，子一人：大李。道光十三年癸巳十一月初八日未時，合葬於城東南楊穀店西南先塋西原，癸山丁向。

先祖考，諱春潤，字沐堂，蘧園公之三子，行四。慷慨好義，論辯是非，非歸於真是真非，總使一和於正而心不止也。讀書必求明理，唐宋理學諸家辨别最詳，山東季宗師芝昌極賞識之，取第一名入泮。次年科試，取録優等，補爲增廣生員。嗣因家道中落，教授生徒以自給。苗家胡同舊有先司農公捐修董顔書院，邑侯舒公化民知公清正，禀承督糧道魯公垂紳，捐廉就該祠設立義塾，延公設皋比焉。祖遺有河西墳臺莊薄田數十畝，凡親族之居鄉來城者，必具飲饌留住之，雖典質衣物，力爲供給。有事必爲辦理，去後并無容心，其慷慨類如此。人有鬻女者，恐流落於匪人之手，雖無餘資，取貸給錢，留養爲女伴。及長，擇鄉佃中忠實有力之家，備奩妝而後嫁之。其好義又如此。若鬩墻之兄弟，鄰里雀鼠之争，得公一言即釋，人比以王彦云。公生於清乾隆甲辰年十月二十七日子時，卒於同治己巳年七月初四日未時，享壽八十有六。配李氏，繼配謝氏，子四人：

大模、大瀛、大紳、大烈。女三人：一適程，江西靖安縣人；一適解，故城縣里老屯人；一適秘，故城縣人。於光緒元年九月十二日，合葬於城東南楊穀店迤南國博公塋東偏，癸山丁向。

先族叔祖考，諱元春，字寅卿，號槿籬，一號對橋，行一，若陵公之長孫。體頎而健，饒多才能。嘉慶癸酉科拔貢，丙子科舉人，考充右翼鑲紅旗教習。循循善誘，學生均嫻禮法，頗著成績，以知縣歸部選用。道光丙戌科成進士，即用知縣，分發甘肅補授平羅縣知縣。寧夏地方民性强悍，莅任三月，政平訟理，咸歌樂利。地當青海孔道，正值軍務倥傯，經理征西軍後路糧臺，任事六載，賢勞卓著。歷保直隸州知州，升階例應送部引見，在途勞頓，身患痿疾，遂呈明請假回籍醫治。已漸次安全，以家務纏繞，諸弟又須教育，不復作出山之計。每以族譜需修，拳拳於懷，而未成竟致赴召玉樓矣。公生於清乾隆五十年十月十一日戌時，卒於道光十四年正月十九日子時，享壽五十有一。配謝氏，無子，以胞弟育春之子昆爲嗣。道光十四年四月十七日，葬於南關外周莊迤南先塋之次，未山丑向。

先族叔祖考，諱兆春，字芳橋，行九，錫庶公幼子。體質孱弱，饒有才能。性沉静，寡言笑。字學蘇、歐，思清性逸。雖屢列前茅，而未得一衿。淡於進取，不屑屑於帖括之業也。好讀奇書，幾於無書不通，尤精青囊之術，深得盧扁堂奥。嘗曰：『醫者，意也。意不可預定，臨證必須審顔色、察氣息、詢病源、辨脉象，依據五運六氣，因時制宜，參考臟腑經絡。約古準今，若泥於古法以治今症，豈合於深奥之旨乎？要當認明寒熱、虛實，參合君臣、佐使，配製方劑，庶不致有大謬歟。』其立言之正大，非同凡響。當道、咸間，瘟疫流行，小兒患痘疹者甚多，夭殤者尤衆。經公診治者，症雖險而無傷。年不無算，名傳遐邇。不受延請者報酬，并自製藥品施捨，數十年不輟，無倦容，亦無德色，蓋即范文正公所謂『不爲良相，必爲良醫』也。性好飲酒，而不及醉。每因沽於市肆，品質不良，自置製酒器具，配合佳釀，取其氣清味醇，饒有青蓮、靖節風規。若使公推其中和之量，位育之心，出而濟世，能使天下各安其業，各暢其情，措施必大有可觀者也。公生於清嘉慶戊寅年七月二十八日辰時，卒於光緒丙子年四月二十三日亥時，享年五十九歲。配曹氏，繼配張氏，子三人：晟、昶（出嗣）、杲（幼殤）。女二人：一適盧保琦，直隸平樂縣典史；一適張玉桐，景州人。於光緒□年□月□日，葬南關外周莊迤南先塋之側，癸山丁向。

先族伯考，諱澤普，字義路，行三，國學生。自白巖公分居，即在清演寺莊居住，至公仍居該莊。公身頎貌豐，聲音洪亮，性慷爽，尚禮義。一經然諾，萬金不易。尚交游，凡齒德兼優之人，必尊敬而禮遇之。有任俠之風。當清代道、咸年間，金陝失陷，髮逆占據，思擾京津，四方震動，人民各謀保聚。公自作貿遷，常赴各村，是以識人最多。每遇人有厄難，輒拯濟之，故有善人之目。繼在避雪店設油糧雜貨肆，逐漸興隆，往來商旅知名慕義，遐邇皆至。北至連窩、桑園各鎮，復與吳橋張春圃合股貿易。從此財源日盛，家道日隆矣。凡戚族之貧乏者，無不賙恤。自修圩圍，收容附近莊村老、幼、婦女，按口逐日給糧，爲避亂計也。舒州牧到任後，創設鄉會試賓興省垣，勸增號舍，捐修廟學，樂予佽助，宏文教也。以及勸積倉穀，勸設粥廠，疏通河道，無不量力捐納，至今名存檔册，載在碑碣。其慷慨好義，又如此任恤之風，亦何可及哉？公生於清乾隆五十二年戊申十二月二十六日卯時，卒於咸豐八年戊午十一月三十日戌時，享年七十有二。配王氏，子一人：士豹（出嗣）。女二人：一適□□□，一適廩貢生李棨。咸豐九年三月初七日午時，合葬於城東清演寺東原祖塋之側，亥山巳向。

先族伯考，諱昂，字伯頫，號蓮舟。行一，向橋公子，應承對橋公祧。時以萱堂健在，但年老且耋，故以裕菴爲嗣。公髫年入泮，在家奉養，能博堂上歡心，鄉黨宗族咸稱其孝。公以青衿終老，不慕名利，高才邁俗，研精禪觀。生平樂善好友，與趙香嚴、封夢禪、馬葛村諸名流同堂，相聚講學、論文之餘，互以道義相切劘。公每以一言，發其奥理，如公瑾醇醪，令人心醉。字學邢太僕，兼工八分，筆姿遒勁，秀拔不群，孫淵如觀察深器重之。尤精於《易》，能於《正義》之外，別具會心，分注各卦，逐爻詮釋，簽名曰『易觸』，蓋取觸類旁通之意也。吾家素專《詩經》，先司農公出任黔撫時，著有《詩經備義》，後世子孫無不孜孜精研，因重訂《空山堂詩志》，爲揚扢之前提，特付欹劂，足見公之精於經學也。與馬葛村戎部最契，葛村先生嘗曰：『伯頫與余交二十年，敦篤可感。每有著作，必商之於余，余所最服而心折者。』又曰：『自伯頫殁後，目中遂無其人，可悲也夫。』公生於清嘉慶十六年八月二十二日亥時，卒於同治元年七月初九日卯時，享年五十有二。配封氏，繼配祕氏、馬氏。無子，以大紳子邁爲嗣。同治元年□月□日，合葬於城南周莊迤南先塋之側，辛山乙向。

先族叔考，諱一成，字子康，號竹君，行一。幼穎異有特識，家道雖寒，好學不倦，尤好繪事。童年應州府試，俱列前茅。忽患痰疾，未進院場，心極懊喪。當道、咸初年，深慮貧窘，難供菽水，買舟北上，游於京師，與僧人覺誠善。居迎恩寺中，伊君忠阿者，爲住持舊交，時常過從，一見如故，甚相契洽。嗣伊君選授湖北荆州右衛守備缺，約公同赴任所，相爲助理。公平日研究畫法，胸中具有邱壑。經此一游，縱覽湖山之靈勝，盡收入襟帶中矣。嘗曰：『男子以七尺之軀，不遍歷名山大川，領略真趣，而老死蝸旋螺轉間，豈不爲世人所笑乎？』客荆二載，除案牘以外，即以繪事遣興。適覺誠訪伊至，同住半載，由荆相偕北旋至皖之清遠縣境。僧伴突患時疫而殁，殮後停柩，妥爲安置。嗣抵家後，忽夢僧來，醒而异之，則次子世昌生矣。世昌及長，才思清逸，聰慧邁倫。公有句云：『本是無心原上草，誰知有意鉢中蓮。』惜英年而亡，或曰：『是覺之所報耳。』當光緒年間修葺廟學，公與其事，工最堅固。惜自科試停止後，無人經理，屢駐軍隊，無昔日之壯觀也，惜哉！公生於清道光十年庚寅九月十三日亥時，卒於光緒十五年己丑十二月二十一日午時，享年六十歲。配盧氏，子二人：壽昌、世昌。光緒十六年十月二十四日，葬於城南錢莊迤南先塋之次，辰山戌向。

先胞兄，諱致，字和鄉，號祥允，行一。幼穎异有至性，饒有才能。雖處於憂患貧寠之中，嗜讀不倦。年方十二，父因事罣誤在濟待質，背母潜赴濟垣省父，相抱痛哭。事聞於官，招而問之，官憐其幼稚，令父送歸。常居患難，喃喃默誦，性質使然，非勉强也。學作文於徐純生先生，下筆軼宕迥不猶人。十八歲即入泮，徐本名士選成弘文，以爲根柢，饒有管藴山、周犢山胎息。力勤舉業，錚錚有聲。後以優等補爲增廣生。時徐選爲沂州府學教授，馬葛村先生喜其精理，爲文秀氣成采，名譽鵲起，按課批改，循循善誘，期於深造。光緒五年乙卯科鄉試備中，以額滿被抽，遂患咯血，賫志以殁。天不永年，士林惜之。生於清咸丰五年二月十八日卯時，卒於光緒七年二月初一日酉時，得年二十有七。是月十八日，葬南關外祖塋之西北隅。配邱氏，無子，以弟敦子雨時兼祧。以弟五等軍功得贈奉直大夫。

【校注】

〔一〕民國本正文缺目，對照道光本正文、民國本卷二目録添加。

〔二〕不能斂，幼兒：民國本作『能殆幼□兒』，訛，據道光本改。

内傳

《易》曰：『家人有嚴君焉，父母之謂也。』故《詩》推《生民》，《禮》著《内則》，母德之光，侔於祖考矣。惜少君之從約禮，孟光之符隱志，既昭婦道，且擅母儀。下逮王謝之門閥，亦述鍾郝之徽範。徹薦封鮓，競頌湛賢。紫綬養堂，樂傳虞氏。子政緝之於前，元凱編之於後。矧譜爲親作乎？作内傳。

二世祖母，太安人焦氏，二世祖承德公夫人。

高祖母，封安人宋氏，高祖户部公夫人。

曾祖母丁氏，曾祖紹泉公夫人。嘉慶庚戌進士、户部郎中丁公未成女。紹泉公力學苦貧，丁公館餐周備，故誕育我祖，啓佑後人，丁公之美德也。

祖母于氏，先祖贈侍郎公夫人，處士錦女。謹厚端淑，不輕言笑，好種植，門庭以内花卉、豆蓏之屬，充滿階砌。生於萬曆辛巳六月十一日，卒於崇禎甲戌十月十六日，年五十有四。贈夫人。

繼祖母錢氏，生於萬曆壬辰十一月初十日，卒於順治乙未十二月初四日，年六十四，無出。

先妣，太夫人張氏，處士張公禎女。幼讀詩書，探論聖賢要旨多所發明〔一〕。及〔二〕笄，歸先大夫蓼菴公。先大夫講學授生徒，出門交游，稱引古今通義，文章爾雅，實先妣太夫人佐助之。鷄鳴昧旦之詩，所以作也。事舅姑以孝，操井臼以勤，理蘋蘩以敬，御僕婢以慈。女箴婦德，靡弗該備。辛卯先大夫登賢書，壬辰成進士，癸巳任浙江麗水知縣。甲午太夫人買舟南行。麗水殘邑，先大夫甫治半載，著循良名，未幾嬰疾。洎太夫人七月抵署，已不起。太夫人飲泣語家人曰：『今日捐生仗節，吾何難？第間關四千餘里，扶櫬以歸，誰之責也？婷婷諸孤，又復誰依？揆之詩書，大義皆爲不可。且錢穀交代，銖粒未清，故官骸骨，妻孥不容脱去。余知所以待之矣。』取庫中支納册籍，藏之内室，手自書算，不以屬人。及攝篆者果難之，太夫人毅然具辯詞，請太守盤察。太守王君崇銘坐縣堂，按册勾稽，太夫人條分縷晰，語家人執簿以進，質對鑿鑿，攝篆者俯首讋服。亟圖歸計，内患又作，群口呶呶，以厝柩山寺爲言。太夫人堅意不動，以恩感之，以道馭之，十月方得旋里。當是時，遭家不造，可謂至矣。雖丈夫處此，鮮不房皇錯亂。太夫人以婦人經濟其間，神定識全，理明術善，卒得抱骸骨、保母子於四千里之外，非讀書曉大義，其孰能之？抵里後，課雯兄弟日嚴，一室之内，午夜篝燈，紡績聲、讀書聲、哭聲三者而已。豪戚强族，横逆頻加，不以介意，如是六年，雯庚子舉於鄉，辛丑、甲辰成進士。又六年，需丙午舉於鄉，己未成進士。雯初授推官，改中書舍人。歷户工曹郎，出爲江南提學、湖北督糧，由京卿填撫兩省。需改庶吉士，官翰林編修，甲子典試河南。霦入庠食餼，充甲子科拔貢生。雯等先後成名，太夫人亦嚗然色喜，而艱難困苦澹樸自甘。疊膺榮封，一如布荆寒素。每歲夏秋，必習静村居，與農嫗相周旋，談鷄犬、桑麻、紡織諸事。農嫗晨夕款洽，亦忘其爲八座太夫人也。雯兩迎養於京邸，又迎養於句曲、吴門。太夫人頗厭喧雜，入署静卧，一事不預聞。年七十時，姻婭族閭議爲太夫人稱壽，太夫人聞之止其事，曰：『示兒子雯等，汝昨來言，同里先達及學校鄉曲諸君子父老謀，欲醵錢置酒，合名作張，如昨歲壽蕭太夫人事，將以壽吾者，此亦親串盛心，洽比雅事。吾安得不感？然揆之情禮，甚有所不可者。今得詳爲汝曹言之。按禮，婦人無夫者，稱未亡人，凡吉凶、交際之事不與，亦不爲主名。故《春秋》書：「紀履綸來逆女。」《公羊傳》曰：「紀有母，何以不稱母，母不通也。」何休學云：「婦人無外事，所以遠別也。」後世禮意浸失，始有登堂拜母之事。戰國時，嚴仲子自觴聶政母前且進百金爲壽，蓋任俠好交之流有所求而然耳。豈爲禮當如是耶？吾自汝父之没於官，携將細弱，千里扶櫬，含艱履戚三十餘年，闔户辟績，以禮自守。幸而汝曹皆得成立，叠膺封命，養我餘年。然此中嘗有隱痛。每當歲時膢臘，兒女滿前，牽衣嬉笑，輒怦怦心動，念汝父之不及見。故或中坐嘆息，或輟箸掩泪，蓋三十年於此矣。今一旦賓客填門，羊酒塞路，爲未亡人稱慶，未亡人尚可以言慶乎？三十年吉凶交際之事不與知，而今日更强我爲主名，其可謂之禮乎？導我以非禮，不足爲我慶，而適增我悲耳。且我何可以蕭太夫人比也？蕭太夫人年躋八十，於古謂之上壽。蕭封君即世不過十餘年，猶爲白首夫婦。汝父之亡，吾年未四十，今更三十一年，亦僅古之中壽耳，何可與同日語？且其子侍讀里居已十七年，德高望重，善行及於鄉黨。德其子而慶及其母，宜也。汝曹中外薄宦，偶返家園，無善及人，而亦偃然受鄉先生、里父老之捧觴拜跪，其又何以爲情？頃者，米價翔貴，井里蕭然，親故多貧乏。若復合錢市饌爲未亡人進一日之甘，未亡人更罪戾是思矣。汝曹備官於朝，宜曉大體，其詳思禮意，以安老人之情。爲我先事而婉辭之。惟勿忽也。』事遂止。太夫人遇事輒援引經史，以合乎大道，類如此。迨乎暮年，尤手不釋卷，於佛氏之書亦時一涉覽，洞晰無疑義。工於詩，每脱藁即焚弃無存。雯等丐讀亦不與，曰：『《詩》云「無非無儀，唯酒食是議」，婦道也。詩文之技，婦道無庸此爲也。吾不願諸女孫學之，故弗存耳。』間嘗從旁竊記，僅得《茹荼吟》絶句三十首，付諸梓。太夫人生於明萬曆四十三年乙卯三月初九日丑時，卒於康熙三十年辛未六月十六日酉時。誦佛過午，微疾數刻而逝，壽七十有七。

康熙六年十一月二十六日，覃恩封太孺人。康熙十年十二月十四日，覃恩封太宜人。康熙二十年十二月二十四日，覃恩封太宜人。康熙二十七年十月二十三日，覃恩封太恭人。康熙三十五年六月二十八日，贈太夫人。康熙三十六年七月十九日，覃恩贈太夫人。康熙三十一年壬申二月十日，祔葬於先大夫之墓。

需妻吕氏，吕公獻禎女。年十四歸於需，生一男二女。於康熙七年戊申九月二十三日午時，以疾卒。距生明崇禎十六年癸未五月初九日午時，年二十有六。計歸需之日，蓋十有二年云。康熙十五年丙辰十一月初六日，葬於先大夫墓側。康熙二十年十二月二十四日，覃恩贈孺人。

先妣封夫人馬氏，先大夫蒙齋公夫人，文學馬公琨女，方山舊族所稱四卯傅芳者。年十六于歸，渾厚端淑，四德純備。時王父食貧，日隨王母擦箕帚、親井臼，夜則篝燈，勤女紅，伴先大夫讀書，鷄鳴盥櫛，即問寢高堂。王母閫訓嚴峻，每上堂攝氣屏息，奉事惟謹，姑有不怡，則敬承之，無辯語、無怨言，自咎而已。及王父卒於官，家益落，黽勉有無，備極辛苦。兼之先大夫遘閔受侮，恒邑邑不釋，先妣百方慰藉，恒對泣牛衣上，情景難堪。先大夫嘗縷悉於行略間也。時季父樂園公尚在襁褓，缺乳，先妣代哺之，及長猶殷勤撫恤。每索錢無以應，則典簪珥以給，未嘗拂其意。蓋體先大夫友愛幼弟之心，恐有所不逮也。迨後先大夫入仕籍歷中外，先妣半留家居，憑諸庶母隨侍不過問。惟以綜家政、理蘋蘩爲己任。遇公姑忌辰，孝敬殷殷，恒感述泣下焉。撫諸弟若己出，且有甚於愛惜肇麗者，《螽斯》《樛木》之風，於今再見矣。至於處妯娌以和睦，待子媳以寬慈，仁育臧獲，恩及戚族，容人之所不能容，忍人之所不能忍，則又里巷傳聞，各極欽仰而稱道者。誠女中之賢聖、婦道之典型也。『志銘』『行略』已載《古歡堂文集》中。生於明崇禎九年五月二十七日申時，卒於康熙四十年十一月初五日未時，壽六十有六。以康熙四十二年十二月初十日酉時，先葬於楊穀村之南原。先大夫嘗有句云：『殷勤報與山妻道，吾輩佳城事已諧。』即其處也。初遇覃恩封孺人，叠封宜人，再封恭人，累封夫人，又贈夫人。

先妣蘇氏，先考朝議大夫蒼厓公夫人，中書科中書舍人蘇公偉女，爲武城望族。幼嫻《内則》，賦性端嚴。年十七，歸先考。時曾王母在堂，壼型嚴峻，先妣上事祖姑，中事姑，克盡誠敬，先後無間。曾王母即世，王母性慈和，姑媳間相依爲命。王母見背，擗踴號痛，哀毁逾常，見者初不知其爲媳也。迨王父予告歸田，兩載間事事調劑，處處斡旋。或王父偶以家事拂意怒譴他人，先妣則趨跪以解，必求釋然而後已。及王父考終，先妣之痛舅無异於姑，嘗涕泣謂先考曰：『兄弟之間，無分長幼，阿堵外物，勿較肥瘠。』自王父捐館後，先考與諸父式相好而無相尤者，蓋有以也。平昔以禮教自持，不惟女與媳遵循不敢違，即同之一人亦不待以姑息，故慈母如嚴君焉。性嗜雅潔，閨房中陳設如書舍，庭以内蒔花種竹，不留纖塵，且喜幽静。先考左右惟置侍妾以隨，焚香禮佛，恒自處一室，翛然也。生於順治十六年四月二十九日未時，卒於康熙四十七年十一月二十四日子時，享年五十。始終詳先考所作《行略》，皆實迹也。遇覃恩贈恭人。

先妣封氏，先考國博公夫人，贈漢陽五馬封公瓛女。賦性温良，幼習女教。年十四，歸先考，時曾王母太夫人與王母恭人俱雙慶。曾王母性格寬慈，先妣上事祖姑，至誠孺慕，歷九載無間然。曾王母没，王母操家嚴肅，先妣尤善承姑意，黎明盥櫛，上堂問安視膳，庭闈事大小皆親其勞，不假手於人。遇姑有拂意，惟和氣婉容，引咎自責，俟霽顔而後已。視曾王母馬太夫人之順德，事姑固徽音克嗣，尤矯异巾幗者。幼生素封作公孫，配衣惟荆布，食甘淡薄。晝則隨時執婦道，夜則篝燈勤女紅。爲田氏宗婦十四年，不問隆寒酷暑，曾無片刻以圖晏安，其曹大家之遺範乎？當伯舅先舉鄉試，銓授刑曹，此俗情心艷者，仍故常視之。且預知先考秋捷有日，委婉勸以待時，不以當前車笠爲甲乙，是人倫之鑒，與先考之傲骨清操，實稱同德矣。無論富有四德，早厄百六。於康熙四十六年丁亥九月初一日申時，以疾正終，距生於康熙十八年十一月十一日子時，享年二十有八。子三人：長即徵輿，次逢泰（出嗣），次佺期。以康熙四十七年戊子四月十八日未時，先葬於楊穀村祖塋之東北新阡，癸山丁向。從先考爵例，贈孺人。

繼妣吕氏，先考國博公繼配，滄州贈武德將軍吕公貞元女。性沉毅，寡言笑。幼嗜讀書，卓犖有丈夫氣。笄期于歸，時王父官西曹，王母又先期見背，廟見後即綜理家計。巨細悉協，故家儀凡念八年相敬如賓，曾無一言一動或出於禮法之外者。及先考補官成均，王父屢命隨任，不得已祇携季弟際昌從，徵輿等三人悉留家以侍養。抵京後，昧旦鷄鳴，但以靖恭相勵。暇日披陳經史，督課季弟，於先考之清況冰銜，從不置諸齒頰。閲三載，奔喪偕歸，盡哀致敬，歷喪葬無缺儀。至待徵輿等，則勃谿銷盡，從不避嫌疑。先考祭文所載『撫前子無輕薄，育己子無姑息』，蓋實録也。生於康熙二十九年庚午十二月初一日子時，卒於乾隆二年丁巳七月初十日丑時，享年四十有八。生一子，即際昌。以乾隆六年辛酉十月初四日未時，葬先妣封孺人柩次，例封孺人。

本生母李氏，本生父香孤府君夫人，景州署吴江縣知縣李公衍曾女。生世族，性端慧，於女教諸書無所不讀。笄年歸本生父，孝敬淑慎，事繼姑如不及。後諸叔母以次于歸，雖分屬領袖，惟推賢讓能。如事關禮節，則毅然先率，無觀望，無遲疑。或時置匱乏，典簪珥弗顧也。及曾王父命各爨，則躬操井臼，女紅不輟。且性甘淡薄，最愛布蔬，雖幼出名門，而寒素自安。視王母封孺人之勤儉宜家，不啻肯堂而肯構矣。無如早年過勞，感受痰疾，纏綿痛榻幾二十年。偶遇病勢稍減，惟以諸子勿墮家風爲念，更無餘言。即如.雖出繼，猶以義方是訓，蓋夙昔之習於禮教者深也。癸未秋，瘧痢兼作，遂至危篤。時.等歲試在省，聞信急歸，吾母已不能言，悔恨何及？然彌留之際，猶自目矚，逾刻而終，爲乾隆二十八年七月二十二日未時也，距生於康熙四十年辛巳二月初五日寅時，壽六十三歲。乾隆三十六年十月二十四日，合葬於香孤府君之墓。

先妣蘇氏，先考松堯府君夫人，武城文學蘇公青雲女。素性慈祥，讀《女經》，識大義。長歸先考，上事祖舅，中事舅與繼姑，敬謹篤至，靡有愆儀。繼王母没，先考哀痛遂至脾病。先妣晝視湯藥，夜執女工，雖辛苦萬狀，從未見諸辭色，其明識大體爲何如也。及先考病革，王父面命擇賢擇愛，惟爾所願。先妣泣訴曰：『昭穆相當，千古常經，婦人何知焉？』王父嘉其志，即以應繼遶嗣。惟時遶方十歲，其撫育則寬嚴相濟，不姑容亦無過責。素性雅，尚清儉，惟延師教讀，雖重資不惜焉，則又素明大義之餘緒矣。奈中年過勞，原有肺病，六旬後復染濕毒，醫藥稍可，又以葬王父過哀，患風痹，纏綿二載而卒。生康熙四十一年壬午十一月十七日寅時，卒乾隆三十一年丙戌二月初七日子時，壽六十有五。子一人即遶，女二人。以卒明年丁亥二月二十六日未時，祔葬於松堯府君之墓。

先祖叔祖妣趙氏，秉資賢淑，富有才能，牌子村臨淄縣教諭趙公麗澤之女。髫年在家，從父讀書，講明詩書之訓。從母習針黹，家居度日必需之品，研究精詳，閨中四德具備。錫庶公稔知其賢，挽友作伐，聘爲子向橋之配。因向橋公但知讀書，而不識治生之術也。過門後三年，即令帮理家政，内外一切，井井有條，婦道無慚。錫庶公卒，凡附身附棺之物，親自檢點，素所玩賞、珍愛之物，均爲附殮，不使稍有遺感。及至殯葬之理，美而合度，木椁選擇堅固。送至塋田，一慟幾絶。生養死葬，無不合禮，可謂賢矣。厥後，生齒日繁，勢難同居，分爨各度，移居城内。子賢婦孝，老境堪愉。年逾七旬，仍未抱孫，含飴之樂，尚付缺如。孰知子又先逝。嗚呼，天之報施善人如此，其厄耶？孺人生於清乾隆壬子年二月二十三日寅時，卒於同治庚午年七月二十六日午時，以大紳子邁爲嗣孫，享壽七十有九。辛未年三月十三日，合葬於南關外周莊迤南先塋之側，辛山乙向。

先族三伯妣賈氏，故城縣廣東候補從九品賈汝雋之女。幼讀《孝經》，深明大義，適儒學增廣生平階公諱準。于歸之後，即遭舅氏衡橋公喪，兼以析居，仳離之日，諸凡待理。孺人易華服著麻衣，檢點入殮，盡哀盡禮。平階公才然書生，得此佳耦爲助，内顧無憂。及辦理衡橋公殯葬事宜，或豐或儉，無不中禮，親族交口稱贊。嗣佐理度日，量入爲出，彌補虧空，三年之後，均已了清。夜則一廬青燈，伴夫讀書，攻摹舉子業，名列膠庠，錚錚有聲，不數年而居然英俊矣。具此才能，堪期上進，不意文章有命，天不與人。再躓秋闈，病相如竟入蝎宫，可爲浩嘆。孺人料理各事，井井有條。無子擇嗣，以大鏞子敏少年老成，堪以爲繼。孺人飲冰茹蘗，柏舟自誓，其子後即約同親族，具呈有司，請旌如例。果使易笄爲冠，其措施於天下，必有燦然備焉，豈唯生輝於田氏也歟。孺人生於清道光二年六月初十日亥時，卒於光緒十四年十二月初五日巳時，享年六十有七。於光緒十□年□月□日，先塋之側，亥山巳向。

先族嫂馬氏，州學增廣生杏圃兄之妻，武庠生馬溁公女也。家雖綦貧，洞明義理。年二十三歲于歸，後家道赤貧，指夫課徒自給。上有繼姑劉，性嚴厲，苛以待人，待婦尤虐。氏事之倍謹，以針黹佐進甘旨，百方承志，終難博繼姑歡，待遇無稍寬。假或有不怡，恒終夜侍立，無惰容，無怨語，惟引咎自責而已。其性量之淵涵，真有容人之所不能容，忍人之所不能忍者。凡戚族眷屬往來，并未向人道及家中片語隻詞，是以人皆贊服。厥後，繼姑病，時值嚴冬，氏則躬率孫媳女輩，晝夜輪班侍側，嘗藥滌穢。雖冰雪凛冽亦必手自檢點，忘寢廢餐者六十餘日，始終不懈。繼姑歿後，喪葬事宜盡哀盡禮，不遺餘憾。事繼姑而始終克盡孝道者，必以推之爲巨擘焉。子孫繁衍，佩出嗣子，益增官誥以飾終云。按氏一生所行，載在邑乘，特録於内傳，爲吾家後事之勸。氏生於清嘉慶十三年戊辰十月初七日卯時，卒於光緒十一年乙酉十二月初五日午時，享壽七十有八。子三人：慶堦（出嗣）、封圻、益增（出嗣）。女一，適五品職銜李榮。光緒十二年三月十九日，葬於城東清演寺東原祖塋之側，未山丑向。

【校注】

〔一〕民國本脱『所發明』三字，據道光本補。

〔二〕及：民國本作『先妣太夫』。

續補内傳

七世先叔祖妣鄭孺人，香城公配，庠生鄭公鑌女。
六世先祖妣李孺人，南陔公配，雍正壬子癸丑連捷進士、興安直隸州知州李世垣公長女。
六世先叔祖妣李孺人，甌餘公配，庚辰進士、翰林院庶吉士、内閣中書、貴州主考李棟公女。
五世先伯祖妣蕭安人，百穀公（後文缺）。
五世先伯祖妣封安人，百穀公配，中書封珂公第三女。
先伯高祖妣吕孺人，六竹公配，歲貢候選訓導吕載公第七女。
先叔高祖妣金孺人，雪崖公配，丙子科舉人、揀選知縣金述藩公女。
先伯曾祖妣張孺人，小圃公配，張泗沂公女。
先伯曾祖妣米孺人，輻莊公配，武城縣貢生米珍公女。
先曾祖妣蓋孺人，右宜公配，高家莊蓋聚仙公女。
先叔曾祖妣谷孺人，懷雨公元配，陵縣增貢谷朝蓍公女；配同里太學生盧炳勛公女。
先族伯祖妣孫孺人，竹亭公配，孫令藻公女。
先族伯祖妣李孺人，沐堂公元配，李延族公女；繼配謝柳公女。
先族伯祖妣李孺人，伯承公配，李彦邦公女。

先族伯祖妣封孺人，德凝公配，封崧齡公長女。

先族伯祖妣封孺人，潤泉公配，封德駿公次女。

先族伯祖妣謝孺人，對橋公配，謝仲元公女。

先族伯祖妣趙孺人，向卿公配，臨淄教諭趙麗澤公女。

先族伯祖妣陳孺人，秀永公配，庠生陳斗南公女。

先族伯祖妣楊孺人，横橋公配，庠生楊近春公女。

先祖妣馬安人，馬毓明公長女。

先叔祖妣李孺人，景迂公配，附貢生李僧禔公女。

先族伯妣杜孺人，正脩公元配，杜蔭恩公女；繼配謝九功公女。

先族伯妣秘孺人，伯頫公元配，故城舉人秘鍾璠公孫女；繼配封宗翕公次女；繼配馬孺人，臨邑縣人。

先族伯妣魏孺人，柱石公配，太學生魏懷西公女。

先伯妣盧孺人，盧瓚公女。

外傳

外傳之作，所以紀諸姑伯姊也。殆仿古内宗、外宗之制焉。三黨并列，坤道居其二，以彼例此，概可知矣。

曾祖紹泉公女一，適諸生王家賔。

祖贈侍郎裕所公女三，一適諸生朱鼎久。儉莊柔正，通詩禮，能識大義。嘗於父兄存亡、盛衰之際，傷心盡痛焉。『有懷於衛，靡日不思』，《詩》之謂也。一適諸生宋金章。一適諸生楊滋。

世父鬲村公女一，適景州大理寺寺務張芝眉。

先考蓼菴公女一，適諸生許裕。少奉母儀，卓犖有丈夫志。三十六而寡，事姑盡孝，及歿，祭葬合於禮，時人以爲難。生於崇禎五年壬申九月二十三日，行年今六十有八。弟雯、需、霦，最其大略。徵言頌德，有云：蓋聞巽爲長女，德備剛柔。女有士行，心通道義。感流風於楚澤，女嬃爲賢；懷恢氣於韓郊，姊嫈最烈。抱弟籬下，聽來五典三墳；續兄成書，裁就十志八表。凡以藜閣一炬，每揚扢乎女宗；江左諸郎，亦絕重其閨彥。况乎行高婺宿，巾幗具男子之操；志潔霜華，柏舟勵女貞之節。如吾女兄者，毓兹田氏，嬪於許門，姓本淵明，才成卓犖。處裙笄之列，意視鬚眉；居膏沭之儔，素嫻詩禮。鹿車對挽，滫瀡以養高堂；鴻案相莊，衿綦而事夫子。恤其絡緯，焦勞洮櫛之間；問彼有無，黽勉鹽齏之事。方其雍容井臼，白首同心；詎意憔悴冰霜，青年斷指。鴻因失偶，空延頸於中宵；鳳竟無雛，頓覆巢於下土。誓爲鮫侣，訴薄命以泣珠；擬作冤禽，畢微軀於填海。寧煩再計，抑有何爲？既而尊嫜正色，付以龍鍾；弱女牽裾，憐其爵轂。哀哀寡婦，上有單人；踽踽良人，中鮮兄弟。倘視息之不有，將老稚其何依？遂慷慨以盟心，乃躊躇而飲血。機邊操作，春無歲以非秋；燈下針縫，夜何時而或旦。奉甘旨於堂上，結縭帨於閨中。摒當資裝，賣來寶鏡；經營嫁事，析罷珠鈿。及乎孀姑云亡，兩柩并舉。由含殮訖於卜兆，慟則城頹；自卒奠以至歌虞，髽而路祭。通城嘆息，推爲孝婦之宗；閭境觀瞻，疑是奇男之事。且也情通任恤，周繼洽乎比〔一〕鄰；誼篤恩施，顧瞻遍夫族姓。以至割邱城之宅，出自笄釵；築巴地之臺，成於絲枲。是誠我輩所難能抑，亦中闈之僅見者矣。蓋吾女兄之稱未亡人也，方三十九歲，其任丈夫事也，歷二十八年。心屢摘而不枯，節後凋而益茂。豈直竹痕善暈，逢涕泪以成斑；劍氣常横，遇沉埋而發紫哉？獨是中郎有女，難爲負米之人；伯道無兒，終斷倚閭之望。凄風楚雨，傷如之何？隻影單形，悲可知矣。是乃有生之苦境，斯爲無告之窮民。僕也義屬中賓，情切同氣。燎鬚煮粥，有愧英公；設食留錢，敢同范史。之官分禄，未邀西土。聲稱堂饌懷餐，竊慕兵曹高致。嗟德徽之未彰，撫手足其何已？敢述梗概，仰乞鴻篇。庶使楚畹幽蘭，長綴三枝之秀；韓陵片石，永鐫八篆之章云爾。

【校注】

〔一〕比：民國本作『此』，當訛，據道光本改。

續增外傳〔一〕

司農公女三，一適武定府山西驛傳道按察司副使李宜麟，一適貢生謝粲，一適歲貢生蕭承沆。
太史公女二，一適蘇璥，一適李舟。
香城公女二。
朝議公女二，一適景州貢生張□，一適景州候選主簿張昜曾。
國博公女二，一適鑲黄旗漢軍候選知州郎逵，一適貢生李丙賁。

【校注】

〔一〕道光本、民國本均作『續補外傳』，爲區分後篇，統一體例，依民國本卷二目録改。

南陔公女一，適李公廷輔。

西寧公女一，適丁卯順天經元、江蘇鹽城縣知縣、丙子同考官、雲南昭通府同知李公世保。

鑾儀公女二，一適太學生金公好問，一適恩貢生封公元履。

偶醮公女一，適陳公玆。

儒林公女一，適候選光禄署正魏公玉昭。

松莚公女一，適（後文缺）。

暵六公女一，適故城武庠生賈公洪先。

允和公女一，適太學生謝公魁元。

若陵公女一，適李公文莊。

錫庶公女二，一適廩生封公其緯，一適太學生趙公堦。

蘧園公女一，適景州候選州同張公崇錫。

越石公女一，適羅公詔封。

向辰公女一，適李公心根。

秀永公女二，一適封公念祖，一適故城檀村周姓。

擬山公女二，一適劉公式桐，一適魏泰占。

景迂公女二，一適州拔貢封公兆桐，一適庠生封公兆謙。

沐堂公女三，一適江西靖安縣程，一適故城里老屯解，一適故城縣候選巡檢秘公康田。

懷軒公女一，適魏公鴻名。

芳橋公女二，一適平樂縣典史盧公保埼，一適景州張公玉桐。

義路公女二，一適廩貢生李棨，一適（後文缺）。

泗洲公女一，適魏述唐。

正修公女一，適歷城縣陳。

裕菴公女一，適庠生趙書春。

光廷公女二，一適衡水監生韓景梅，一適陵縣武舉王書紳。

恩命〔一〕

奉天承運皇帝制曰：資父事君，臣子篤匪躬之誼；作忠以孝，國家弘錫類之恩。爾田緒宗，乃內秘書院辦事、中書舍人田雯之父。善積於身，祥開厥後。教子著義方之訓，傳家裕堂構之遺。茲以覃恩，贈爾爲徵仕郎、內秘書院辦事、中書舍人，錫之敕命。於戲！殊榮必逮於所親，寵命用光夫有子。承茲優渥，永芘忠勤。

制曰：奉職在公，嘉教勞之有自；推恩將母，宜錫典之攸隆。爾內秘書院辦事、中書舍人田雯母張氏，壼範宜家，夙協承筐之職；母儀詒穀，載昭畫荻之芳。茲以覃恩，封爾爲太孺人。於戲！彰淑德於不瑕，式榮象服；膺寵〔二〕命之有赫，益賁徽音。

康熙六年十一月二十六日。

奉天承運皇帝制曰：錫類推恩，朝廷之大典；分猷亮采，臣子之常經。爾內秘書院辦事、中書舍人田雯，秉質純良，持心端謹。簡司翰墨，奉職罔愆。慶典欣逢，恩綸宜賁。茲以覃恩，授爾爲徵仕郎，錫之敕命。於戲！弘敷章服之榮，用勵靖共之誼。欽茲寵命，懋乃嘉猷。

初任今職。

制曰：恪共奉職，良臣既殫厥心；貞順宜家，淑女爰從其貴。爾內秘書院辦事、中書舍人田雯妻馬氏，含章協德，令儀夙著於閨闈；黽勉同心，内治相成於夙夜。兹以覃恩，封爾爲孺人。於戲！龍章載涣，用褒敬戒之勤；翟茀欽承，益勵柔嘉之則。

康熙六年十一月二十六日。

奉天承運皇帝制曰：興孝維君錫類，弘昭報本教忠。自父服官，敬用承家。爾田緒宗，乃户部雲南清吏司員外郎加一級田雯之父，道在禔躬，爰被絲綸之重；志存作室，式弘堂構之遺。兹以覃恩，贈爾爲奉政大夫、户部雲南清吏司員外郎加一級，錫之誥命。於戲！恩逮所生，彌表象賢之美；榮施下壤，益彰燕翼之庥。

制曰：疏恩將母，弘推錫類之仁；移孝作忠，均切顯揚之念。爾户部雲南清吏司員外郎加一級田雯母張氏，愛子能勞，篤義方於杼柚；相夫克順，端令範於閨闈。兹以覃恩，封爾爲太宜人。於戲！象服昭榮，聿荷廷綸之寵；熊丸式穀，永遺女史之芳。

康熙十四年十二月十四日。

奉天承運皇帝制曰：國家推恩而錫類，臣子懋德以圖功。懿典攸存，忱恂宜勖。爾户部雲南清吏司員外郎加一級田雯，持躬克謹，莅事惟虔。奉職司農，小心克昭於夙夜；分猷計部，勞績允著於官方。慶典欣逢，新綸宜賁。兹以覃恩，特授爾階奉政大夫，錫之誥命。於戲！式弘車服之庸，用勵顯揚之志。尚欽榮命，益矢嘉猷。

初任内秘書院辦事、中書舍人，二任户部福建司主事，三任户部雲南司員外郎，四任今職。

制曰：靖共爾位，良臣既效其勤；黽勉同心，淑女宜從其貴。爾户部雲南清吏司員外郎加一級田雯妻馬氏，克嫻内則，能貞順以宜家；載考國常，應褒嘉以錫寵。茲以覃恩，封爾爲宜人。於戲！敬爲德聚，實加儆戒以相成；柔合女箴，愈著匡襄以永賚。

康熙十四年十二月十四日。

奉天承運皇帝制曰：興孝維君錫類，弘昭報本教忠。自父服宫，敬用承家。爾田緒宗乃江南按察司僉事、提道學政道田雯之父，道在禔躬，爰被絲綸之重；志存作室，式弘堂構之遺。茲以覃恩，贈爾爲奉政大夫、江南按察司僉事、提調學政道，錫之誥命。於戲！恩逮所生，彌表象賢之美；榮施下壤，益彰燕翼之庥。

制曰：疏恩將母，弘推錫類之仁；移孝作忠，均切顯揚之念。爾江南按察司僉事、提調學政道田雯母張氏，愛子能勞，篤義方於杼柚；相夫克順，端令範於閨闈。茲以覃恩，封爾爲太宜人。於戲！象服昭榮，聿荷廷綸之寵；熊丸式穀，永貽女史之芳。

康熙二十年十二月二十四日。

奉天承運皇帝制曰：國家推恩而錫類，臣子懋德以圖功。懿典攸存，忱恂宜勖。爾江南按察司僉事、提調學政道田雯，慎以持躬，敏以莅事。服官有日，洊歷監司。既奉職以無愆，復率屬而克勤。式逢慶典，宜沛新綸。茲以覃恩，特受爾階奉政大夫，錫之誥命。於戲！式弘車服之庸，用勵顯揚之志。尚欽榮命，益矢嘉猷。

初任内秘書院辦事、中書舍人，二任户部福建司主事，三任户部雲南司員外郎，四任加一級，五任工部營繕司郎中，六任工部虞衡司郎中，七任今職。

制曰：靖共爾位，良臣即效其勤；黽勉同心，淑女宜從其貴。爾江南按察司僉事、提調學政道田雯妻馬氏，克嫻内則，能貞順以宜家；載考國常，應褒嘉以錫寵。茲以覃恩，封爾爲宜人。於戲！敬爲德聚，實加儆戒以相成；柔合女箴，愈著匡襄以永賚。

康熙二十年十二月二十四日。

奉天承運皇帝制曰：雲霄官閥，式崇開府之勛；棨戟家風，實始趨庭之訓。爰施寵獎，用賁徽章。爾田緒宗，乃巡撫貴州兼理湖北川東等處地方提督軍務、都察院右僉都御史田雯之父，世授青箱，庭生玉樹。貽之清白，蔚爲盛世珪璋；教以義方，屹作興朝屏翰。茲以覃恩，贈爾爲中憲大夫、巡撫貴州兼理湖北川東等處地方提督軍務、都察院右僉都御史，錫之誥命。於戲！稱先則古，詩書蘊文武之謨；浴德澡身，忠孝立子臣之鵠。祗承渥典，永荷殊榮。

制曰：家聲光大，庭闈之式穀攸先；門祚蕃昌，閨閫之貽厤夙裕。洊加天寵，用闡母儀。爾巡撫貴州兼理湖北川東等處地方提督軍務、都察院右僉都御史田雯母張氏，嫻於典則，著有規型。愛必先勞，每勖莅官之敬；忠於所事，率由胎教之賢。兹以覃恩，封爾爲太恭人。於戲！錫茂獎於蘭陔，芳蕤益播；被惠風於葱佩，馨澤彌新。祗受榮章，式揚嘉問。

康熙二十七年十月二十三日。

奉天承運皇帝制曰：奉璽書於中禁，位重旬宣；領節鎮於外臺，職司撫輯。任專鎖鑰，績奏澄清。爾巡撫貴州兼理湖北川東等處地方提督軍務、都察院右僉都御史田雯，才本優長，躬能表率六條；秉憲人瞻，列戟清霜百郡。承流地遍，隨車膏雨。特頒慶典，誕播徽章。兹以覃恩，特授爾階中憲大夫，錫之誥命。於戲！厘紀振綱，資奠安[三]於偉略；誠民飭吏，慰宵旰之深衷。罔替成勞，用終永譽。

初任内秘書院辦事、中書舍人，二任户部福建司主事，三任本部雲南司員外郎，四任工部營繕司郎中，五任本部虞衡司郎中，六任江南提學道僉事，七任湖廣督糧道參議，八任光禄寺少卿，九任大理寺寺丞，十任鴻臚寺卿，十一任總理糧儲、提督軍務、巡撫江寧等處地方、督察院右僉都御史，十二任今職。

制曰：持綱秉憲，良臣奏節鉞之勛；履順思莊，淑女著珩璜之範。芳型無忝，茂獎宜加。爾巡撫貴州兼理湖北川東等處地方、提督軍務、都察院右僉都御史田雯妻馬氏，名家作配，内則是嫻。勵婦節於縞綦，每覺霜威輝映；謹家閑於梱閾，益彰鈐閣清嚴。茲以覃恩，封爾爲恭人。於戲！賁錫寵章，播休聲於閨閫；誕敷嘉澤，揚令問於巾袿。式受榮施，祗承顯命。

康熙二十七年十月二十三日。

奉天承運皇帝制曰：功隆賞懋，式昭錫類之仁；積厚光流，必溯貽謀之澤。榮名上逮，義問彌彰。爾田實栗，乃刑部左侍郎加一級田雯之祖父，作室基先，開祥裕後。一經代授，傳家澤衍縹緗；再世浸昌，匡國名高黼黻。興宗兆叶，縻爵階崇。茲以覃恩，贈爾爲通奉大夫、刑部左侍郎加一級，錫之誥命。於戲！良臣懋績，實承舊德之光；大父蒙恩，丕煥新綸之采。式承休渥，庶慰顯揚。

制曰：職崇朝寧，嘉丕績於良臣；澤沛綸章，推鴻慈於大母。重闈錫慶，累世承庥。爾刑部左侍郎加一級田雯祖母于氏，軌儀嫻習，風範淑嘉。主饋宜家，啓再傳之令緒；舍飴裕後，邀三錫之寵光。啓佑有原，恩施宜沛。茲以覃恩，贈爾爲夫人。於戲！芳規未邈，向貽昌大於方來；寵賁仍加，庶保昭融於罔斁。用酬母訓，永荷王綸。

康熙三十六年七月十九日。

奉天承運皇帝制曰：華冑清資，佑啓必原於嚴父；令儀碩望，蕃昌聿振於名門。爰涣國恩，用彰家訓。爾田緒宗，乃刑部左侍郎加一級田雯之父，操修醇粹，啓迪勤劬。儒席傳珍，琢就珪璋之器；良材肯構，蔚爲臺閣之英。門祚方新，寵章薦被。兹以覃恩，贈爾爲通奉大夫、刑部左侍郎加一級，錫之誥命。於戲！承家有子，聿昭孝治之風；被命自天，用作義方之勸。式承茂獎，追念德音。

制曰：推恩溯本，爰錫慶於親闈；稟訓入官，并歸功於母教。式頒渥典，用播嘉聲。爾刑部左侍郎加一級田雯母張氏，順以承夫，勤於課子。宅能三徙，夙成俎豆之容；織就七襄，早振文章之緒。徽音久著，寵命宜加。兹以覃恩，贈爾爲太夫人。於戲！鴻章疊布，尚伸慈孝之恩；闓澤長流，彌篤令共之誼。廣宣休問，永樹芳儀。

康熙三十六年七月十九日。

奉天承運皇帝制曰：修刑有典，象天道以詰奸；折獄惟良，佐秋官而展采。爰加弘賚，用勸成勞。爾刑部左侍郎加一級田雯，素習國章，久參邦禁。廉平率屬，吏無周内之風；矜恕存心，民有協中之治。稟科條於畫一，揚淑問於宥三。宜沛隆恩，聿申寵命。兹以覃恩，特授爾階通奉大夫，錫之誥命。於戲！佐兹化理，崇褒允稱於當〔四〕官；勖爾祥刑，明效益臻於種德。恪勤勿怠，休渥長膺。

初任内秘書院辦事、中書舍人，二任户部福建司主事，三任户部雲南司員外郎加一級，四任工部營繕司郎中，五任工部虞衡司郎中，六任提調江南學政道、按察使司僉事，七任督理湖廣湖北糧儲道、布政使司參議，八任光禄寺少卿，九任大理寺寺丞，十任鴻臚寺卿，十一任總理糧儲提督軍務、巡撫江寧等處地方、都察院右僉都御史，十二任巡撫貴州、兼理湖北川東等處地方提督軍務、都察院右僉都御史，十三任刑部右侍郎，十四任今職。

制曰：職重中朝，允藉公忠之佐；德先内助，必資淑慎之儀。載賁絲綸，用光閨閫。爾刑部左侍郎加一級田雯妻馬氏，閑家維則，秉禮無愆。黽勉同心，退食勵自公之節；謀猷克贊，進思抒報國之忱。特沛彝章，俾膺休寵。兹以覃恩，封爾爲夫人。於戲！婦順與臣共同道，義貴有終；國章并家乘偕輝，恩施勿替。式承异渥，益勉令模。

康熙三十六年七月十九日。

奉天承運皇帝制曰：錫類推恩，朝廷之大典；分猷亮采，臣子之常經。爾翰林院編修田需，品行端凝，文思淵博。簡居詞苑，奉職無愆。慶典欣逢，新綸宜賁。兹以覃恩，授爾爲文林郎，錫之敕命。於戲！弘敷章服之榮，用勵靖共之誼。欽兹寵命，懋乃嘉猷。

制曰：恪恭奉職，良臣既殫厥心；貞順宜家，淑女爰從其貴。爾翰林院編修田需妻吕氏，舍章協德，令儀夙著於閨闈；黽勉同心，内治相成於夙夜。兹以覃恩，贈爾爲孺人。於戲！龍章載渙，用褒敬戒之勤；翟茀欽承，永作泉原之賁。

制曰：臣子敦服勞之誼，典既疏榮；女士嗣淑慎之徽，恩宜并茂。爾翰林院編修田需繼妻羅氏，素嫻内則，動協女箴。相夫載著勤勞，宜家克彰令譽。兹以覃恩，封爾爲孺人。於戲！蘋蘩繼徽，式揚彤管之輝；綸綍同褒，勉贊素絲之德。

康熙二十年十二月二十四日。

奉天承運皇帝制曰：誼篤靖共，入官必資於敬；功歸誨迪，能仕而教之忠。爰沛國恩，用揚庭訓。爾原任户部左〔五〕侍郎加一級田雯，乃户部江南清吏司郎中加一級田肇麗之父，躬修士行，代啓儒風。抱璞自珍，克毓圭璋之秀；析薪能荷，彌彰杞梓之良。兹以覃恩，贈爾爲通奉大夫，錫之誥命。於戲！貽令問於經籯，義方久著；佩徽章於策府，禮秩加優。茂典丕承，湛恩永荷。

制曰：移孝作忠，懋簡勞臣之績；推恩錫類，式揚賢母之名。載賁榮綸，用宣懿範。爾户部江南清吏司郎中加一級田肇麗母馬氏，早嫻内則，夙著閨型。敬以從夫，宜室聿徵其順德；勤於訓子，備官一本於慈祥。兹以覃恩，贈爾爲夫人。於戲！荷彩翟之天章，徽音益暢；披彤毫之仙藻，惠問常流。祗服寵光，永綏福履。

康熙五十二年三月十八日。

奉天承運皇帝制曰：錢穀持籌，列職以郎曹爲重；度支經國，分猷推會稽之才。爾户部江南清吏司郎中加一級田肇麗，廉隅夙勵，心計兼精上佐；地官績奏，含香之署典司。民部躬親，握筭之勞。茲以覃恩，特授爾階朝議大夫，錫之誥命。於戲！不懈於位，克稱車服之庸；益懋厥功，庶副簿書之寄。

初任户部司務，二任刑部江南司主事，三任刑部陝西司員外郎，四任户部江南司郎中，五任今職。

制曰：臣心恪慎，著懋績於周行；婦職修明，樹令儀於中閫。爰頒慶典，俾荷榮褒。爾户部江南清吏司郎中加一級田肇麗之妻蘇氏，茂族含芳，名門作儷。素風自矢，克敦女史之型；箴節相規，無改縞綦之度。茲以覃恩，贈爾爲恭人。於戲！表從夫之大義，翟茀承恩；沛逮下之深仁，魚軒被寵。祗承休命，永播幽貞。

康熙五十二年三月十八日。

奉天承運皇帝制曰：設官分職，昭器使之無遺；錫類施仁，喜蒙恩於伊始。爾山東堂邑縣教諭田霦，乃寧海州訓導田蔭麗之父，秉心醇樸，飭行端方。教誨懷式穀之勤，政書本詒謀之善。茲以覃恩，貤贈爾爲修職郎、山東寧海州訓導，錫之敕命。於戲！一命得以逮親，遂膺曠典；庶政期於稱職，永荷榮光。

制曰：登皇路以馳驅，忠原本孝；入庭闈而侍奉，嚴必兼慈。爾山東寧海州訓導田蔭麗之母鄭氏，性本和柔，飭衿鞶於閫内；教惟勤慎，行章服於庭前。兹以覃恩，貤贈爾爲八品孺人。於戲！所親邀優渥之恩，勉圖懋績；有子效靖共之誼，永表芳型。

雍正十三年九月初三日。

奉天承運皇帝制曰：任使需才，稱職志在官之美；馳驅奏效，報功膺錫類之仁。爾現任山東曹州府濮州訓導田蔭麗，乃署浙江嵩玉場鹽課大使田開之父，雅尚素風，長迎善氣。弓冶克勤於庭訓，箕裘丕裕夫家聲。兹以覃恩，貤封爾爲修職郎，錫之敕命。於戲！肇顯揚之盛事，國典非私；酬燕翼之深情，臣心彌勵。

制曰：奉職無愆，懋著勤勞之績；致身有自，宜酬鞠育之恩。爾現任山東曹州府濮州訓導田蔭麗之妻李氏，乃署浙江嵩玉場鹽課大使田開之母，淑範宜家，令儀昌後。早相夫而教子，俾移孝以作忠。兹以覃恩，貤封爾爲八品孺人。於戲！賁象服之端嚴，誕膺巨典；錫龍章之涣汗，用表榮施。

乾隆二年三月初六日。

奉天承運皇帝制曰：寵渥朝章，錫類不遺於一命；祥開家慶，貤恩爰及夫重闈。爾田應宸，乃原任内閣中書加一級田瑛之祖父，弓裘衍澤，瓜瓞綿麻。作述相承，再世式彰其祖武；淵源有自，一經早裕夫孫謀。兹以覃恩，貤贈爾爲文林郎、内閣中書加一級，錫之敕命。於戲！舊德宏昭，用光顯揚之志；新綸時賁，永增泉壤之光。

制曰：禮由義起，宏孝治於中閨；命自天申，賁榮施於大母。爾王氏，乃原任内閣中書加一級田瑛之祖母〔六〕，德茂蘭儀，光生槐里。珩璜作則，式垂淑慎之型；荇藻流芳，丕振光昌之緒。兹以覃恩，貤贈爾爲孺人。於戲！鸞書焕采，合彤史以揚休；象服增輝，荷雲章而永慶。

奉天承運皇帝制曰：宣猷服采，中朝抒報最之忱；錫類推恩，休命示酬庸之典。爾田廷梅，乃原任内閣中書加一級田瑛之父，令德踐修，義方夙著。詩書啓後，用彰式穀之風；弓冶傳家，克作教忠之則。兹以覃恩，贈爾爲文林郎、内閣中書加一級，錫之勑命。於戲！篤生杞梓之材，功歸庭訓；丕焕絲綸之色，澤及泉臺。

制曰：壼教凝祥，懋嘉猷於朝寧；國常布惠，揚休命於庭闈。爾金氏，乃原任内閣中書加一級田瑛之母，勤慎宜家，賢明訓後。相夫以順，含内美於珩璜；鞠子有成，樹良材於楨幹。兹以覃恩，封爾爲太孺人。於戲！昭兹今善之聲，榮施勿替；食爾劬勞之報，慶典攸隆。

奉天承運皇帝制曰：考績報循良之最，用奬臣勞；推恩溯積累之遺，載揚祖澤。爾田嘉謨，乃捐職州同加二級田晋之祖父，錫光有慶，樹德務滋。嗣清白之芳聲，澤留再世；衍弓裘之令緒，祜篤一堂。兹以爾孫克襄王事，貤贈爾爲奉直大夫，錫之誥命。於戲！聿修念祖，膺茂典而益勵新猷；有穀貽孫，發幽光而丕彰潛德。

制曰：册府酬庸，聿著人臣之懋績；德門輯慶，式昭大母之芳徽。爾周氏，乃捐職州同加二級田晋之祖母，箴誡揚芬，珩璜表德。職勤内助，宜家久著其賢聲；澤裕後昆，錫類式承乎嘉命。兹以爾孫克襄王事，貤贈爾爲宜人。於戲！播徽音於彤管，壼範彌光；膺异數於紫泥，天庥允卲。

奉天承運皇帝制曰：資父事君，臣子篤匪躬之誼；作忠以孝，國家宏錫類之恩。爾田有麟，乃捐職州同加二級田晋之父，善積於身，祥開厥後。教子著義方之訓，傳家裕堂構之遺。兹以爾子克襄王事，封爾爲奉直大夫，錫之誥命。於戲！殊榮必逮於所親，寵命用光夫有子。尚宏佑啓，益勵忱恂。

制曰：奉職在公，嘉教勞之有自；推恩將母，宜錫典之攸隆。爾李氏，乃捐職州同加二級田晋之母，壼範宜家，夙協承筐之媺；母儀詒穀，載昭畫荻之芳。兹以爾子克襄王事，封爲宜人。於戲！彰淑德於不瑕，式榮象服；膺寵命之有赫，益賁徽音。

【校注】

〔一〕道光本、民國本正文均缺目，依民國本卷二目録添加。

〔二〕寵：道光本有『寵』字，民國本脱漏。

〔三〕安：道光本作『安』，民國本作『定』。

〔四〕當：道光本作『當』，民國本作『富』。

〔五〕左：道光本作『左』，民國本作『佐』。

〔六〕祖母：道光本作『祖母』，民國本作『祖父』。

卷三

廬舍

始祖植德公，遷自棗强，卜居州之南關，及户部公凡三世。喬木短墻久失，故處里老相傳户部公爲孝廉時，讀書於長堤柳陰之下，則其廬可知矣。

文學公移居西關，河上土地廟巷内，相傳爲外家丁户部公館甥之室也。後贈司寇鄉賢公得分居焉。

贈司寇麗水公移居竹竿巷。

司農公移居城内尊水園，後朝議得分居焉。傳國博公兩世相承，克守祠廟，以專奉祀。至道光辛丑壬寅歲，業已七十餘年。歷經四世，日久年遠，不免爲風雨所損，侄孫昂見長支悉落，修補維艱，首先倡捐，不惜物力，修殘補闕，以爲田氏宗祠。庶可垂諸永遠，敬承先志焉。

墳墓

田氏始祖遷葬碑記

始祖考植德公，諱畹，明永樂間，自棗强縣遷居德州，葬城南七里堡東。傳數世，葬九冢，山向不可考。歲時祭掃，概難確指，僅按塋中位置，竭誠展拜而已。宣統元年春，建築津浦鐵路，墓田適當其衝，族衆另卜吉兆，作遷葬之舉。壙既啓，始知係未山丑向。而素所指爲始祖墓者，空冢也。内長磚數百，縱横層叠，皆成紋，每磚置古錢一枚，上立大方磚一，約尺有半，厚三寸餘，朱書已模糊不可識。旁有墨硯各一，俱鷄子二枚，磁瓶一，其口已缺。又有似鐵像者二，高四寸，銹蝕已甚，殘缺不可辨。意先人造像以葬，爲望祭墓耳。相傳南關外祖塋爲始者，亦係空冢，得非此意乎？至壙中所列諸件，意之所在，實不敢臆斷。餘八冢合葬，與孤冢各四，中附泥錢數枚，他無有焉。今移置新阡，仍按舊塋位次，惟空冢未行復設，故昔九而今八矣。時閏二月二十日也。

宣統元年歲次己酉孟冬朔日立。

碑陰

嗚呼！數之不可避無生死一也。吾始祖植德公，自明永樂年遷居德州，卒葬於南郭外七里堡東，傳五世，葬九冢。雖屢遭河患，淹没數次，然重修馬鬣依然。飲水思源，每值春秋祭掃，族姓依依於松陰之下，陳述先人德澤，迄今閱五百年，蒸嘗未墜。誰意氣數所感，忽於數百年後，遭此遷移之厄。此豈人之所能測哉？宣統改元，修築津浦鐵路，全塋九冢俱礙路綫，不得不另卜吉兆，以妥先靈。爰聘地師，擇地於南關外，祖塋之南，選定辛山乙向而遷葬焉。兹因新遷告成，謹將遷墓緣由勒諸碑陰，以垂久遠。并將四至闊步開列於後：計開四至闊步，長闊八十二步四分，南横八步四分，北横八步二分，共地二畝八分四厘九毫七。東至劉，西至田，南至馬，北至田。

墳墓

始祖植德公墓，在城南陳家堤口之西、七里堡之東，山向失考。

户部承德公遷南郭外里許之高原，以二世祖贈承德公葬焉。巽龍入首，壬山丙向。及文學紹泉公、贈侍郎裕所公葬於此，凡四世。

憲文公墓，在河西隔津。

贈侍郎麗水公墓，在南郭外祖塋之北阡，其來庚龍搏轉於亥以入首，酉山卯向。

司農公賜域，在城東南楊穀店之南阡，大河北岸，亥龍轉艮入首，癸山丁向。

太史公墓，在麗水公墓之次。

香城公墓，在城北第六屯之東阡。

朝議公墓，在司農公墓之位，艮山坤向。

車駕公墓，在解家莊。

東潭公墓，在城東清演寺之北阡。

西寧公墓，在麗水公墓之次。

鑾儀公墓，在城東清演寺之北阡，未山丑向。

國博公墓，在司農公墓之東北阡，癸山丁向。

蕙圃公墓，在城南齊家莊之西南阡。

儒林公墓，在南郭外祖塋之次。

奉直公墓，在南郭外祖塋之北阡，辛山乙向。

香孤公墓，在楊穀店國博公之次。

松堯公墓，在楊穀店司農公墓之西北阡，亥龍落脉，癸山丁向。

南陔公墓，在太史公墓之次。

六竹公墓，在城東清演寺東原，未山丑向。

雪崖公墓，在南郭外祖塋之次。

小圃公墓，在城東南楊穀店東南，國博公墓東阡，艮山坤向。

純吟公墓，在楊穀店西南，司農公兆外西原，癸丁兼子午向。

蘧園公墓，在楊穀店國博公之東偏，艮山坤向。

懷雨公墓，在南郭外祖塋之南阡。

景韓公墓，在城南齊家莊祖塋道南，辛山乙向。

錫庶公墓，在南郭外祖塋之次，辛山乙向。

伯承公墓，在楊穀店先塋西原，癸山丁向。

沐堂公墓，在楊穀店國博公塋東偏，癸山丁向兼子午。

對橋公墓，在南郭外祖塋之南阡，未山丑向。

培初公墓，在城南錢莊東南之新阡，辰山戌向兼分金。

芳橋公墓，在南郭外先塋之側，癸山丁向。

義路公墓，在清演寺東原，亥山巳向。

伯頻公墓，在南郭外先塋之側，辛山乙向。

光廷公墓，在楊穀店東北，國博公之次。

子康公墓，在錢莊東南先塋之次，辰山戌向。

祥允先兄墓，在南郭外祖塋之西北隅。

户部田公畫像記

德州有兩田子者，以文章、孝友并聞中朝，與余文酒往復稱善也。嘗爲余言其先世遺行，隱而未白，不及今以傳。久且益湮，思述其祖考，以上托於當世之聞人，爲之傳銘，以顯其幽。而竊念其高祖中泉公，自通籍爲尚書郎，距今百二十餘年，遭時遷變，雖再傳得蓼菴公爲之孫，以名進士領劇縣，將振興其業，而年復不永，未能表彰祖德，忽忽以歿。中泉公之行事，遂不能盡述。而所留於後者，惟畫像在焉，因屬余爲之記。公像藏於家，未得即拜而見也，更受其敕命之詞，敬讀之。其文曰：『地卿之屬，視他曹爲詳，管財賦酌盈縮，於邦計至重也。匪得廉勤精敏之才，曷克以濟？爾户部雲南清吏司主事田三戒，起家賢科，宣勞民署，罔辭艱劇，慎慮以從，功載書庸，達於朕聽。是用進爾階爲承德郎，錫之敕命。夫時詘務，殷輸半而費倍，日者嘗往來朕衷矣。上有以足國，而下不病於民，古所謂善理財者，宜何如廣思熟究、益懋遠圖？』實嘉靖三十九年考滿恩錫也。詞質而有體，得兩漢遺意。非公之賢若敕命所稱廉勤精敏，何以當之無愧歟！公嘗督漕三吴，吴人以竹桶貯銀覆米以進，公毅然絶之。在部值歲饑疫，朝廷設糜粥賑餓人，公領其事，全活甚衆。二者非廉勤之大概乎？公五世孫雯，康熙中官户部郎，復領雲南司，撫其署之題名，愀然感愴，作詩數百言，一時傳之。嗚呼！前代由進士起家者，必揚歷郡縣，遷臺諫爲得，盡其言以行其志，白首郎署，趨走錢穀，非所樂道。然則公之才與志，固有未竟，特留於以待其後之人，而於畫像實式憑之，則所期望於子若孫者，不甚遠且大乎？然非德澤之深，子若孫且不能自振，而又何有於畫像也。余小子無狀，不能光顯前人，猶憶兒時拜吾祖像，冠服鬚眉，迄今四十年，恍然在目。前不幸毁於兵，每歲時悲痛無由更睹，則畫像之存與不存，亦屬有天幸歟？公字子慎，嘉靖中進士，中泉其自號也。兩田子雯、需，俱第進士，雯官江南提學僉事，需官翰林院編修，即蓼菴公子。五世之内成進士者四人，俱有名稱。傳曰：『君子之澤，五世而斬。揆之盛德，又曷可量哉？』

康熙二十年辛酉九月，揚州後學汪懋麟記。

德州田君墓表

德州田君者，其爲學，以躬行爲本。雖燕居，必危坐。置曆頭案上，日較行事得失，以朱墨别之。其治家有法度，庭以内不聞婦人語。居父母喪盡哀，葬祭以禮。遇其弟友愛，親懿有争，必爲解紛挫鋭，然未嘗一至公門也。恒以經義教授鄉鄙，從之游者多取科名，而君終不遇。以順治二年五月卒，後七年，君之子緒宗成進士，知處州麗水縣事，既而亦卒。久之，君之孫雯與其弟需，皆中進士。雯歷仕爲湖廣布政使司參議，入爲卿寺；需官翰林院編修。於是伐石而礱焉，屬其友秀水朱彝尊〔一〕爲文，表君之墓。表曰：『君之先，常山國〔二〕。上世畹，徙安德。祖三戒，承德郎。

廉史稱，著考堂。厥父高，母丁族。子四人，君也叔。裕所字，實栗名。州儒學，補諸生。其眉疏，其額廣。履方舄，曳鄉杖。行有穀，詒子孫。井吉壤，高墓門。表吾文，永無泐。後之人，庶不惑。』

【校注】

〔一〕朱彝尊（一六二九—一七〇九）：字錫鬯，號竹垞，晚號小長蘆釣魚師，又號金風亭長。浙江秀水（今嘉興）人。康熙十八年（一六七九）舉博學鴻詞科，授翰林院檢討，充《明史》纂修官、日講官，知起居注，入職南書房。後典試江南鄉試，稱得士。朱彝尊爲著名文學家和學者，博學多聞，天資卓异。在詩、詞、古文諸領域皆有建樹，詩與王士禛齊名，爲浙派開山祖師，時有『南朱北王』之譽，爲『國朝六家』之一；詞與陳維崧比肩，開出浙西詞派，處清詞領袖地位；文爲顧炎武、汪琬諸家所贊許。其學術貢獻遍及經學、史地學、文學乃至目録學各個領域，號『通才』。其著作有《經義考》三百卷，《日下舊聞》四十二卷，《明詩綜》一百卷，《詞綜》三十六卷，《曝書亭集》八十一卷，《騰笑集》八卷，《曝書亭集外稿》八卷等。

〔二〕常山國：真定府唐時稱常山郡，治所在今河北省正定縣。

田裕所先生傳

壬辰[一]南宫之役，余與蓼菴田公同出大興章先生[二]之門。自春官以進之冢宰，試吏諸曹，退而請事師門，期集盡三夏，未嘗不一日俱也。間語及家世，愀然曰：『某奉先君子教以有今日，先君子弃某八年矣。』余少孤，時免先恭人喪亦甫三年。相對欷歔，不忍竟也。明年，重聚京邸，蓼菴去爲麗水令，不數月坳，忽忽三十年矣。頃，余再入承明，公子綸霞、雨來後先繼起，有聞於時。緣疇昔之誼，以家傳見屬，書來經歲，追憶前語，奭然有動於中，輒不忍竟已。憮然曰：『此先友志也。』余傳先生，猶子弟之述父祖也，其忍終弗竟乎？先生諱實栗，字裕所，其先自真定徙德州，三傳至公大父中泉先生。當明世廟時，起家進士，爲司農郎有聲，中泉清白吏。公考世守一經，家漸落，而先生三子也。去王父貴時已遠，獨用世業自奮厲。及壯補諸生，遂爲諸生都講，數躓場屋，而由先生之學以取科名者輩相望。黨塾群聚，先生褒衣方領，抆手雅步。後進執經，魚雅差屬，以是出入里社，或受徒四方，咸知爲田先生弟子也。蓋先生雖以强博有聞，而學一以躬行爲主。晨起焚香籲天，正襟危坐。燕居未嘗少渝，書行事於日曆以自儆，終身如一日。一門之内，肅若朝典。聞其謦咳，皆動容屏氣，遂謂稱先生號能止兒啼云。爲諸生三十年，足迹不入公府。親知有過，必委曲導諭之，或至斥責必改乃已。鄉鄰詬誶，質先生一言，無不立解者。時天下多事，德爲輪蹄孔道，數被兵，獨先生閉户咿唔。歲時伏臘，三世一堂。春秋上壠，偕孫曾群從，遵廣陌蔭長松，指數承平時事，鄉人環觀聚聽，稱：『田公，長者。』長者，先王之禮法猶有存焉。先生之爲教於身者類如此。天性孝友，居兩尊人喪，哀毁骨立，三年不啓齒，儉不廢禮，遠近則之。撫弟滿所公，兒時負之行，至墮足溝水中，不廢笑樂。滿所長，善居積，家大起，絲粟出入，必咨先生後行。歲歉，族里賴以舉火者無等，人以此賢滿所，而益嘆先生之家學爲不可及也。綸霞又言：『兒時猶及記公廣顙疏眉，布袍方履。一日曳杖負暄，與滿所公笑言啞啞已。撫雯背久之，曰：「吾家自户部公没後，垂八十年，爲儒四世，當有顯者。四方亂，余不及見矣。」爲太息而罷。』先生自以通籍，累世白首爲儒，感世途之板蕩，悼先志之淪胥，沔水鳴鳩之嘆，殆兼有之。此昔者蓼菴所爲言及而愀然，綸霞所爲彷徨累息而不能已已也。嗚呼！是可傳也已。蓼菴，先生次子，諱緒宗。綸霞，蓼菴長子，名雯。以甲辰進士，今視學江南，則余舊莅也。雨來，蓼菴次子，名需，以己未進士改庶常，方爲同館。故余論次先生事於其可見者，俾後之傳儒林篤行者有所考焉。

論曰：秦漢之際，杜田生以經學教授弟子，其後施、孟、梁丘并立學宫，先生其苗裔歟！然何他行誼無聞，而先生躬行孝友爲世誦法。先生之德澤，在人固與誦習一師之言者异矣。先生没而綸霞方以其學垂教江表，先生之道南矣。君子之澤，其猶未艾也夫。

賜進士出身、翰林院侍講、充《明史》纂修官、前朝議大夫、三奉敕理漕、督學臨川、門年侄李來泰[三]頓首拜撰。

【校注】

〔一〕壬辰：此指順治九年，一六五二年。

〔二〕章先生：章雲鷺，生卒年不詳，山陰人，寄籍宛平。順治四年（一六四七）進士，選庶吉士，官兵部督捕侍郎。順治九年，田緒宗進京參加會試，舉禮部中第一百名進士。是科磨勘會試，會元程可則等六人被黜，名次改爲第九十四名。會試的主考座師即爲胡統虞、成克鞏，房師章雲鷺。

〔三〕李來泰（一六二四—一六八二）：字仲章，號石臺。江西臨川城南下橋寺人。明末清初學者、文學家。順治八年（一六五一）中舉人，第二年得中二甲第八名進士，與田緒宗同榜。歷官工部虞衡司主事、江南上江學政，使江寧學風爲之大振，寒俊學士多得以獎掖。十七年，任蘇州、松江、常熟、鎮江糧儲道員，大力革除糧賦運轉中的弊端，深受百姓愛戴。參與修撰《明史》，被譽爲『獨備三長，不愧鴻博之選』。主持湖廣鄉試，頗能得士。有《蓮龕集》十六卷遺存，存目於《四庫全書總目》。

田裕所先生傳

先生諱實栗，字裕所，姓田氏，世爲德州人。祖諱三戒，嘉靖癸丑以甲科起家，爲户部雲南司主事，榷關以廉介聞，人稱中泉先生。父諱高，諸生，讀書不問家人産，家中落，故先生少而食貧。

先生幼至孝，遭内外艱，泣血三年，未嘗見齒。家即貧，葬祭一準古禮。與弟實畝友愛，嘗負以行。及長，終身無間言，時人以爲難。補博士弟子，講學鄉塾，從游日衆，往往取制科以去，而先生終不遇。性素嚴重，每旦起，正襟危坐，子姓〔一〕臧獲皆屏息。庭以内聞讀書聲，不聞婦人語。案置曆書，日較行事得失，以黑白圈識其上，老而不衰。弟實畝善治生，資稍饒裕，然出入問遺，悉禀命先生，毋敢擅也。先生有子曰纘宗、緒宗。孫曰書，曰善，曰雯，曰需，曰霦。歲時飲酒，一堂三世，獻酬沃洗，雍雍如也。春秋上冢，畢集子侄，序昭穆，坐松柏蔭下，述祖德，話農桑，終身如一日。教子孫讀書，尤有法度。至今德人稱家法者，必以田氏爲首。年六十有九。

史氏曰：漢景帝時，人臣尊寵無過石氏，號萬石君。史稱其孝謹聞郡國，爲齊魯諸儒質行所不及。慶爲齊相，齊國慕其家行，國大治。古今論家法者，無如萬石君。田先生雖不遇，而其教於家者如此。所謂不言而躬行者與！先生殁未久，而子若孫以次射策，顯名當世，豈偶然哉！豈偶然哉！

賜進士出身、朝議大夫、國子監祭酒，前翰林院侍讀、侍講，纂修《明史》，新城年侄王士禛頓首拜撰。

【校注】

〔一〕姓：道光本作『姓』，民國本作『姪』。

壽詞

里人王榮宗曰：當崇禎七年甲戌閏八月朔七日，裕所田先生初度之期也。先生誕於神宗御極之五年閏八月初七日，蓋五十有八載矣。誕日舉觴，無歲不有，而際正辰如今日者，五十八年僅三見耳，誠希遘也。宜乎及門之士曾士龍、徐纘益、翟善、王銓、王灝、夏陞、高居恭、高四聰、朱鼎久、劉京、厲言、趙景星、駱書、夏陞、許作霖、王昌祚、宋希璟、尹京、李希沆、王郯、王肇基、王光啟等，裁錦徵詞，爲先生壽。乃屬不肖操筆，不幾落乃公乎？雖然不肖於先生累世通家，義何敢辭，輒復忘其固陋，率成俚言以獻：

海天寥廓曙色蒼，清秋冷露薦新涼。年年載績人酬月，玉曆今傳見閏行。欣於此日逢華旦，綉褓當年繞异香。籌添五十八度矣，三逢正度舉霞觴。兹也絳帳羅多士，競爲捧幣列鱣堂。君是三齊名家胄，代習儒業世澤長。迢遞傳來箕裘遠，大父曾已賦長楊。一第釋褐承主眷，綰綬官爲度支郎。數逢陽九遐燕邸，三吴於今口碑芳。祇以清白貽來兹，長材未罄恨留良。君自舞象能繩武，雖窘中業志洋洋。設立文壇傳聖脉，翩翩桃李在宫墻。一堂异彩諸杰俊，五色奇毛兩鳳凰。或以執經來問業，或以過庭承義方。伯也雕龍馳蓺苑，仲也綉虎擅文場。即今楚楚獻酬者，孰非亭亭真棟梁。值兹良辰占上壽，今逢嘉會近重陽。共以精誠抒華祝，高宴文軒綺筵張。日照花明爛几席，芝燦雲影映流黃。樹聯月桂輝花萼，斗近天河挹酒漿。橋梓恩榮洽樂豈，師弟交孚致平康。此是人間真樂事，可爲王家卜禎祥。愧乏江門五彩筆，敢抽彤管拂青緗。聊以蛩吟鳴勝會，一任當筵賡奏簧。

皇清麗水縣知縣累贈奉政大夫户部員外郎田先生墓表

先生姓田氏，諱緒宗，字彷文，一字文起，名其齋曰蓼菴，學者稱蓼菴先生，世爲山東德州人。先生好學刻苦，舉於朝最晚，居官不過半載，施之邦國未大顯。而學於先生者，多爲貴官聞人，其稱説先生之行無不備。鄉里之兒童、婦女，亦無不知爲巨儒。長德見之，竦然却立曰『田先生』也。其爲吏未久，多惠政，民歌思之至今。舉順治壬辰進士，授浙江麗水縣知縣，贈至奉政大夫、户部雲南司員外郎。曾祖三戒，明嘉靖癸丑進士，户部員外郎。祖高、父實栗，俱邑諸生，母于氏。先生有才子曰雯，舉進士，贈先生如其官。雯文學名當世，世益知先生之教。雯與禾〔一〕同年相善也，以先生門人、翰林侍讀蕭君惟豫〔二〕所具狀，來徵墓道之文。謹按：先生爲人温恭篤厚，親屬鄉黨無間而化之。性至孝，居家方嚴，侍親側如嬰兒。讀書未終卷，必數起定省。歲時祭奠，必齋沐親上食，至久益悲慟。所與游好，惟一二躬行績學之士，時時過從，菜羹、麥飯、杯酒，談笑極歡；貴游赫奕欲一識其面不可得。先生爲學，必求突奧，其功最勤苦。冬月寒凍至不能舉四體，繞室徐行數百步復坐。夜則聚亂薪擁足，篝燈據几，恒至達旦。遇小試必魁其群，獨屢困於場屋，讀書自若也。先生之弟子遍遠邇，或轉相傳授，莫不有源流本末，聞其議論，知爲田氏之學。先後獵科名爲中外官者，不可勝數，而先生年過四十始得一第。順治十年，授浙江麗水縣知縣。過里誓二親墓，以清白自矢，作《筮仕記》。麗水接温台、聯閩漳，爲東南孔道，民疲而悍，號難治。先生廉明仁恕，豪右〔三〕帖服。三月民間謡曰『邑侯清，鷄犬寧。邑侯廉，婦子安』，諸大吏嘖嘖稱才賢矣。常清賦役，邑課額五千三百有奇，吏胥甲乙上下，花詭飛灑不可辨識。先生悉按畝籍定科役，積弊一清。又修通濟堰，堰築於蕭梁時，障松、遂兩溪水，爲四十八派，溉田萬餘頃，民以饒。歲久堰崩水涸，居人多散徙。先生訪遺址躬畚鍤，日夜巡堤上，邪許之聲相聞，堰成民受其利。又爲麗水大社，邑學宮，唐李鄴侯建，居櫸山之顛，風雨飄摇欲壓。先生捐廩禄，倡修之。擇生徒才俊者，課業其中，親與講説、指授。人知力學，科第至今爲盛。先生自以晚達，欲極樹功業於世，故居官纔半歲，其設施皆實政不爲名，竟以勞卒於官，邑民罷市巷哭。配張太宜人，時在官舍，無資以斂，則脱嫁時裝辦嚴盡禮。遠近賻賵者，悉不納。或勸焉，太宜人曰：『吾以成其廉也。』太宜人有丈夫智略，將歸，裒其邑之册籍，手自鈎較，毫髮靡爽。署篆吏貪夫也，始〔四〕至果欲因以爲難，卒無可乘者，遂得間關數千里扶柩以歸。先生生於明萬曆三十七年正月十一日，卒於順治十一年七月初九日，得年四十有六，葬於城南祖塋西北之新阡。子四人，長即雯，次需，次震，次霦。需舉康熙丙午孝廉，震蚤世，霦補博士弟子員。孫男三：肇麗、詒麗、澤麗，肇麗爲州學生。予聞前輩通經服古之士，其爲學必求證乎身心；施之事業，不爲苟且干禄之計，往往至五六十歲始出爲時用，其後事功名節有非後生小子所能望者。近時里塾少年挾一《兔園册》，取富貴若寄直天付之而已，於學問無關焉，於事業無關焉。其人率坐致通顯，或借講論竊大名，何其身尊而泰歟？然而士習壞，民風衰，叛亂時聞，風節掃地，可爲太息流涕者，而人不覺也。先生以一老文學，窮經兀兀二十餘年，晚而僅遇，又不竟其施世之學者，何所取信以堅其力哉？然而君子盡其在我，操於冥冥者，不問也。先生之盡其在我者，可謂無歉爾矣！昌黎子云：『位不稱德者有後。』户部君矯節勵行，爲時聞人，將率其諸弟若子，益勉而未艾，以光大先生之業，是之謂能孝。户部君賢者，其有以酬予言矣。

學之名仕之人，吾無奈乎冥冥。杳不知其奚據，曷伸絀之紛紜。嗟德業之既成，而俟其用於子若孫。千百載後，過斯士者，尚肅雍端敬，而瞻〔五〕拜夫古君子之墳。

賜進士出身、内閣中書舍人、年侄江陰曹禾頓首拜撰。

【校注】

〔一〕禾：曹禾（一六三八—一七〇〇），字頌嘉，號峨眉，一號未庵，江南江陰（今屬江蘇）人。康熙三年（一六六四）進士，官内閣中書。康熙十八年舉博學鴻詞科，授編修，歷官至國子監祭酒。撰有《未庵初集文集》四卷、《詩集》四卷。詩文學韓杜，詩字字錘煉。田雯與曹禾爲同年，詩歌同入『金臺十子』之列。田雯在京爲官期間與曹禾交游密切，據曹禾序《午亭集》載，康熙十三年九月十三日，田雯曾與曹禾、謝重輝一起夜訪陳廷敬宅，讀其詩文。曹禾任中書舍人時爲田雯父親緒宗撰寫《壽詞》，參與了和田雯《移居詩》的『都門盛事』。田雯詩集中有七律《柬曹頌嘉舍人》、七古《長句送峨眉南歸》、七律《酒熟邀升六頌嘉過飲》等贈詩。

〔二〕蕭君惟豫：蕭惟豫（一六三六—一七一五），字介石，號韓坡，德州人。順治十一年（一六五四）考取甲午科舉人，戊戌（一六五八）進士，授翰林院庶吉士、内弘文院編修，封文林郎。任庚子（一六六〇）江西典試正主考；癸卯（一六六三）直隸武鄉試正主考；内國史院侍讀；提督順天等處學政。康熙丁未（一六六七），年僅三十二歲的蕭惟豫辭官歸里，侍親不出。著有《但吟草》詩集四卷。蕭惟豫與田緒宗爲里居鄉鄰，爲田緒宗及門弟子。自孺子負笈時受業，一生與德州田氏過從甚密，緒宗逝後爲之撰有《蓼菴田先生行狀》。康熙三十三年（一六九四），經蕭惟豫等德州後學上書諫請，田緒宗之父田實粟獲批入祀州學鄉賢祠。康熙三十六年（一六九七）冬十月，蕭惟豫曾率衆於州學鄉賢祠祭拜田實粟。田雯與其結爲親家，田雯第三女嫁其子承沆。退隱里居後，來往更加密切，《古歡堂集》中有多篇詩文記載兩人的交游，如七古《雪中赴濟南將行韓坡送酒以一瓶置後車詩以謝之》《種瓜行贈韓坡》，七律《村中韓坡見訪》。

〔三〕右：兩本原作『左』，文義未安，當爲『右』。

〔四〕始：道光本作『始』，民國本作『姪』。

〔五〕瞻：道光本作『瞻』，民國本作『贍』。

皇清麗水縣知縣累贈奉政大夫蓼菴田公墓表

齊魯之間多君子，以余所見文章氣誼焜耀當世者，首推德水田綸霞先生。余之獲交於綸霞也，則以新城王阮亭先生。而綸霞之於先生，則其先君子麗水府君之同年也。余不獲交麗水府君，而阮亭與余論次人物，必時時稱道之。且言其殖學之深、種德之茂，以及其遇合之晚與。夫爲令之卓然有以自見，蓋特立獨行，確乎其不可拔之君子也。阮亭非阿私其同年者，余固已心識之。及觀綸霞之德業聞望，蔚爲當世師；與其弟雨來束躬勵行，稱其爲名父之子而益信府君之澤深且長也。綸霞既以特簡督學江左瀕行，不以余不聞，而以麗牲之石相屬，余不能辭也。乃取高公之《志》、蕭公之《狀》，掇其大者表於墓。按《狀》，府君姓田氏，諱緒宗，字彷文，别號蓼菴，世爲德州人。曾祖三戒，明嘉靖癸丑進士，歷官户部主事。祖、父皆以文學世其家，隱居不顯。府君幼篤志力學，長而爲文精刻，自成一家。屢困場屋，不以得失介胸中，執經問業之徒户履恒滿。又性至孝，養生送死，動合禮法。歲時致奠，哀痛有常焉。順治辛卯始舉於鄉，明年成進士，除知浙江麗水縣。有《筮仕自記》一篇，略云：『邑雖蕞爾，此中弘濟，未始無權。父母二字，最宜體會。』有識者已知公之必爲賢令矣。故其治麗水也，徵賦必廉，凛羡餘火耗之入，嚴吏胥上下之禁，僉役必公。造《烟居册》，令民次第受役，追呼不至於郊，而民困蘇矣。新檡山之學宫，創麗澤之文社，而士氣振矣。修築通濟之堰，灌田萬畝，不惜捐俸，鳩畚插而邑之利興矣。治未期年，輿人誦之曰：

『邑侯清，鷄犬寧。邑侯廉，婦子安。』郡首監司以上方且以循良之政上聞，而府君竟以疾不起矣。蓋府君之爲令也，不以事上官、博聲譽爲事，而惟軫念於婦子之恫瘝疾，不啻父母之於子也。既軫念之，則必思所以拯救之，拯救之而或有得有不得而心滋戚矣。其所爲婉轉圖維、周旋殫瘁以至於竭乃心力而死也，固其宜也。然府君於此，亦可謂卓然有以自見，確乎其不可拔之君子矣。人不能久不死，如府君之以勞瘁死也，亦復何憾也矣！綸霞既克大府君之業用廉能著聲中朝；而雨來讀書中秘，復以學行顯當世；幼子霦及長孫肇麗等，又皆能文章。有可表見府君之澤深矣。昔人稱仁者不必貴且壽，而要必有後。夫誠有後矣！造物亦何負於府君哉？余既聞阮亭之言，及觀於綸霞兄弟間，知府君之行事信而有徵。因執筆而表其墓，庶幾蔡邕之無愧詞也。

賜進士及第、資政大夫、經筵日講官起居注、翰林院掌院學士、加禮部尚書，昆山葉方藹〔一〕頓首拜撰。

【校注】

〔一〕葉方藹（？—一六八二）：字子吉，號訒庵，江蘇昆山人，清初學者。順治十六年（一六五九）進士，歷官翰林院編修、侍講學士、侍讀學士、禮部侍郎、刑部侍郎。有《讀書齋偶存稿》《葉文敏公集》《獨賞集》。

皇清麗水縣知縣累贈奉政大夫蓼菴田公傳

公田姓，諱緒宗，字彷文，一字文起，山東德州人。曾祖三戒，明嘉靖癸丑進士，官户部主事。祖高，父實栗，并諸生。公爲仲子，少倜儻自負，不屑伍里中兒。家貧，嗜學，冬月聚薪擁足，讀書常達旦。爲舉子業，務偉特成一家言。試場屋久不中，人或規以諧時，嘆曰：『虎豹之斑，鳳凰翡翠之羽，貴其文异也。使吾文而猶夫人也，烏用吾文爲？』卒持之不變。教授諸弟子，有繩尺。同里蕭侍讀惟豫，初自童子受業，輒以翰苑許之，至今服其知人。順治辛卯舉於鄉，明年壬辰登進士，除知浙江麗水縣，立著名迹。先是民苦催科淆紊，公内外各置一簿，核計盈欠，吏不得上下手爲奸。其力役則按籍均徭，罔困貧寡。故邑處衝津，而趨事無後期，賦役一清。麗水故仕國學校巋然，冠櫸山之陽，昉自〔一〕唐李鄴侯，而韓退之爲石記。亂後荒圮，公至則新之。會諸生其中，講業課藝，名曰『麗澤大社』，由是人士益興於學。邑有通濟堰，蕭梁時所築，障松、遂兩溪水爲四十八派，灌田萬餘畝，後大水决堰，泉散土龜。公單騎往視之，曰：『創於昔而隳於今，如吾民何？』躬畚鍤復堰，民用利賴，田穀以登。初，公將之官，作《筮仕自記》一編，歷援古循吏以自勵曰：『使吾行有弗協於是，弗敢爲也。』至是出爲政，無一不如其言。麗民歌之曰：『邑侯清，鷄犬寧。邑侯賢，婦子安。』亡何，以疾卒於官，年四十六。邑人爲之哭，罷市。公在縣甫五月，其得民如此！子雯、需，并進士，雯以工部尚書郎升按察司僉事，督學江南。需翰林院庶吉士，并以文名世其家。施子曰：『史氏傳循吏衆矣。大抵奉法循職，恂恂無奇行。以麗水治行方之，寧出古人後哉？語云：「見指知臂。」夫朱邑之愛利，文翁之儒[二]雅，王景之治河渠，彼有其一而傳之至今。今不待期月能兼之，使天假之年，豈獨以循績見哉？』

賜進士出身、翰林院侍講、充《明史》纂修官、前朝議大夫，宣城施閏章頓首拜撰。

【校注】

〔一〕自：兩本皆作『目』，當爲『自』，皆因形近而誤。

〔二〕儒：道光本作『儒』，民國本作『需』。

田先生傳

先生諱緒宗，字彷文，一字文起，世居德州。曾祖三戒，明嘉靖中進士，歷官户部主事。祖高，父實栗，皆州學生。先生家貧力學，自其爲諸生時，設塾於桑園鎮，從游日衆，學者已推爲大師矣。舉順治九年進士，授麗水知縣。麗水當浙閩之衝，其俗剛悍，號難治。又值兵亂後，徭賦頻繁，胥史數上下其手，人以益困。先生勾稽土田、户口，各書之於籍，凡輕重、多寡、疏數一以籍爲準，不復任胥史，其弊遂蘇。通濟堰在郭西五十里，創自蕭梁時，藉以障松[一]、遂兩溪，水分爲支流四十有八，所灌田可百餘頃。其後堰廢，堰旁田皆不治。老父以告，先生單騎往視，嘆曰：『此非吾責乎？』即募民修復之，工省而利倍。又學宮居櫸山顛，世傳唐李鄴侯泌所建，韓侍郎愈所記者也。歲久悉圮，先生復出俸金葺之。公暇輒親課生徒，以文行相訓誡，由是吏民悦服。始，先生之未至麗也，嘗作《筮仕自記》一篇，所以勖己甚備。既之官，凡所設施悉如記中語。故甫三月，而縣人歌之曰：『邑侯清，鷄犬寧。邑侯廉，婦子安。』未幾，卒於任。民間罷市，號哭者逾七日夜不絕，其得人心如此！余惟班孟堅之論循吏也，必以經術爲潤飾吏治之本，一切簿書期會不與焉。若先生之業，經生也，既以淹洽爲人師；其莅官，政也，又以慈惠爲人牧。經術、吏治不既兼之與？然則先生其殆古之循吏也。間又疑孟堅所撰於趙廣漢、張敞之屬類，皆抑揚往復，歷道其聰明才幹，雖使异世而下猶慨然想見風采。及其爲循吏傳也，舍勸農建學創興水利一二事，而外絕無他稱述，若文翁、召父皆然，疑未可與趙、張輩頡頏也。然而所居民富，所去見思，恒在此，不在彼。孟堅立言微矣，特讀者未之察耳。世之衰也，吏皆浮沈簿書期會之中，其治益以敗壞，求趙、張且不易得，而况於文翁、召父乎？幸而有先生者出，駸駸乎西漢治術之遺焉，此非今人所能也。余故曰：『古之循吏也。』惜乎先生既不永年，其設施亦遂未竟，而余筆力頽薾，又距孟堅遠甚。不得已姑承子綸、雨來兩君之命，勉爲之傳，亦欲以風挽近之居民。上者不知讀者見之，又以爲如何也？先生長子，即子綸，名雯；次子雨來，名霈，後先皆第進士。子綸今官江南提學僉事，雨來方爲庶吉士。

賜進士出身、翰林院編修、充《明史》纂修官、前奉政大夫、刑部山東清吏司郎中，長洲後學汪琬〔二〕拜撰。

【校注】

〔一〕松：道光本作『松』，民國本作『公』。

〔二〕汪琬（一六二四—一六九一）：字苕文，號鈍庵，晚號鈍翁，江南長洲（今江蘇蘇州）人。晚年因隱居太湖堯峰山，學界稱其堯峰先生。順治十二年（一六五五）進士，歷官户部主事、員外郎，遷刑部郎中、北城兵馬司指揮。康熙九年（一六七〇）冬歸隱，康熙十八年（一六七九）舉博學鴻詞科，授翰林院編修，授《明史》纂修官，翌年告歸。汪琬與侯方域、魏禧并稱清初散文三大家，文名高於詩名。著有《堯峰文鈔》五十卷，《鈍翁類稿》一百一十八卷，《擬明史列傳》二十四卷，《姑蘇楊柳枝詞》一卷等。康熙十五年（一六七六）前後，田雯與汪琬都在户部爲官，兩人得以交游。田雯曾寫詩《泊舟吴門寄汪苕文二首》，汪琬對田雯詩才頗爲贊許，稱其可與王士禛相頡頏。

送同門蓼菴先生之官麗水詩　曹爾堪

晴翠照城闉，行軒氣象新。箭溪烟繞郭，欅嶺月通津。木客啼雲老，山鷄唤雨頻。千峰分户口，百里有人民。吏散花陰午，樵歸柘影春。村安知政簡，地瘠頌官貧。輸課巖蜂集，分糧野鶴馴。簿書應易了，隱几對松筠。

清故賜進士出身文林郎浙江處州府麗水縣知縣蓼菴田公墓志銘

予向晤子綸於旅次，綺年雋才，灑然异之，知爲經國器也。而意乃抑然有以自下者，亟詢予以當讀何書，予應之曰：『士先志，官先事。君行牽絲弼教矣。讀律宜先，定國無冤，此其基也。次當綜古今奏議及郡國利弊便宜事，爲他年晁、賈封事之助。其餘詞賦雕蟲小技耳。已而旁及性命之學。』予復告之曰：『出世與濟世，圭璋之合也。養德與養身，桴鼓之應也。驥足修途，寧可緩衛生之經哉？』無何别去，予乃自悔其言之好盡，未必有當於子綸也。已而子綸以其大人麗水公羨門之石，來請志。予詳覽家乘，不禁愴然雪涕。回憶前言，又未嘗不偶當云。蓋麗水公卓然以良吏自期，志在蘭臺史循吏間。而甫歌章甫，旋以天中之節，泛舟暢飲，連啜寒泉，病先朝露矣。貞珉千古，有待焜煌。予安得以不文辭乎？按狀，君諱緒宗，字彷文，又字文起，别號蓼菴，世爲德州人。諱畹者，生禹民，文學以子貴，贈承德郎、户部主事。禹民生三戒，登嘉靖癸丑進士，歷官户部雲南司主事，監兑三吴糧儲，以廉稱，詳載郡志。三戒生高，增廣生。高生四子，叔曰實栗，是爲公父。家貧，好義，配于氏，生二子，公其仲也。髫年苦學，冬擁薪几下禦寒，屢試前矛，未得售。設教於桑園鎮，從游濟濟，爲儒林大師矣。辛卯魁於鄉，壬辰捷南宫成進士，授浙江麗水縣知縣。旋里，作《筮仕自記》一編。其略云：『邑雖蕞爾，此中弘濟，未始無權。須奮起精神，自我作主。

方寸皭然，處於坦易，清白之地，任天而動，勿迷本來。至若持己欲恭，事上欲敬，馭下欲嚴，待人欲寬，不貪不虐，清儉自守，可也。况州縣之職，原與民親，父母二字，最宜體會。』公之自銘如此。故其司催科也，以廉以慎。邑之糧額無多，而里書櫃吏高下其手以病民。公按畝均派，内外各貯一籍，令納户自注名數，即兑即投，一一磨對，積弊頓清。羨餘火耗，若凛脂膏之涴焉。其均傜役也，以公以仁。邑境下聯閩建，上接温台，山嶢岨而棧車如織也。奸役視爲奇貨，貧懦偏累有年矣。公按某圖某都丁糧彙造一書，曰《烟居册》。以次撥役，追呼不至，閭左當堂受值，民無葛屨之傷焉。新檡山之學宫，千年再章輪奂。而鄴侯之荒度芹藻爲光，創麗澤之大社，一月兩課諸生，而括蒼之文明，壁壘再啓，是文翁、蠶叢之化也。至於百世之仁，則尤在修築通濟堰。堰踞縣西五十里，創自蕭梁，障松、遂兩溪之水，分四十八派，灌田萬畝，後以大水嚙堰而圮。公車騎往視，曰：『黄鵠之歌，伊可懷而惜畚鍤爲也。』捐俸鳩工，頓還舊觀，西門豹不得獨有鄴下矣。故下車無何，而有『邑侯清，鷄犬寧。邑侯廉，婦子安』之謡焉。字下栟幪，方期無斁。而子晋玉棺，已無能借寇司命君矣！卒之日，邑士民罷市而哭，焚香禮醮，羅跪於庭者，凡七晝夜不衰。其遺愛在人，亦可概見云。公生於萬曆乙酉正月十一日辰時，卒於順治甲午七月初九日戌時，享年四十有六。配張氏，男四：長雯，庚子科舉人、辛丑聯捷甲辰進士，候選推官，即予乍晤而灑然异之者也，告以讀律學道者也，娶本州庠生馬公琨女。次需，丙午科舉人，娶庠生吕公獻禎女。又次震，蚤世。又次霦，業儒，聘本州庠生鄭公鑌女。女一，適許公嘉禎男、庠生裕。孫男三：肇麗、貽麗、澤麗，孫女二。今諏於丙午十一月二十日葬於祖塋西北之新阡。予維公甫膺茅社，即以古循良自期，造物者固當左右相之，以底於觀成，公何以死也？然比見斯世之膴仕而長年者，率多攫金無厭、飛而食肉之人，公又何得不死耶？夫以時趨若此，乃率然而欲爲龔、黄，誠無辭於不合時宜，然亦謂忤於貴官要人可耳。何罪何辜，并忤造物，而既厄其仕并奪其年，以至此極也。司命赫赫操之爲已蹷矣。抑豈冥漠之中，賢能亦少，如詩賦則須長吉，征討則須昌黎。地下凋弊，正須循良填撫耶？此年賢者不壽，似龍蛇之語，顯然有徵。如吾同邑銀臺王公子下，燕則廉憲張公識之，晋則故秦撫張公泊沚，皆卓然以才謂守望見於天下，而一時同人亦皆以爲天下行將郅隆，其爲吾聖天子奏康功，主國是，頡頏房、杜、蹇、夏之間，必此二三君子也。乃一年之中，相尋物化，不佞殊訝造物之無意於斯人也。然而三君子者，雖未得盡其所長，而亦已簉羽清華，叨光侍從，或莅岳牧而秉節鉞，或儼然九列之班，猶云稍稍伸眉也。豈意克以古人自勉如公，而草草銅綸便已寂寥千古哉？此不佞之所爲颯井渫行惻而三嘆者也。然而可以慰公并可以慰天下士者，則在弓治有傳矣。如予向所言，三君子瑯琊不幸，祀殄若敖二張，即有嗣人箕裘，尚未可卜。而子綸鵲起賢科，蔚然國器，公所爲懷利器而促於短馭者，是將旦夕酬矣。夫致主寧民之業，膝下爲之何异於身之爲之。而爲之一邑，又未若訓正百邑之共底於大猷者之爲遠也。以蘭臺之傳爲家譜，此龔黄之所未有，而况拾級未艾乎？不朽在斯，公復何憾於九原哉？此又予之所可終信於造物，而并以知向者逆旅之晤，抑然自下而殷殷請業，以欲有所見乎當世。蓋孝子不匱之心，而補公所未足者，意深遠哉。夫既爲名父之子矣，雖欲不自淬勵，不思齊前哲，而隨欲突梯以坐取平流卿輔，其可得乎？其可得乎？是宜銘。

人不可以無年，飛黄萬里，出門折轅而隕於重淵，是孰使之云。然悃愊效短無能，方駕於神鵲五鳳之間。仁吾知其有後，理人之譜，肯堂且構，紹聞衣德，克昌厥後，猶龍氏不云乎？死而不亡者壽，麗水之阡，亦猶桐鄉之酬也哉。

宗人府府丞，前大理、太常二寺少卿，吏、禮二部侍郎，國史院學士，詹事府詹事，纂修《實録》副總裁，秘書院侍講學士，辛卯江南鄉試正主考，國子監祭酒，秘書院檢討，庶吉士，前進士菑川年家眷弟高珩頓首拜撰文。

賜進士出身，兵科左給事中，前工科右給事中，癸卯江南鄉試副主考，工科給事中，翰林院庶吉士，茌平門年眷弟王曰高[一]　頓首拜篆額。

賜進士出身，内翰林秘書院編修，丹徒年侄張玉書[二]　頓首拜書丹。

賜進士出身，刑部觀政候選推官，同里眷年侄趙其星[三]　頓首拜填諱。

【校注】

〔一〕王日高（?—一六七八）：字登孺，一字北山，山東茌平人，時任工科給事中。能詩，有《槐軒集》十卷，常與王士禛兄弟唱和。

〔二〕張玉書（一六四二—一七一一）：字素存，號潤甫，江蘇丹徒（今江蘇鎮江）人。張九徵次子，長兄爲張玉裁。順治十八年（一六六一）進士，精《春秋》三傳，深邃於史學。歷任翰林院編修、國子監司業、侍講學士，累官至文華殿大學士兼户部尚書。

〔三〕趙其星：生卒年不詳，山東德州人。順治十四年（一六五七）舉人，十八年（一六六一）進士，初授黄州推官，改汾陽縣知縣。後離職回鄉，有文名，一時四境及鄰邑碑銘志傳文字，多出其手。

蓼菴田先生行狀

蓋聞王通、孟郊之卒，而其門弟子爲之立謚，於是有『文中子』『貞曜先生』之稱。後之儒者竊以爲譏，迨觀韓退之之傳，則固出其門人李漢，而黄幹叙列其師。考亭之行，以爲道之正統，由孔子後至孟子而著，由孟子後至朱子而著，其所尊崇其師者，不可謂不至也。而天下後世卒以爲知言何也？蕭惟豫曰：『予嘗考古而得其説焉。』謂夫草野之議謚，非古也。謂夫河汾、東野諸門人，以非所宜而加諸其師，以是爲僭且誣也。豈謂先生之爲人行事而爲之弟子者，可漫無表章耶？豈謂弟子之稱述其先生者，果盡出於私耶？吁！識此可以狀我蓼菴先生矣。先生有丈夫子綸者，欲列先生始終完行，以求銘於海内巨公，乃屬予爲狀。予自孺子負笈游先生門，固誼之所不容辭也。遂搦管而爲之。《狀》曰：

先生姓田氏，諱緒宗，字彷文，又字文起，别號蓼菴，世爲德州人。高祖禹民，贈承德郎。曾祖三戒，明嘉靖癸丑進士，歷官户部主事。祖高，父實栗，并爲博士弟子員。母于氏，生二子，先生其仲也。弱不好弄，舉止异凡兒，父奇之，謂其必能再大田氏。稍長即篤志力學，不憚勤苦，冬月沍寒，置亂薪几下，擁雙足其中，因而焚膏繼晷，咿唔徹夜不休。爲文英拔，自成一家。不喜末俗剽竊之文，試輒前矛，以數奇屢困場屋，人皆爲之扼腕，而先生爲學益力，不以得失介胸中。遠近之人執經問字者，户外之履恒滿。先生氣度端凝，循循善誘，有郭有道知人之鑒，其侍絳帳者，能一一預定其人。先生性至孝，事兩大人温清定省無少間，比終哭泣擗踴動合禮法，歲時祭奠倍切哀痛。順治辛卯舉於鄉，次年舉進士，除浙江麗水縣知縣，作《筮仕自記》一編以自勵。及赴官，其設施皆一一如所言。麗故疲邑，民頗刁悍，號稱難治。先生撫馭有方，三月後遂有『邑侯清，鷄犬寧。邑侯廉，婦子安』之謡。邑額賦五千三百有奇，吏胥上下其手，移甲爲乙，减多就寡，邑里苦之。先生洞悉其弊，按畝起科，照籍派役，積弊爲之一清。邑下聯閩漳，上接温台，往來者絡繹不絶。夫役繁苦，貧懦尤不勝其害。先生廉明仁恕，豪右帖服，符下争趨無敢後者。先是浙中人才素推麗邑，後經兵燹稍廢，先生雅意作人，爲立麗澤大社，揀生徒才俊者，督課之。邑學宫居櫟山之嶺，唐李鄴侯所建，韓退之記之。歲傾圮，先生捐俸葺之，復舊觀焉。邑西五十里有通濟堰，蕭梁時詹、南兩司馬所築，障松、遂兩溪水爲四十八派，灌田萬畝，因值洪水堰崩，泉流淖涸。先生閲其地，蹙然曰：『是非吾事耶？』疏浚之，不日而成，民迄今利賴之。其他撫字勤勞，仁心美政，未易一二更僕計，而此固其章明較著者也。卒之日，麗邑爲之罷市，士民拜哭於庭，七晝夜不衰，殆不异鄭人之哭子産、秦人之痛百里奚也。先生生於明萬曆三十七年正月十一日辰時，卒於順治十一年七月初九日戌時，享年四十六歲。配張氏，男四：雯、需、震、霦，女一，孫男三：肇麗、詒麗、澤麗，孫女二。今卜於康熙五年十一月二十日，葬於城南祖塋西北之新阡。嗚呼！古今人之可傳者，豈必位盡三公，而歷官咸二十四考哉！卓茂，名冠天下，彼固哀平間一密令也。以予所次於蓼菴先生者，其他不具論，即其爲邑長於麗也，半載之中，其建樹固已章章矣！此豈非所可長留於天壤者耶！是用表而著之，以俟後之傳循良者。

賜進士出身、提督順天等處學政、内國史院侍讀、受業門人蕭惟豫謹狀。

壽詞

康熙癸丑，翰林編修徐乾學曰：《詩》曰『無非無儀，唯酒食是議』，《禮》曰『内言不出於梱』，女道幽閑柔順以相其夫若子而已。然則具非常之略，爲大丈夫之所不能爲者，將抑而不用乎？將以爲爲之者，非乎臣之事君，子之事父，竭誠盡力，終其身以爲之，無以自异也。至於以忠與孝稱，則大抵處乎其變而所爲者極難矣。饘酏鞶帨之事，女子終其身以爲之，豈有能與不能之甚者哉？一旦臨患難、履盤錯，不得已而爲丈夫之所不能爲，以自見於世，世之人從而稱之，史從而傳之，而天亦厚其報以與之。然後知詩書之所云者，亦語其常焉而已。史之所載陳嬰、王陵之母，寡婦清以及許允婦、陶侃之母之流，或深識天下之勢，以决去就而保功名；或擅大利以自衛，至抗禮萬乘而名顯天下；即不及是，亦且臨患難而不動其色，處困窮而克濟其業，咸以才識之勝人，冠巾幗而垂無窮。若之數女子者，令其易地而處，則未必各得合其遇於一人，則固未有兼長者也。余年伯母田太孺人，始從宦麗水半載而殞所天。當是之時，內外沸然，錢穀出納之事，簿領縱横，移檄旁午，代者故難之。夫今天下起書生，不習吏事，乾没雜出，不一二年而身受其困，官敗名辱，羈累相繼者，往往是也。太孺人以一女子，雪涕起苫寢之中，收其文籍會計其徵解出入之數，豪胥猾吏瞪目咋舌，而莫可如何。卒請按於太守，慷慨庭質，不爽毫厘，事遂以脱。既而復有內難，太孺人涓然弭以恩術，及其事定，皆中區畫。凡此方於古之臨患難而不動其色者，其事較難焉。事定之後，心力卒瘏，雖有能者，汔可小息矣。然六年而長子余同年子綸舉於鄉，其明年成進士。又七年，而官中書舍人，以覃恩封如今號。先是一年，中子亦膺鄉薦，少者已爲諸生，并欻起而不可量。然則孺人之所操以治其家，興教其諸子者可知矣。此以方於古之處困窮而克濟其業者，其事有加焉。推是雖保功名而顯天下，其道將無以難之。而向之數女子者，且兼其德於一身也，雖然猶有説焉，以若孺人者，而以其子貴，以若子綸兄弟者，而以一第一命榮其親，即皆其固然焉耳。天之艱難困厄其於始者，至於如此其報之也，不亦難乎？今即益大其業，至於取尊官厚禄，而母氏以累封而益顯，猶是人事之所可爲者也。然則天之所以厚其報者，必以壽矣。他日，諸子并登於朝，兄唱弟和，功名鼎盛，而太孺人以黄髮兒齒，憑康伯之古几，乘安仁之板輿，逍遥百年以觀其成。而余亦得時以同籍之好，執猶子之禮，以拜於堂下，退而傳其事以爲後世模楷，請以今日爲之端，而有以信其必然也。

先太恭人行略

歲辛未〔一〕六月十六日酉時，吾母皇清誥封太恭人張太君卒。是時，雯在黔，一聞訃音，驚昏仆地，少蘇治喪禮。因痛念吾母生平七十七年中，遭大故苦節幾四十年，膝下不孝兄弟三人，雖次第成立，而數年來以游子他鄉，相見無期。貽慈懷倚閭之憂者，雯也。含殮之夕，霈、霦在旁，諸孫繞側，獨少雯一人，抱人子終天之憾者，雯也。雯不孝之罪，上通於天，萬死奚辭？今日，踉蹡萬里，奔喪歸來。嗚呼！庭幃已空，慈顏不復睹矣！仰天痛哭何益？即曲盡喪禮亦何益？其何以報罔極之萬一，唯願以身殉地下而已。能復搦管襞紙述吾母生平、苦節哉？然吾母，賢母也。求之史傳中不多見，世之以母德稱者亦莫或及。自不孝兄弟通籍多年，凡當代名公卿、海内賢士大夫，與不孝兄弟交游，贈答往來者，亦無不知小人有母，賢母也。敢不研泪和墨，以述其概。

先妣贈太夫人張氏，處士張公禎女。幼讀詩書，探論聖賢要旨，多所發明。及笄，歸先大夫蓼菴公。先大夫講學授生徒、出門交游，稱引古今通義，文章爾雅，實先妣太夫人佐助之。鷄鳴昧旦之詩，所以作也。事舅姑以孝，操井臼以勤，理蘋蘩以敬，御僕婢以慈，女箴婦德，靡弗該備。辛卯先大夫登賢書，壬辰成進士，癸巳任浙江麗水知縣。甲午，太夫人買舟南行。麗水殘邑，先大夫甫治半載，著循良名。未幾嬰疾。洎太夫人七月抵署，已不起。太夫人飲泣語家人曰：『今日捐生仗節吾何難？第間關四千餘里，扶櫬以歸，誰之責也？嫫嫫諸孤，又復誰依？揆之詩書大義，皆爲不可。且[二]錢穀交代，錙銖未清，故官骸骨妻孥不容脱去。余知所以待之矣。』取庫中支納册籍，藏之内室，手自書筭，不以屬人。及攝篆者果難之，太夫人毅然具辯詞，請太守盤察。太守王君崇銘坐縣堂，按册勾稽，太夫人條分縷晰，語家人執簿以進，質對鑿鑿，攝篆者俯首讋服。亟圖歸計，内患又作，群口呶呶，以厝柩山寺爲言。太夫人堅意不動，以恩感之，以道馭之，十月方得旋里。當是時，遭家不造可謂至矣，雖丈夫處此，鮮不房皇錯亂。太夫人以婦人經濟其間，神定識全，理明術善，卒得抱骸骨、保母子於四千里之外。非讀書曉大義，其孰能之？抵里後，課雯兄弟日嚴，一室之内，午夜篝燈，紡績聲、讀書聲、哭聲，三者而已。豪戚强族，横逆頻加，不以介意。如是六年，雯庚子舉於鄉，辛丑甲辰成進士。又六年，需丙午舉於鄉，己未成進士。雯初授推官，改中書，歷户、工曹郎，出爲江南提學、湖北督糧，由京卿填撫兩省。需[三]改庶吉士，官翰林編修，甲子典試河南。霖入庠食餼，充甲子科拔貢生。雯等先後成名，太夫人靦然色喜，而艱難困苦，澹樸自甘。叠膺榮封，一如布荆寒素。每歲夏秋，必習静村居，與農嫗相周旋，談鷄犬、桑麻、紡織、女紅諸事，農嫗晨夕款洽，亦忘其爲八座太夫人也。雯兩迎養於京邸，又迎養於句曲、吴門，太夫人頗厭喧雜，入署静卧，一事不預。年七十時，姻婭族間議爲太夫人稱壽。太夫人聞之止其事，詞曰：『示兒子雯等，汝昨來言，同里先達及學校鄉曲諸君子、父老謀欲醵錢置酒，合名作張，如昨歲壽蕭太夫人事，將以壽吾者。此亦親串盛心洽比雅事，吾安得不感。然揆之情禮，甚有所不可者。

今得詳爲汝曹言之。按禮，婦人無夫者，稱未亡人〔四〕。凡吉凶、交際之事不與，亦不爲主名。故《春秋》書：「紀履緰來逆女。」《公羊傳》曰：「紀有母，何以不稱母，母不通也。」何休學云：「婦人無外事，所以遠別也。」後世禮意寖失，殆有登堂拜母之事。戰國時，嚴仲子自觴聶政母前，且進百金爲壽，蓋任俠好交之流有所求而然耳。豈爲禮當如是耶？吾自汝父之没於官，携將細弱，千里扶櫬，含艱履戚三十餘年，闔户辟績，以禮自守，幸而汝曹皆得成立，叠膺封命，養我餘年。然此中嘗有隱痛。每當歲時膢臘，兒女滿前，牽衣嬉笑，輒怦怦心動，念汝父之不及見。故或中坐嘆息，或輟箸掩泪，蓋三十年於此矣。今一旦賓客填門，羊酒塞路，爲未亡人稱慶，未亡人尚可以言慶乎？三十年吉凶交際之事不與知，而今日更强我爲主名，其可謂之禮乎？導我以非禮，不足爲我慶，而適增我悲耳！且我何可以蕭太夫人比也？蕭太夫人年躋八十，於古謂之上壽。蕭封君即世不過十餘年，猶爲白首夫婦。汝父之亡，吾年未四十，今更三十一年，亦僅古之中壽耳，何可與同日語？且其子侍讀，里居已十七年，德高望重，善行及於鄉黨。德其子而慶及其母，宜也。汝曹中外薄宦，偶返家園，無善及人，而亦偃然受鄉先生、里父老之捧觴拜跪，其又何以爲情？頃者，米價翔貴，井里蕭然，親故素多貧乏。若復合錢市饌，爲未亡人進一日之甘，未亡人更罪戾是懼矣。汝曹備官於朝，宜曉大體，其詳思禮意，以安老人之情，爲我先事而婉辭之，惟勿忽也。』事遂止。太夫人遇事輒援引經史，以合乎大道，類如此。迨乎暮年，尤手不釋卷。於佛氏之書，亦時一涉覽，洞晰無疑義。工於詩，每脱稿，即焚弃無存。雯等丐讀亦不與，曰：『《詩》云「無非無儀，唯酒食是議」，婦道也。詩文之技，婦道無庸此爲也。吾不願諸女孫學之，故弗存耳。』間嘗從旁竊記，僅得《茹荼吟》絶句三十首，付諸梓，垂家乘中。太夫人生於明萬曆四十三年乙卯三月初九日丑時，卒於康熙三十年辛未六月十六日酉時。誦佛過午，微疾數刻而逝，人謂之善果云。女一人，子三人，孫八人，孫女六人，曾孫二人，曾孫女二人。卜吉康熙三十一年二月初十日，扶柩合葬於先大夫蓼菴公之墓。伏思不孝等蠢愚陋劣，舉無足以答母恩，伸母志者。而雯不孝之罪更上通於天，故母子不相見，死生隔别，回憶丁卯十月，吴門舟中竟成永訣！此後天涯萬里，忽忽四年，太夫人日有倚閭之憂，不孝雯遂抱終天之憾也，能不痛哉！嗚呼！『鮮民之生，不如死之久矣』，草土之軀，一息尚存，匍匐家庭，何以自解？惟祈大人先生賜之誄詞，勒於片石，以垂世而行遠。吾母生平苦節，或藉文章以傳，則不孝有厚望焉。

【校注】

〔一〕辛未：指康熙三十年，一六九一年。

〔二〕兩本『且』後皆衍『也』字，文句不通。據本書卷三《家傳》篇删。

〔三〕需：道光本作『需』，民國本誤作『雯』。

〔四〕未亡人：《魏書·元順傳》引《禮》：『婦人夫喪，自稱未亡人。』

賜進士出身、户部尚書、文華殿大學士加一級、京口年侄張玉書頓首拜撰。

賜進士出身、通議大夫、太常寺少卿仍帶加五級、前日講官起居注、左右春坊庶子、司經局洗馬、兩奉命提督順天等處學政、右春坊右中允、《會典》《明史》纂修官、翰林院編修、己未科會試同考官、滿書庶吉士、門年眷侄李應廌〔一〕頓首拜篆額。

賜進士出身、文林郎、内府禮科掌印給事中、辛未科會試同考官、前兵科掌印給事中、工科給事中、翰林院庶吉士、年眷侄王紳〔二〕頓首拜書丹。

皇清誥封太恭人田母張太君墓志銘

余與中丞田公綸霞同舉進士，既官京師，以文章德業相砥礪。每浹旬輒一過從，因聞太恭人張，苦節懿行，讀書明大義，爲昔《女傳》中所僅見。綸霞自爲中翰，及視學江南十餘年間，未嘗一日不侍養官舍。嗣從湖北參議入爲鴻臚卿，特擢僉都御史，填撫三吴，太恭人適在里第。綸霞不以逾常格拜官爲喜，而以得遂迎養爲樂。逾年由吴入黔，又不以邊徼萬里爲遠道失意，而以不得晨夕視寢膳爲憂。撫黔四載，問安之使，歲凡數至，而太恭人忽以微疾逝，此綸霞所以見星遄奔，不禁噭然而悲也歟。今卜康熙三十一年春祔葬贈大夫蓼菴先生之墓，而寓書屬銘於余，余誼不敢辭。按狀：太恭人生世族，父處士禎教以禮法，既歸於田，修婦職惟謹。順治壬辰，贈大夫舉進士，明年知浙之麗水縣，甫半載，以中暑疾不起。太恭人檢括户税支納之數，手自籍記。會攝事者至留難更代，則上其籍於守。按之不爽銖絲，守大驚异，遂趣扶櫬歸。於時綸霞及兩弟皆幼，内難外釁，層見錯出，太恭人一力搘拄，卒莫敢侮。每夜分，以絡緯督諸孤誦讀，既罷輒相持以泣。比綸霞與弟雨來先後登第，太恭人乃輾然色喜，而持儉履約，不忞於素，所訓勉皆立身守官之道。綸霞歷仕二十餘年，以清節聞。在黔日，有苗帥被甲伏道左，曰：『夙仰公威德，願一識公。』近前叩首而去，其善政服物如此，皆太恭人之教也。太恭人博涉載籍，遺諸子書，證據經史，粲然成文。年七十，里鄙欲爲壽，戒諸子止之。其書尤傳於世，辭曰：『按禮，婦人無夫者，稱未亡人。凡吉凶之事，不與亦不爲主名。故《春秋》書：「紀履緰來逆女。」《公羊傳》曰：「紀有母乎？曰有。有則何以不稱母？母不通也。」何休注曰：「婦人無外事，所以遠別也。」後世禮義漸失，始有登堂拜母之事。戰國時，嚴仲子自觴聶政母前，且進百金爲壽，蓋任俠好交之流，有所求而然，豈禮當如是耶？吾自汝父殁於官，携持幼弱，數千里歸櫬。三十年來，闔户辟績，以禮自持。幸而汝曹皆得成立，四被恩命，養我餘年。而此中嘗切隱痛，每當歲時膢臘，兒女滿前，輒怦怦心動，念汝父之不及見。今一旦賓客填咽，羊肉相望，爲未亡人稱慶，未亡人尚可以言慶耶？三十年吉凶之事不與，而今更强我爲主名，其可謂之禮乎？導我以非禮不足爲我慶，適增悲怛耳！且汝曹中外薄宦，偶一入里門，無一善及人，而嚴然受鄉先生及諸父老之捧觴拜跽，未亡人益罪戾是懼矣！汝曹備官於朝，宜曉大體，其詳思禮意，爲我先事而婉辭之。』事遂止。夫世教衰而閨門之禮闕焉，弗講嚬笑之不謹，威儀之不攝馴，至蕩閑軼矩流爲喪德敗俗，而蔑有底止。太恭人守『婦人無外事』

之訓，而以叔季登堂拜母爲非，此當世士大夫所未深諳者，而太恭人兢兢辨之。非讀書明大義，安能若是？信乎其爲天下之賢母矣！太恭人之卒以康熙辛未六月十六日，距生乙卯享年七十有七。子三人，長雯，即綸霞，辛丑甲辰進士，歷官僉都御史、巡撫貴州。次需，即雨來，己未進士，官翰林編修，自綸霞撫吴，即請急里居奉母。次霦，拔貢生。女一人。孫九人：肇麗、貽麗、蔭麗、禮耕、合敬、我家、功諧、夢對、幼安。孫女六人。曾孫二人：元穀、山農。曾孫女二人。銘曰：

惟齊之田世澤昌，適有賢母長鍾祥。弱齡茹荼心盡傷，諸孤對泣如寒螿。矯矯勁翮爭翱翔，建牙珥筆名并揚。守禮不懈母德藏，教勤戒佚追敬姜。庇乃後嗣休無彊，夫子之宫永偕藏。

【校注】

〔一〕李應鷹（一六三九—一七〇四）：字諫臣，號愚庵，又號柱三，山東日照城太平橋（今日照市東港區）人。康熙十五年（一六七六）丙辰科進士，歷官順天學政、内閣學士兼禮部侍郎。康熙朝著名公卿、學者、書法家和詩人。

〔二〕王紳（？—一七〇六）：字公垂，河南省睢州（今河南省睢縣）人。康熙二十一年（一六八二）進士，改庶吉士，補工科給事中，升大理少卿，晋都察院左僉都御史，終官户部侍郎。康熙三十九年（一七〇〇）正月，田雯曾與王紳等同僚奉旨一起赴高堰督催河工。

張太恭人傳

張太恭人者，德州人，通《詩》《春秋傳》及群書，嫁爲田大夫妻。大夫順治中以進士知麗水縣，有能名，卒於官。恭人取廷中牘籍，勾稽驗覆，召管庫謹視賦徭所入，曰：『代者至，則必以是淹吾行，吾貧不能賂，庶謹備之。』後代者至，果以爲言。恭人牒太守請自臨察，太守王君來，坐縣堂上，恭人身自立堂下見太守，顧家僮持籍以進，太守按籍閱所入出，無一舛漏，代者屈，恭人得以大夫櫬行。當此時，恭人提其孤歸，數困於强豪。孤雯，予友也，爲予言曰：『雯母，師也。一室之内，十年之間，午夜篝燈，紡績聲、讀書聲、哭聲三者而已。』予聞之泣，泫然不自止。其後雯、需先後成進士，雯填撫三吴，移鎮黔；需在翰林；霦亦以文行選入太學：皆恭人所自教。年七十七，凡四進封以卒。恭人能文章、工詩，詩成輒焚弃，謂其孤：『無非無儀，唯酒食是議，《詩》之教也。』孤弗敢强，然猶傳其《茹荼吟》三十首，咏歌於士人。世之自以爲能詩者，卒亦莫之能及也。文多後悉取其稿燔之，今其存者，著一篇，蓋恭人年七十時，里黨爲恭人壽，恭人以戒其孤之辭。辭曰：『示雯輩：女昨來言，里中先進、學校鄉曲諸君子父老，謀欲醵錢置酒筵，合諸名家文詞，張屏幛，如前歲壽藟太夫人事，將以壽吾者。此親串盛心，洽比雅事，吾烏能無感？然自度有甚不可者，今得詳爲女曹言之。按《禮》，婦人無夫者，稱未亡人，凡吉凶交際之事，不與亦不爲主名。故《春秋》書：「紀履緰來逆女。」《公羊傳》曰：「紀有母，何以不稱母？母不通也。」何休學云：「婦人無外事，所以遠別也。」後世禮義失，始有登堂拜母之事。戰國時，嚴仲子自觴聶政母前，且進百金爲壽，蓋任俠好交之流，有所求而然耳。豈禮意當如是耶？吾自女父之没於官，携扶小弱，千里歸櫬，含艱履戚三十年餘。闔户辟績，以禮自守。幸女曹皆得成立，養我餘年。然此中長有隱痛。每歲時膢臘，兒女滿前，牽衣嬉笑，輒怦怦心動，念女父之不及見。故或中坐嘆息，或輟箸掩泪。今一旦賓客填門，羊酒塞路，爲未亡人稱慶，未亡人尚可以言慶乎？三十年吉凶交際之事不與知，而今日更强我爲主名，其可謂之禮乎？處我以非禮，不足爲我慶，而適增我悲耳！且我何可以蕭太夫人比也？蕭太夫人年躋八十，於古謂之上壽。蕭封君即世不過十餘年，爲白首夫婦。女父之亡，吾年未四十，今更三十一年，亦僅古之中壽耳。何可以蕭太夫人比？且其子侍讀君居里已十七年，德望高，善行被於鄉黨。鄉黨德其子而慶及其母，宜也。女曹中外薄宦，偶歸里閭，無善及人，而亦偃然受鄉先生、里父老之捧觴拜跽，其又何以爲情？頃者米價翔涌，井邑蕭然，親故素多貧乏。若復合錢市饌，爲未亡人進一日之甘，未亡人更罪戾是懼矣！女曹官於朝，宜曉大體，其詳思禮意，以安老人之心，爲我先事而婉辭之，惟勿忽也。』其遇事引經傳，以合乎大道類如此，此皆其可爲傳者也。

贊曰：初，廷敬嘗私怪雯在京師時，獨久從予游，日以其所爲詩若文來，廷敬居西街，雯亦徙西街居。既乃知恭人之教命然也。昔敬姜見文伯之友，降階却行，奉劍正履，召而數之，以其所與游皆媚事己者。文伯謝而擇友，引衽攘捲親饋事之，甚至君子謂文伯之母『備於教化』。予於友無能爲益，然亦自信非媚事人者。是以恭人樂得爲其子友與，若子輿氏見俎豆揖讓之事而悅之，母曰：『此真可以居吾子。』予則不敢援是以爲比。雖然，恭人之賢，豈遂遠於孟母也哉？賜進士出身、光禄大夫、經筵講官、刑部尚書加二級、年家眷晚生澤州陳廷敬〔一〕拜撰。

【校注】

〔一〕陳廷敬（一六四〇—一七一二）：原名敬，字子端，號悦岩、午亭，山西澤州人。順治十五年（一六五八）進士，選庶吉士，授檢討，官至文淵閣大學士，兼吏部尚書。謚文貞。詩文爲王士禛、汪琬所推重，論詩宗杜甫，著有《午亭文編》五十卷，《午亭詩評》二卷，《杜律詩話》二卷。康熙十五年（一六七六），田雯與陳廷敬同官京師，共住鐵鶴巷，同研詩文，交往密切，田雯有五言絶句詩《同陳學士論詩二首》。

皇清誥封太恭人田母張太君墓表

母張氏，德州儒家女，父曰禎。母之幼也，女紅之外教以書史，輒能通知大義。笄歸於田，齊魯間所稱蓼菴先生者也。先生講學濟北，開門授生徒，號爲經師，母閫中實佐助之。先生以順治辛卯舉於鄉，壬辰登第，知浙之麗水縣。未幾屬疾不起，母泣曰：『今相從地下易耳。旅殯千里，孰爲歸之？藐兹諸孤，孰鞠育之？況錢穀事關國帑，錙銖弗清，雖欲歸骨丘壟，庸可冀乎？死易，存孤難。吾知所以自處矣。』髽踴稍間，則取倉庫册領，勾稽籌算，年經月緯，具有調理，不以假胥吏。既而攝篆者果難之，母手自削牘，請太守盤察。處州守王君臨縣，母以尺籍進，攝者俯首服，無以難也。乃得携諸孤間關四千里，扶櫬以歸。歸督諸子讀書，而身自紡績，往往至戊夜。長子中丞雯、中子太史需相繼登朝，居華要，母四膺誥封，稱太恭人，翔貴矣。荆布蕭然，不改其素。亦不樂居城市，夏秋輒村居，與農嫗談田家事爲娱樂。中丞撫吴、撫黔，太史在翰林，母數誡以守官清勤，上報國恩。甘旨之外，絲毫不以累諸子，故兩子皆能於其職爲名臣。母年七十，親鄙議稱壽。母聞之，以書示諸子曰：『女昨來言，里中先達及學校父老，謀欲醵錢作爲屏幛，爲吾壽者，此親串盛心。然揆諸情禮，則甚有所不可，今詳爲女曹言之。按《禮》，婦人無夫，稱未亡人，凡吉凶交際之事不與，不爲主名。故《春秋》書：「紀履緰來逆女。」《公羊傳》曰：「紀有母，何以不稱母？母不通也。」何休學云：「婦人無外事，所以遠别也。」後世禮意浸失，始有登堂拜母之事。戰國時，嚴仲子自觴聶政母前，進百金爲壽，此蓋任俠之流有所求而然耳，豈爲禮當如是耶？吾自汝父殁於官，提携細弱，千里扶櫬，含辛茹蘗，三十餘年閫户辟績，以禮自守。今幸女曹皆成立，四膺封命，足慰餘年。然此中嘗有隱痛。歲時膢臘，兒女滿前，牽衣嬉笑，輒怦怦心動，念汝父之不及見。故或中坐嘆息，或輟箸而悲，蓋三十年於此矣。三十年吉凶交際之事不與知，而今更强我爲主名，其可謂之禮乎？頃者，米價踴貴，井里蕭然，親故素多貧乏。若復合錢市纂，爲未亡人進一日之甘，是重吾戾矣。女曹備官於朝，宜曉大體，其詳思禮意以安老人之情，惟勿忽也。』其言必合經，動必循禮，類如此。少工詩，脱稿即焚弃，曰：『吾不願諸女孫效之也。』所存惟《茹荼吟》三十章，諸子刻附家乘。予觀《春秋外傳》所載魯敬姜之事，博達知禮，可謂賢矣。故仲尼予之以爲别於男女之禮。師亥曰：『謀而不犯，微而昭矣。歌以咏之，度於法矣。』故敬姜之賢，古今不再覯也。考母行事，抑豈有恧焉？其爲聖人之所予必矣。子三人，雯，辛丑甲辰進士，累官巡撫江南、貴州，都察院右僉都御史；需，己未進士，官翰林編修；霦，恩拔貢生。女一人，適許裕。孫九人，曾孫二人。中丞君謀以康熙三十一年二月十日奉柩合葬於蓼菴先生之阡，而予爲其表。

賜進士出身，通議大夫，經筵講官，兵部督捕右侍郎，三朝國史副總裁，辛未科會試總裁，前都察院協理院事，左副都御史，詹事府少詹事兼翰林院侍講學士，欽命祭告南海，國子監祭酒，翰林院侍讀侍講，戊午科順天武鄉試、壬子科四川鄉試正主考，纂修《明史》，同郡王士禛頓首拜撰。

誄詞

檇李〔一〕浦越喬〔二〕曰：坤德順承，資生無迹。時至候起，劃然動闢。物藉含弘，家資善積。釀和醖美，蕃衍舄奕。有嬀之後，爽鳩舊宅。代有哲人，實多賢匹。堂構之隆，兆兹幃帟。猗太夫人，德才孔碩。智超軒冕，體囿巾幗。班管神針，言功什伯。齊眉勸學，鈎深探賾。插架連床，書淫傳癖。掇拾青紫，如彼弋獲。筮仕括蒼，温恭朝夕。吏絶苞苴，民安襏襫。子弟田疇，謳吟四溢。天降玉棺，俄焉飛舄。攝篆之奸，有同蜮蜮。含沙吹影，伺隙而螫。嗟嗟賢智，清神朗識。遘禍不憫，遇紛輒擘。乃召胥史，乃收圖籍。目披手會，載稽載核。狙猿罔遁，訴之畫戟。陰氣毒霧，涣然冰釋。丹旐飛揚，歸葬窀穸。爰訓三孤，焚膏挾策。憑以培風，豐之六翮。扶摇羊角，去天咫尺。三鳳儀廷，八龍奮迹。貤封洊至，煌煌翬翟。持盈戒滿，慈顔愬愬。醇謹貽謀，家風萬石。岳雲膚寸，崇朝遍澤。濟瀆潛行，潤及廣斥。窮巔溯源，滋培演繹。峻極穹窿，汪洋潮汐。執紼千行，攀號踴躄。長暮銜悲，百身莫借。誄以寄哀，作自吴客。

【校注】

〔一〕檇李：嘉興古稱。《春秋左氏傳·定公十四年》：『五月，於越敗吴於檇李。』杜注：『檇李，吴郡嘉興縣南醉李城。』

〔二〕浦越喬：生卒年不詳，字副工，一字敷功，號樗岡，今浙江嘉興人。據《嘉興府志》載，其爲國子監生，移居梅里，經學湛深，尤精史傳，曾南游滇黔，北歷燕代。著有《樗岡聊宣稿》《啾發稿》。

祭先太恭人文

吾母太恭人張太君既卒之明年壬申，卜筮仲春十日庚寅，舁靈軒於兆域，爰翳藏於寢城。乃於正月二十六日丙子之辰，先期家祭如禮。不孝雯等進羹飯，陳醴酒，奏樂，焚帛，禮成。嗚呼！不復定省於膝下，尚思昭告於几前。昔歐陽文忠有云：『祭而豐，不如養之薄也。』用是尋繹斯語，號慕咽泣，辭曰：悲母氏之不永，懷殷恤以摧傷。恧子職之多玷，痛聞誨之未央。庶黃耇之期頤，胡委我以夙喪？既怛怮而激切，遂割肝以絶腸。維先聖之遺訓，言仁者其壽長。嗟母氏之憂患，體豈弟以慈良。失延齡之報佑，獨何弃於穹蒼。閔于[一]小子，蚤罹孔艱。嚴考殞歿，孤在髫年。賴母氏之鞠育，心載矜而載憐。奉高堂以愛日，欸一旦而予捐。於穆母氏，令儀令色。俯厘絲枲，仰覽篇籍。和厚嚴剛，維德之極。嘆星隕於敦牂之歲，駭日墜於括蒼之陌。陵頹谷踴，水怒山惡。三光改度，五行迕錯。擁旒旌而跼蹐，遭風雨之噴薄。旅櫬遄歸，横逆交作。我㛹㛹其何依，仗義方之秉鐸。母氏聖善，恩斯勤斯，歷四十年，母也而師。帳藐諸之呆昧，曾無補於萱慈。雖有子猶無子，增吊者之欷歔。於穆母氏，大德莫掩。將葬有期，母魂不返。黼翣璀以陸離，帷幌紛其舒卷。望白雲之低垂，報春暉而恨晚。緬予考之即世，安宅兆於南阡。將納光於大幽，覆松楸以輪囷。黃壚密而無間，日月抱而潛淪。曜曜振振，神其遥駕。祼始獻終，三爵迎迓。子孫繞側，栖遲庭舍。云胡不顧，馭鸞而下。於呼哀哉！嗟鮮民之有生，廢蓼莪而泫然。悲思莫達於后坤，哭聲奚徹乎昊乾。尚饗！

【校注】

[一] 于：疑當作『予』。

禫祭告先妣文

霎大祥逾期，遺體平復，辟踴嗚咽，哀曷有窮，爰舉禫祭如禮。泚筆撫辭，告我母太恭人之神。夫人子之事親，宛宛嬰嬰，作乳稚語而已，不可以文。無如瞻望靈爽，囁嚅莫從，謹伏跽涕泗而言曰：苞屨扱衽，踐三秋兮。二十七月，叢愆尤兮。彈琴成聲，外除以周兮。縱縱折折，鼎鼎猶猶兮。敬上哀次，隕心抱憂兮。自丁閔凶，跧伏隘湫兮。二豎之鬼，向吾頷頭兮。晝揶魑魅，夜啼鵂鶹兮，硱磳〔一〕㱥殑，如魚中鉤兮。作噩之歲，黑海浮漚兮。有蛇兩首，訇哮陵丘兮。嗟彼嘉禾，食根者蝨兮。日者曰死，將納諸幽兮。悲擒傷詞，佛國涅游兮。鄉者逅灾，上帝訧兮。我母默護，神祇是求兮。拯殆立仆，庶幾有瘳兮。今復何恃，天道悠悠兮。忍死砭爇，龜蓍讎兮。埋首堊室，泪空流兮。組纓易服，役車休兮。禱母靈明，爲倪綢繆兮。魂兮魄兮，慈光永遒兮。兒衰不仕，卧菟裘兮。維母芘之，逍遥滄洲兮。再數餘年，日月修修兮。御櫪之下，七箸〔二〕投兮。手擷園蔬，薦清羞兮。戚無見齒，臯魚莫儔兮。加人一等，獻子誰侔兮。以號以呼，耳塞目瞀兮。痛慕罔極，寒風颼兮。凝睇斧堂，森檜楸兮。杲杲東曦，烏嘲啁兮。尚饗！

【校注】

〔一〕硱磳：兩本原作『硱䃃』。硱磳，高聳貌。

〔二〕『七箸』：當爲『匕箸』。

皇授文林郎翰林院編修先仲兄鹿關田公行狀

公諱需，姓田氏，字雨來，號鹿關，世家德州，先君仲子也。年十五，先君之官麗水，以道梗獨携公以行。未數月，先君即世，公侍先太夫人奉喪歸里。師長兄司農公學。及就試，受知宣城施公閏章，補學官弟子。爲文古淡沉刻，有先正風格。丙午〔一〕舉於鄉，己未〔二〕成進士。廷對洋洋數千言，深切時事。大學士宋文恪公〔三〕欲以首甲屬公，會有軋之者，置二甲第四，改庶吉士。辛酉御試第一，授官編修。是年遇覃恩，敕授文林郎。甲子典河南鄉試，所拔皆知名士。乙丑充纂修《明史》官。丙寅正月分修《幸魯盛典》，三月充《大清一統志》纂修官，分修《山西志》一卷。

丁卯春，染脾疾，入夏益劇，白院長庫公乞歸。庫以公資俸已深，固留公，公云：『人生有性命，而後有功名。性命今不可料，遑計身外物耶？』既得請，於六月抵里。自是息機杜門，誓墓不出，無復當世志矣。

公氣量超越，神姿濯秀。讀書穿穴經史，講求掌故。每謂：『此事當如躋勝千岩萬壑，杖履必經竹樹雲嵐。搜剔必盡，始暢山情稱游事矣。若略觀大意，不求甚解，是舞陽之啖彘肩，諸侯之觀壁上。惡得云柴桑不誤人耶？』復勤於編輯，遇有异見异聞，隨登札記，間取古人已事爲左證，或雜出己意論斷之。自甲戌至己卯，凡六年而成，書彙爲八卷，名《側塾録》，蓋取莊生曼衍意也。

公爲詩，用心獨苦，取法古人，不專一家。每有所作，句必潔，思必深，旬煅月煉而後成。所著有《潞河》《涉江》諸集，然獨藏之篋衍，不以示人，雖司農公亦未多見。歸田後，誅茅衛河之東，構鹿關精舍，貯書其中。每晨起掃地焚香，簾閣據几，從容洛誦，聲出林表。庭前遍植卉木，花時輒招客共賞。家居素儉，食無兼味。至是則酒清殽旨供俱雜陳，意在酬良辰耳，非盡爲客也。

平生慎交游，謹然諾，皭乎不滓，而亦不與俗忤。後生末契，南村素心，亦有其人。至欲與之開襟送抱，聲氣翕合，則了不可得。故無事乎孝標之論，叔夜之書矣。先君清白，遺霦兄弟無中人之産，家故貧。自公引疾退休，心計營殖，粗能自給，故服御蕭然，幾於寒畯。里居二十年，所服猶居官時服，每當寒暑更著，襞績如新。及易簀，命霦及二子即以是衣斂，其約於自奉如此。至癸未洊飢，人有請乞，倒廩傾囷，厭其意以去。初無人知，公亦不樂人知。嗚呼！好行其德，善不近名。公從前節衣縮食，蓋欲其所用之矣。公狷介自處，不通請謁，不入公府，惟閉户教子讀書。壬午車駕南巡，駐蹕德州，公從司農公朝於行在，賜御書唐人王維《白石灘詩》一幅，公於詩中標舉『水東』二字，屬霦擘窠作書，榜於草堂，紀君恩也。

公有先君遺田百餘畝，在屯氏河東。春秋佳日，巾車往還，與田夫野老相周旋，若忘其爲登大科、入玉堂者。人或以公資望深重，年未五旬，當乘時躋通顯。公笑曰：『黑髭入山，今白髮乃出山耶？』甲申秋，公忽病痢，侵尋五十餘日，自知不起，堅謝醫藥，預飭後事，毋佞佛，毋厚葬。彌留之傾，精神湛然，賦詩二章，有『不作拋泥帶水行，依然兄弟雁行期』之句，屬霦書成，諦觀良久，曰：『《側塾録》并詩當爲我付梓。』嗚呼！眉山未了願，結來生文字因緣，坦然回向。公雖不事佛乘，其有得於静定者深矣。公性孝友，宅先太夫人憂，由初終以至祥禫，動尊古禮，素清羸，多疾，雖衰毁弗顧。幼從司農公學，事兄如師。後官清華，年逾六十，曾不小异。公事司農甚謹，而司農則飲公以和。公愛霦甚篤，而待霦甚莊。霦曩時跅弛自喜，不能無子弟之過，而亦時爲公包容。嗚呼！白頭兄弟，長共相保。乃不數月，天奪其二。何降禍之酷至於斯極也！司農公寢疾，霦與公侍左右，晝則同視藥茗，夜則對床太息。及司農疾革，相向而哭。公執霦手曰：『長兄亡，吾自覺一慟傷情，即吾似亦未必久寓人間世者。』至秋，公疾作，霦又以侍司農公疾者侍公，而惶懼無措。顧影孑然，求如春日相對飲泣時，亦不可得矣。悲哉！公生於前明崇禎十三年庚辰九月十四日亥時，卒於康熙四十三年甲申九月二十八日申時，得年六十有五。配吕氏，贈孺人。繼配羅氏，封孺人。子二人：貽麗，例監生；徭家，州庠生。女二人，嫁蘇璥、李舟。孫二人：山農、澤農。先是司農公歿，屬公爲狀，公文辭蒼潔，與欒城之志端明，同爲得體。嗚乎！詎知今日，霦又狀公，顧霦小子忍狀公哉？但以公歸卧既久，不挂朝籍，平生志行，霦不略爲捃摭，後恐至於湮。且公於葬宜有銘，於墓宜有表。輒不自知迷謬，忍泪執筆，追維排纘，以質海内文章巨公銘公葬表公墓者，謹狀。

康熙四十三年十一月丙子弟霦拉泪狀。

【校注】

〔一〕丙午：指康熙五年，一六六六年。

〔二〕己未：指康熙十八年，一六七九年。

〔三〕宋文恪公：宋德宜（一六二六—一六八七），字右之，江南長洲（今江蘇蘇州）人。順治十二年（一六五五）乙未科進士，選庶吉士，授編修。累遷國子監祭酒、翰林院侍讀學士、内閣學士。

從弟南陔墓志

君姓田氏，名貽麗，字南陔，世家德州之崇五里。生於康熙乙巳年十二月初五日巳時。年十七，充博士弟子員，旋爲國子監生。卒於雍正己酉年七月初九日戌時，享年六十有五。君，先仲父鹿關公之冢子也，生四歲而喪母，天性至孝，叔母易簀時，曰：『娘寢耶。』依依守之弗去。及受含家人環哭，亦隨哭，涕泗横流，見者莫不太息泣下焉。兹後王母張太夫人撫之，予以先母夫人生子多殤，亦爲王母拊育，并列膝下，雖從兄弟猶同乳也。王母以弟提抱失恃，恩撫倍切，移置卧榻旁，省視周至，飽飢寒暖，惟恐少不得。其所居外，王母吕亦時爲昐睞。無母之戚，弟未曾嘗試之。吾家自曾王父以來，家規嚴肅，子之於父，弟之於兄，側行侍立，屏營踧踖，未敢輕於言笑，故一郡稱家法者，以吾家爲最。至仲父更爲嚴峻，弟自入庠授室而後，未嘗從容笑語，稍假詞色，每聞呼聲，恐懼囁嚅，瑟縮傁聽，諭畢即退，非召亦不數見。偶遇疾疴，惟向左右近侍偵探安好而已。仲父性高潔，坐卧室内不容纖塵。弟仰承志意，黎明而起，躬親洒掃廳事書齋，拂拭几榻，明净如洗。上而榱櫨，下而屋隅，以及階墀、院落，畚除清潔，靡有孑遺。雖盛寒、劇暑，率以爲常，仲父知與不知不問也。古人所謂事親養志，弟其庶幾歟。昔石建之於殳奮，竊問侍者，取親中裙厠牏，身自浣滌。司馬氏傳其孝行，照耀史册，以此擬之，抑豈异乎？夫人子之於親也，生養没哀，猶未也。爲之立身勵志，自成其名，以顯揚之。爲之和洽其門，内以順適之。爲之投其所嗜所好，以愉快之，猶未也。爲之執役，不避卑污服勞，不憚苦辛衝冒，霜雪烈日，以奔走之。嗟乎！凡今之人，孰非人子？反而思之，無其一焉。以視吾弟，寧不赧然有餘愧哉！仲父即世，其事繼母也，一如事父。母意微咈，雖顛毛種種，亦既抱孫必長跪以解，聞者咸以爲難。尤難者，一弟繼母出也，其於弟也，從無間言。吾見世之兄弟各母者，父在析産，父没於田於宅則較量美惡，分別肥窳，妄疑偏愛，逆計私藏，尺縷之末，斗粟之微，錐刀箕帚，靡所不争，以致母子相誶，婦姑相詬，伯仲相鬩，甚而構訟公庭，恬無顧惜。嗚呼！若吾弟者，豈易得哉！仲父之久殯也，予見弟即詢之曰：『襄事有期否？』弟俯首不語，若似有待者。予切責之，弟曰『唯唯』。遂南走金陵，求貸於通門，躡蹻二千里，虛橐而歸，竟致因循不克葬而卒。古云『收子弟不能無咎』，然卒甫三載，而弟之子山農上體父意，不謀於叔氏，奉祖并繼祖母羅孺人柩，大葬於曾祖麗水公之兆域，啓祖母吕孺人窆而合焉。有子如此，弟可以無憾。

然吾思仲父之靈，必有愜然於九原者。仲父之坳也，垂三十年。弟補衣糲食，謝絶交游，兢兢固守，以終其身。至於今廬舍依然，阡陌如故，次子冢孫并爲諸生，諸子姓讀書之聲，琅琅出户外。吾意仲父與叔母吕孺人夜臺之伉儷，執手慰勞，必欣欣然以爲幸，有此克家之子弟，可謂無忝於所生矣。

元室李氏，繼配趙氏合葬於雍正十年十一月初七日，再娶申氏。子四人：山農，趙氏出。力農、禮農、學農，申氏出。女一人，先卒。孫男二人：孖、金城。曾孫男一人：錫祜。先期山農謁予而言曰：『侄父將隨祖柩葬於墓次。知侄父者，莫如世父。知而能言之，亦莫如世父。敢乞世父志之。』予長弟四歲，回憶同侍王母，扶膝嬰嬉，恫如旦夕。予何忍辭？於是書其大者，俾山農伐石鐫之，藏諸隧道，以取徵後世焉。

誥授朝議大夫、户部江南清吏司郎中加一級，從兄肇麗撰。

香城先生自作墓志銘

德州田霡者，字子益，號樂園。晚年性愛蒔花，數帆亭右編籬爲界，以花緣之。采三教論『香城』二字榜於門，人故以香城先生稱之，非別號也。雍正戊申，先生年七十有六歲，既老且病，忽冷然而笑曰：『吾將爲諛墓者粉此面目矣。夫人之死也，非無墓志之難，而失其本然之患。柳子華、趙嘉、王績、杜牧諸君子，其先我而知者也。』爰亦操筆而自志。先生爲壬辰進士累贈通奉大夫麗水公第四子，母夫人張氏。十月而孤，四十而衰。兩兄皆位致通顯，先生獨貧賤以終老。然未嘗以貧賤自憐也。年十七入泮宫，三十四充選拔貢生。積二十年授堂邑教諭，辭不就。孟子曰：『人之患，在好爲人師。』先生志，猶是也。自是銷聲割迹，以詩自娱。數十年來，藉詩而投交者，不止陵州人矣。先生果知詩乎哉？目不窺曹、劉之墻，足不履潘、左、陶、謝之閾，即事吟咏，以道性情而已。何可以知詩許耶？杜少陵云：『論文笑自知。』非慧業人見不及此。先生性恬淡，既無一事以自豪，亦無一事以自下。身爲介弟公子，而識者比之隱士逸流，過矣。然則先生果無一長可取乎？觀其蓺菊，察天時，擇地利，勤栽培，剿蟲蠡，能使菊性與人性相合，人工與化工并運，此非先生之長乎？噫嘻！有此一長，亦云足矣！銘曰：

生若附贅，死若决瘤。言及風雅，重如山邱。身將逝矣，何怨何尤。痛哭者蟣虱，大笑者馬牛。自知自志，千載神留。

志係戊申年先君子自作。歲庚戌，先君子卒。今卜葬有日，將勒諸窀墓之石，謹將生卒年月并子女名數附列於後。先君子生於順治十年九月二十四日寅時，卒於雍正八年十一月二十日亥時，得年七十有八。門人謚曰『靖節先生』。配鄭孺人，子二人：蔭麗、髦士。女二人。孫五人：開、祈、至、淳、滋。孫女一人。曾孫四人：鶴孫、桐孫、壽孫、得孫。曾孫女三人。今以雍正九年二月二十七日，葬於城北第六屯之北原。

男蔭麗、髦士謹識。

行述

皇清敕贈文林郎内閣中書加一級顯考雪崖府君行述

嗚呼！痛哉！府君弃不孝瑛而逝也，日月奄忽，已逾小祥。不孝痛思泣血，不能從府君地下飲食居處，猶然自比於人，不如無生。顧念府君一生穆行純備而賫志以終，族黨之外，鮮有聞者。曩在京師，大人先生及四方文章之士之不弃不孝者，聞府君訃，咸徵訊生平，將製爲哀誄之詞。不孝苦塊昏迷，旋以奉櫬東歸，述狀多所漏略。兹卜於嘉慶二年九月二十四日，安葬州城南祖塋之次。若不及今哀紀，則不孝罪戾滋大，謹飲泣件繫如左。

府君姓田氏，諱廷梅，字君平，號雪崖。始祖植德公諱畹，由直隸棗强遷德州，遂世爲山東德州人。二世祖贈承德公諱禹民，州庠生，贈承德郎、户部主事；二世祖妣焦氏，封太安人。三世祖户部公諱三戒，明嘉靖癸丑進士，官户部雲南司主事，授承德郎；三世祖妣宋氏，封安人。四世祖文學公諱高，州庠生；四世祖妣丁氏。五世祖贈司寇公諱實栗，州庠生，崇祀鄉賢。六世祖麗水公諱緒宗，順治壬辰進士，官浙江麗水縣知縣，崇祀名宦鄉賢，并以我伯高祖山薑公貴，累贈通奉大夫，刑部左侍郎加一級。五世祖妣于氏、錢氏，六世祖妣張氏，并贈夫人。六世祖麗水公生三子，長爲我伯高祖山薑公諱雯，康熙甲辰進士，官户部左侍郎，誥授通奉大夫，崇祀鄉賢。次爲我高祖鹿關公諱需，康熙己未進士，翰林院編修，敕授文林郎，崇祀鄉賢。高祖妣呂氏敕贈孺人，羅氏敕封孺人。曾祖南陔公諱貽麗，附監生；曾祖妣李氏、趙氏、申氏。祖儒林公諱應宸，以不孝官貤贈文林郎、内閣中書加一級；祖妣王氏貤贈孺人。本生祖蕙圃公諱力農，本生祖妣李氏、趙氏、程氏。

府君爲先本生祖仲子，與我伯父、三叔父同爲李氏所出。幼而聰敏，五歲即讀書識文字，時我嗣祖儒林公即世，嗣祖妣王氏守制，請於先本生祖蕙圃公，願擇一人爲後，府君嗣焉。府君善事嗣祖妣，嗣祖妣視之亦如己出。迨嗣祖妣殁時，歷十餘年，晨昏奉侍，内外無間言，喪葬、祭祀無不竭情盡禮。嗣祖所生魏氏姑少府君四歲，府君視如手足，于歸時，奩具胥從厚，前後四十年，外人幾不知非同胞者。先姑殁矣，至今表弟妹輩猶稱舅與母之式好無尤也。本生祖蕙圃公家教最嚴，府君一秉庭訓，慎嚬笑，重然諾。凡立身行己、處事待人之道，時準於司馬溫公《家儀》、朱文公《訓學齋規》諸書。不孝自省人事以來，每聞府君提其要語以自箴，并督不孝誦習之，至今言猶在耳也。壬寅冬，本生祖蕙圃公捐賓客，府君遵例降服居廬，期年哀禮并至。本生祖妣李氏去世早，繼祖妣趙氏、程氏，府君事之如一。府君兄弟四人，友愛最篤，連屋而居，不以出嗣毫有分析。嘗自署堂名曰『荆堂』。戚黨咸韙之。我季父爲程氏出，年獨少，府君體愛尤至，易簀之夕，囑不孝曰：『汝繼祖母程氏在殯，汝歸當與汝諸父協力襄事，以妥先靈，吾目瞑矣。』府君天性肫摯，居心類如此。府君承嗣祖業田百有數十畝，婚姻、喪葬均於中取之，故家益貧。君府自奉儉約，親族急難問有所請，必爲推解。御下有規矩，衣食之資，則曲體其情，而施撫恤。故曾應役者，胥德之。府君早應童子試，緣中間叠遭衰期之喪，至二十八歲始冠軍入庠，攻舉子業十有餘年。精研理法，不屑時調。時同里名進士李星門先生諱世垣，以興安直隸州牧致仕，教授生徒，於府君特加青目焉。自乙酉歷辛卯，屢試棘闈，率以不合時體見黜，自此功名之志淡矣。然每歲猶講學授徒，并督不孝讀書課文。即不孝、從弟之長成者，亦時以績學力行勸勉之。每誡曰：『功名固定分，讀書不可少懈。不有得於身者，必有得於後也。』不孝於丙申年入庠，癸卯食餼。丙午中試本省鄉試。明年丁未，府君以不孝年弱初未遠行，親携不孝北上應禮部試。日飭不孝在寓讀書、習字，鄉試座主而外，不許輕投一刺。一日，過粉坊街北口，遇有白髮媼携幼孫，爲其子叩花棺木者，府君憐其孤獨，傾囊予之，不問姓名，亦不道己之姓名。其街坊之識府君者，到今稱之。府君未嘗以語人也。

不孝庚戌會試成進士，引見授内閣中書，府君聞報寄語不孝曰：『中書亦精秘之選，宜勉力供職，無負國恩。且吾家司農公即由薇垣起家，總不能仰承先業，亦以不墜家聲爲要。』不孝謹識之。府君以中書受祿小，不能給全家費。五六年中三至都，皆以家計旋歸，爲兒拮据，心力俱瘁。不孝以府君年登六秩，正宜頤養天年，屢以爲請。乙卯夏始至京邸，雖鬢髮微白，齒牙半落，而精神未衰。不孝率婦子環依膝下，方祝眉壽，無害愛日正長，詎意九月初旬染患時瘟，比及十月轉成脾胃之疾，延醫診治，旋效旋復。至十一月十八日丑時，竟弃不孝而逝。嗚呼！不孝自濫祿違養以來，久疏定省，茲得父子聚首不過七閱月，而大故遽膺，呼搶無及，不能頤養於平時，復不能補救於倉卒。擢髮之罪，百死其可贖耶？嗚呼！痛哉！

府君生於乾隆元年五月二十一日，卒於乾隆六十年十一月十八日，享年六十歲。覃恩敕贈文林郎、內閣中書加一級。配我母金太孺人，同里丙子科舉人、揀選知縣改授青城縣教諭諱述藩公女，覃恩敕封太孺人。子一即不孝瑛，丙午科舉人，庚戌科進士，內閣中書加一級。娶谷氏，陵縣鄉飲大賓、候補州同知，名嵩年公孫女，增貢生名朝蓍公女，先卒。繼娶盧氏，同里太學生諱炳勛公女。孫二：長本方，殤。次本治，幼聘李氏，同里附貢生名僧禔公女。

不孝哀亂回惑，語無倫次，伏冀當代立言君子，俯錫銘誄，以光泉壤。俾我府君生平、行實，得藉文章以傳，則不孝世世子孫感且不朽。

不孝孤哀子田瑛，泣血稽顙謹述。

賜進士及第、誥授奉直大夫、國子監司業、上書房行走、前翰林院編修、國史館纂修，乾隆丙午科鄉試欽命山東副考官、己酉科、庚戌科會試同考官加三級、紀録四次，通家弟邵玉清頓首拜填諱。

皇清誥封奉直大夫顯考若陵府君宜人顯妣李太君行述

嗚呼！吾父見背於辛巳之秋七月，未及半載，吾母又弃不孝而長逝矣。不孝孑身孤立，慘構惘凶，萬死奚辭，終天抱恨。方吾父之染疫也，晋以應試在省垣，一聞疾作踉蹌奔回。嗚呼！庭帷依然，音容不復睹矣。呼天籲帝，迄無響應。生人之慘，尚有慘於此者哉？即盡哀盡禮，究何以報罔極於萬一？顧念先大夫孝友孚於家庭，德行著於鄉里，望重四方，人稱長者，倘不忍死叙述，致先大夫志事無徵，則不孝之罪，愈不容逭。謹親族之所稱述，不孝之所省記，質陳崖略，望大人先生垂覽焉。

府君姓田氏，諱有麟，字若陵，一字詳處，先世真定人。始祖植德公諱畹，遷居德州，遂爲德州人。二始祖諱禹民，贈承德郎。三世祖諱三戒，前嘉靖癸丑進士，任户部雲南清吏司主政。四世祖諱高，州學生。五世祖諱實栗，講學不仕，崇祀鄉賢祠，門人謚『貞曜先生』，以高王父職贈刑部侍郎。六世祖諱緒宗，辛卯、壬辰聯捷進士，知浙江麗水縣事，有惠政，崇祀名宦鄉賢祠。七世祖爲高王父司農山薑公諱雯，庚子、辛丑聯捷進士，歷官户部左侍郎，授通奉大夫，欽賜祭葬，崇祀鄉賢祠。曾王父諱幼安，官廣東威城縣知縣。王父諱嘉謨，性蕭閑，不治生人産，愛遠游，足迹半海内。紀文達公贈詩云『一堂和氣貧能樂，四海行踪老更游』，蓋紀實也。壽八十有三。以不孝職贈奉直大夫，配周氏，贈宜人。舉男子三人，先大夫其仲也。

先大夫生而沉毅，言笑不苟。少入塾，諸童子不敢與嬉戲，讀書寓目成誦。業師從舅李曜上先生器其才，慫恿先外祖以女許字焉。乃遭家不造，先王母以沉疴三年不起，先大夫左右奉養，未嘗刻離床第，由是遂癈學。年十四，先王母即捐帨，先大夫煢煢無依，家徒四壁。稍長即隨侍先王父，遨游四方，楚雨燕雲，艱辛萬狀，貧故也。迨不孝生八年，先大夫曰：『吾後人不可以再失學矣。』自是晝與先伯父理治生之術，夜則課不孝讀。數年後，家漸裕，不孝亦食餼於庠。先大夫偕兄弟同侍先王父，一堂之中，晏如也。甲寅歲九月，先王父以疾終。先大夫經營喪葬，心力俱瘁。比葬後，而髮之白者十之七。先王父有宅一區，先大夫兄弟同居者，四十餘年。及兒子元春等生，食指日繁，不得已卜居於南城之西街。遷徙之日，一室之外，絲毫無所取。

蘇州吴姓者，自天津賃舟回籍，至州境無力南旋，沿街求乞。先大夫遇於塗，見其狀异之，人告以故，遂親詣河上察其情實，助以資斧，使之速歸。吴姓感泣，求識姓名，先大夫曰：『爾但速行，吾非望報者。』竟不之告，而生平亦未嘗向人言。族人有以子負人欠，將送之官者，先大夫往勸不聽，乃密托人俟之州署，攔其詞狀，仍向債主緩頰，事竟兩全而一無所損。

先叔高祖香城公《鬲津堂集》板數百頁，或以不全故，將售諸刻字者，先大夫曰：『全否姑不論，是先人之手澤也。』遂不惜重價購得之，至今猶什襲珍藏焉。族伯懋曾母子赤貧，先大夫嘗贍恤之。族伯死，遂總計其費，按時供衣食，數年如一日，死則備殯殮，既葬而後已。凡親族鄰里，有求必應。生平爲人買棺木者，數十次。爲人營房屋者，數十家。成就人之功名，排解人之急難者，指不勝屈。所謂好行其德善不近名者，非歟？先大夫爲人静默寡言，坐立有常度，雖終日未嘗傾倚。暇日則課諸孫讀。有考試者，則徘徊中庭，恒竟夜不寐。丙子年，元春舉於鄉，先大夫始囅然色喜，蓋數年來，節衣縮食，供給讀書，家務雖繁，從不累諸子孫。嗚呼！承先啓後，吾父之心良苦矣。方冀百歲康强，頤養得遂，詎意道光辛巳七月二十四日，偶感時疫，腹瀉數次，至二十七日，呼水至前，自起沐浴盥漱畢，奄然而逝。嗚呼！痛哉！先妣李太宜人，同里李公諱芳字馥公女，賦性端凝，年十九歸先大夫，治家有法，臨事能持大體。奉先王父以孝，處妯娌以和，接姊妹以禮，御僕婢以慈。女箴婦德，靡弗該備。先王父飲食必精潔，日奉甘旨，皆先妣手調以進。嘗隆冬定省，大雪擁門，自執箕帚掃除而行，手爲之盡腫。王父殁，佐先大夫經營喪葬，凡附身附棺毫無遺憾。先叔母鄒氏病篤，獨以息女囑宜人，宜人撫恤周至，無异己所出。先姑適張室，老年無依，宜人接至家。飲食、衣服必思所好，病則親奉湯藥，從未假婢子手。不孝元配李氏早逝，遺三子一女，繼娶張氏，遺一子一女，皆太宜人自爲撫養，迄於成立。先大夫治家嚴肅，太宜人柔順承顔，從無片語相觸犯，家人有過，必多方爲之遮掩，望先大夫色霽而後已。少時食貧，先大夫常隔歲不歸，太宜人率先姊及不孝，紡紝爲食。及老年兒女滿前，婢僕數輩，太宜人侍先大夫亦如荆布時。人以謂有古賢媛之風焉。乙亥冬，忽得痰疾，服藥年餘，漸次痊可。辛巳七月遭先大夫大故，太宜人猶自經畫，孰意十二月間，竟以微疾不食，三日而殁。嗚呼！痛哉！先大夫生於乾隆十三年正月初四日卯時，卒於道光元年七月二十七日卯時，享年七十有五。誥封奉直大夫、候選州同加二級。先妣李太君，誥封宜人。生於乾隆十二年三月初四日丑時，卒於道光元年十二月二十九日寅時，享年七十有六。子一人，即不孝晉，廪貢生，前後補復設訓導、現候選州同。娶李氏，乾隆丁卯經魁、任雲南大關同知加二級滋園公孫女，監生友鶴公女。繼娶張氏，景州候選布政司經歷德卿公女。

再繼娶張氏，景州廩生節莽公女。女一，適監生李公諱憲子文莊，早卒。孫男六人：長元春，癸酉科拔貢，丙子科舉人，現充右翼鑲紅旗覺羅學教習，娶候選從九謝公諱仲元女。次榮春，優廩生，早卒，娶廩貢生臨淄縣教諭趙公諱麗澤女。次正春，優廩生，娶庠生楊公諱近春女。次絢春，業儒，娶庠生陳公諱斗南女。次啟春，次兆春，俱幼。孫女二人：一適優廩生封其緯，一適監生趙堦。曾孫三人：榮春出者一，昂，聘故城舉人秘公諱鍾璠孫女。正春出者一，鄧；絢春出者一，昱，俱幼。曾孫女二人：元春出者一，絢春出者一，俱未字。泣卜於道光三年三月十三日申時，扶柩於南郭外祖塋之次安葬。不孝晋謭陋不文，語無倫次，惟當代立言君子俯加采録，賜之銘誄，勒於片石，以光泉壤，則不孝世世且不朽。

孤哀子田晋泣血謹述。

賜進士出身、翰林院編修加一級，年再侄王雲岫頓首拜填諱。

卷四

鄉賢録

濟南府德州儒學學正鄭猶龍、訓導劉應選爲名賢碩德，輿論交孚，懇乞轉申入祠，以光俎豆，以維風化事。康熙三十三年二月十三日，蒙本州帖文，據德州鄉宦陝西神木道副使陳洪謨，翰林院侍讀蕭惟豫，翰林院檢討孫勷，刑部雲南司郎中李浹，户部河南司員外郎謝重輝〔一〕，福建巡海僉事道羅暹，兵部武庫司主事羅遴，内閣中書舍人馮廷櫆，江西臨江府知府李濤，江南松江府知府李元瑨，江南長洲縣知縣孫繼，陝西隴西縣知縣盧道悦，江西鄱陽縣知縣陳念祖，候補國子監學正程彦直、趙珄、李森、謝端、趙善慶，舉人王新命、楊晟、張朝冕、謝珩、李棟，候補州同宋鏡，教諭訓導吕崑、張繼騫、魏誠、劉守基、馮滐、俞道斯、李澄、王運昌、趙玗、王延祚、劉景和、張朝棟、金廷遶、盧道和、俞帝臣、宋大年、馬純仁，貢生魏容、宋兆、李石瑀、魏丕承、王續、楊爾瞻、魏忻、劉同春、朱迓衡、蔡春齡、韓琚、楊肇祥、趙廷誥、盧孝餘、程彥頡、蕭廷桓、程彥穎、李元琛、李元堪、李身、李元琮、李元琪、吴天修、李奕烈、李舟，監生蕭承鄴、王葆真、金廷進、蕭承羲、李猶龍、任含章、金廷逵、孫雲上、馬照、魏國琪、李栻、馬純儒、劉允升、宋我年、程耘、劉溶、徐州俊、盧道源、宋岵、蕭廷掄、趙瓚、楊肇祺、馬任、楊君庸等呈前事。

呈稱：竊惟三物訓鄉，特隆孝友之目；四科程品，首推德行之儒。是以史册褒崇，必使幽光盡闡。若夫士林稱述，實爲清議可憑。伏見已故處士田諱實栗，以禮事親，有耻行己。居喪而疾痛哀毁，高子之泣血猶傳；愛弟則保抱携持，李氏之同衣再見。負郭二頃田不足，未聞學殖之荒；從游七十士有餘，共説德心可佩。身教半言教半，何分經師人師；可告天可告人，奚愧曰明曰旦。博文以約禮，右義而左仁。蚤夜焚香，盟寸心於衾影；正襟危坐，肅朝典於庭闈。邈矣！鄭都講之高風；卓哉！萬石君之躬行。三十年不入公府，獨立廉隅；一二語便解紛争，共服直道。歲時伏臘之會，敦詩説禮，率子弟以雍容；出入里閈之間，言物行恒，見學問之純粹。大雅復作，道統攸歸。望重臯夔，人號山中宰相；情忘牧豎，群奉吾家先生。迄今教澤在人，流風未墜。過竹竿之古巷，尚存數仞宫墻；謁董子之賢祠，如見當年履杖。蓬門遠市，榆柳蔭千木之廬；茅屋枕河，烟霞覆子真之谷。此固當日門人諸弟子謚曰『貞曜先生』。我朝五十年來，州郡學士大夫，交稱儒林長德者也。洪諫等幸同梓里，共籍陶成。或接道範於童年，依稀函丈；或深私淑於往哲，想像音容。伊人遠而溯洄莫從，景行至而仰止靡已。惜乎！曩時徵聘不及其門；允矣！後世蒸嘗宜祀於社。伏乞俯察月旦之評，用彰幽潛之德。轉行申請，奉主膠庠。則表厥懿美，休光不替於前賢；樹之楷模，效法永傳於奕禩。可勝激切矚望之至。

等情到州。據此又據德州德左二衛闔學廪增附生員封接隆、張綽、張中琦、劉夢祥、韓家瑞、蕭維今、張綱、李橋、董經、陳庸、經璇、羅藻玉、陳諫廷、崔德長、鄒瑾、程萃、郝益敬、方公嗣、王心一、魏慎、趙廷俊、魏紹休、宋鉽、張翼、宋謙、張維、張經、魯泓、張雲龍、李鴻、盧原留、宋棠、趙玫、李樫、顔光先、羅炌、宋雲龍、李整、許紫庭、宋雲鳳、袁澤、陳份、程先基、孫豸冠、宋其桐、顔希聖、盧道思、劉瀚、楊曰桂、魏元徵、羅紀、張問政、魏之豸、李崇、韓玫、李升、何可劭、魏紹僑、蕭承洙、羅蘅玉、盧良曾、吕延長、趙旭、曲逢吉、吕麟文、韓載、劉月瑶、鄭與僑、宋其楨、魏汝默、朱孔陽、張躍龍、趙如韓、陳發元、時元曠、魏泳、蕭維新、李雲、蕭承泗、魯國璋、鄭子羽、王琮、魯元謙、周達、李儼、桂璽、劉國棟、楊育化、劉清、杜文燦、牛文燿、余躍、張珍、張珖、趙希獻、魏潤、蓋壯猷、魏偉業、李聯馨、魏念增、蓋檑齡、李瀛、趙澍、陳仔、劉存仁、經六義、吕伯麟、朱耀彩、魯國瑛、程先進、趙時中、吕仲熊、李元瓚、李方焯、楊奉秀、梁汝楫、袁溥、孫磊、葉正夏、盧道行、梁仲、胡恭、王楷、何君顯、李協、張文蔚、張鵬翼、宋升、魏國華、趙廷詔、吕士毅、楊汝翼、周于洛、楊潤、魏大臨、陳見、李學泌、趙耀武、張大儒、程廷彦、劉文瑞、李世耀等呈，爲里賢爲群望所歸，祀社屬千秋大典，祈崇碩德，光俎豆以勵風教事。

呈稱：竊惟黌宫列祀，原以褒德。爲先黨序闡幽端，惟景行是尚。蓋生前行誼，既造詣乎升堂；斯没後表揚，遂參同乎入室。國有成憲，士擅潔修。伏見已故處士田諱實栗，兩間正氣，曠代名儒。比閭高月旦之評，學問貫天人之表。理大居敬，制行不愧伊川；動必存誠，立心無慚涑水。至孝根乎天性，竭菽水以承歡；真愛篤於因心，培荆枝而增茂。衡門蕭寂，不廢連床；修竹檀欒，惟生孝笋。禮雖貧而必備，喪以弱而能哀。寢苫枕塊，骨立成柴；泣血茹荼，言不見齒。安貧則淡薄以明志，力學則攻苦於下帷。庭中誦讀，雖漂麥其奚傷；道上謳吟，縱負薪而自若。博聞强記，傳經擅岳岳之名；起例發凡，譚史得齗齗之譽。春風絳帳，多士半在門墻；化雨青疇，沿溪悉植桃李。腹藏竹素，號曰金笥；手握松枝，稱爲都講。然而夙嬰板蕩，晚會仳離。甘息機以終年，擬達生而用老。結廬岡畔，遍髫髯〔二〕以知廉；載酒田間，合髦耋而致敬。鯉庭日永，作父兼之作師；栗里風高，種菊乃以種德。于公子弟，衆盡識其高門；石氏家風，無不稱爲長者。宗族伏臘之會，瓜葛重似丘山；鄉鄰昏暮之求，菽粟輕如水火。守身如執玉，不入公府者三十年；解紛若釋冰，相與質成者四五輩。淵渟岳峙，彦方善足服人；月霽風光，叔度量能容物。堪作人倫師表，實爲吾道典型。迨夫少微星孤，箕尾雲渺。嘆哲人之已萎，悲梁木其何從？接隆等生同桑梓，長挹德音。親炙者既以見而生欽，聞風者復由傳而興慕。當此風期日上之世，益思古道照人之顔。事有待而彌新，時經久而愈著。品行既備，表彰宜隆。伏祈遠稽德徽，俯聽輿誦，轉申上憲，置主膠序。則秋嘗春祀，千秋之俎豆攸光；而懦立頑廉，一代之風俗丕振。須此具呈各等情，具呈到州。據此，該卑職署理德州印務、樂陵縣知縣加二級姜植，看得表彰碩德，奉有憲行，誠以世教人心觀感所係也。際此盛世，有哲人已往，行乎月旦，而頌起德音者，闡發幽光之請，寧敢緩乎？如已故處士田諱實栗，存年六十九歲，於順治二年卒於正寢。其人道德備躬，懿美畢至。品望夙著於生前，羹墻益深於殁後。蓋棺論定，清議交孚。闔州紳士咸以置主入祠爲請，冀舉褒崇之典，聿增俎豆之光。卑職身在地方，理應申請，惟憲臺俯賜批允，以便遵行等情，於康熙三十二年十二月二十一日申詳。

提學道朱，蒙批據詳。已故處士田諱實栗，德孚衆望，言表行恒。孝友篤乎因心，學問窮於帳秘。樂道安貧，不事徇人枉己；家雍俗睦，群瞻霽月光風。桃李門墻，人文模楷。斯真堪光俎豆，用闡幽潛。准如紳士所請，置主崇祀，以維風化。繳等因於康熙三十三年二月初八日，詳批到州。蒙此，擬合就行，爲此帖仰儒學。該吏查照詳批及原文内事理，文到即將已故處士田諱實栗，置主崇祀，以維風化。仍先將應行典禮、入祠日期妥議具報，勿得遲延。速速。等因到學。蒙此遵照憲批及原文内事理，今妥議擇吉於康熙三十六年十月初二日，將已故處士田諱實栗，置主入祠，春秋崇祀。其應行典禮，開具清册，理合報明，爲此備由具申，伏乞照驗施行，須至申者。

維康熙三十六年，歲次丁丑十月辛亥朔越二日己酉，山東濟南府德州署州事、齊東縣知縣賈國楹，謹以剛鬣柔毛，瓣香清酤之儀，昭告於皇清處士貞曜先生田公之主，曰：一代偉人，篤生自天。其有依形而立，恃生而存，隨死而泯者，皆庸人俗子也。即名位顯於當時，功業垂於後世，而心迹或有异同，初終每多不合。令執筆者得以議其後，斯亦有幸不幸之嘆矣。若夫孝友至性，學術窮源，幽獨可以告天；步趨聿歸，先哲清操，孤芳不嫌其高。待人接物，咸本乎正。顯晦聽之時命，隱約不易素履。諸大夫皆曰賢人，都人士僉云長者。考其言，證其行，生前之月旦無差；追其風，沐其徽，没後之懷想更摯。此真道全德備之醇儒，古今所不可多覯者也。楹於先生深向往焉。先生事親以禮，居喪哀毁骨立，言不見齒，而保持弱弟，不忍刻離左右。先生天性之純，盡人能道之。秉質穎异，博極群書，凡二酉四庫之藏，無不探頤索隱，而於性理諸典籍，尤必究其宗旨。以故所言皆至道，所行皆至德。静而持己，凛旦明於匪懈，明道之治心也。動而誨人，闡洙泗之淵源，文中之设教也。歲時伏臘，惟聞詩禮。出入里閈，但見藹粹。伊川之每事，必以規矩，明道之接人，純是和氣也。至立廉隅，高風節，三十年不入公府。澹臺氏之懿範，猶得於曩時想見之。鄉鄰質成，片言冰釋，至有愧悔，弗忍使先生知者，魯連之排解歟，亦彦方之德化耳。其他甘淡泊，絶名利，急患難，濟困窮，終其身如一日。迄今徽容邈矣，而親炙儀型與聞風感發者，歷五十三年而倍著也。先生之入人深而起人慕，爲何如哉？楹生也晚，濫竽齊令，謬署州篆，見此邦多名公巨卿，亟欲得其積厚流光之由，而因以備悉先生之道德在躬，模範在世，合紳士耆庶而一轍焉，不禁喟然遐思，睪然高望曰：子明之作相，定國之爲廷尉，亦知其三槐手植、門閭高大之日，固宜興嗣續而振家聲乎？夫是以麟趾發祥，膏流麗水，不足爲先生榮；白雲典憲，黄閣貯才，不足爲先生貴。産瓊桂於秀閣，種玉樹於名園。繩繩蟄蟄，布滿階庭，不足爲先生异。而惟是潛德幽光，盡孚輿論；公崇享祀，陪食宫墻，庶足以尉先生在天之靈。而仁者昌，厚[三]則固，理之不爽者也。雖然先生天下士也，行將馥彤管之汗青，與晉徵士共垂不朽，豈止鄉社尸祝爲足以盡先生之德而已哉！楹幸逢大典，肅誠襄事，敬陳俚言，跪進清爵，神其不昧，洋洋鑒諸。尚饗！

維康熙丁丑年冬十月辛亥二日己酉，同里後學陳洪諫、蕭惟豫等謹以香帛庶羞〔四〕之儀，致祭於皇清處士貞曜先生、誥贈通奉大夫、刑部左侍郎田公之主，曰：嗚呼！山頹魯墟，風清鄭校。里傳仁義之鄉，俗重道德之號。禮器粲列於宮墻，俎豆馨香乎堂奥。東觀延子，圖形靈均之祠；會稽蕭丞，薦藻延陵之廟。史稱清逸，處士敻乎絕塵；古傳文行，先生卓爾同調。惟公楷模人倫，綱維名教。碩學該綜乎百家，精義探索乎衆妙。北方學者，趨絳帳以談經；魯國生徒，謁玄亭而問道。振宏議如雷鳴，薄浮詞爲蟬噪。顧天性纏綿，神情孤峭。腒鱐滫髓以養親，祥練虞禫以盡孝。吴處默之悲慟，鄰母愴懷；郭原平之精誠，鄉人易操。若夫塤篪義周，脊鴒情到。吕氏家法洋溢於有宋當年，盧姓門風流傳於北魏末造。卒之抱璞不逢，含章未曜。擁書萬卷，儘堪卒歲優游；位置一丘，不妨長年嘯傲。徜徉於雨幌烟籬，瀟灑乎棕鞋桐帽。桂結子以芬馡，竹生孫而窈窕。青青舊舍，甲第蟬聯乎雲衢；鬱鬱新阡，豐碑盤挐乎鸞誥。此則理無弗酬，德靡不報者也。同里後學陳洪諫、蕭惟豫等，沐浴遺風，景仰末照。東亭故後，魯傳敬道之書；西州來時，久輟羊曇之樂。不謂典刑猶存，豈但風流相悼。一杯古水，無由滴向重泉；數仞高堂，庶幾仰瞻廟貌。陳蔬脯兮雨冥冥，望靈旗兮風浩浩。憶哲人兮思無涯，懷名德兮爲誰告？永今夕兮，猶如見而如聞；歷千秋兮，共是則而是效。嗚呼！尚饗。

維康熙三十六年，歲在丁丑十月之吉，同里後學封接隆、張綽等，謹以牲牷清酌之儀，致享皇清處士貞曜先生田公之主，曰：烏呼！人亡模楷，禮墜文章。末學小子，步趨譸張。於休先生，示我周行。觀法自近，頌德彌長。流習沿失，罔識三本。先生孝友，依類以盡。喪葬尤虔，古禮是準。仁孝性成，恭敬而縛。耳學稗販，迂怪喧豗。先生傳經，齊固魯培。孔疏鄭箋，涵泳溯洄。群蒙撤蔀，厥家以開。文子之師，分章析句。先生之學，窮理是務。濂洛關閩，覃精極趣。排纂明儒，源流足據。史垂廿一，人擅其能。先生揚搉，不爽其衡。涑水紫陽，取法於經。悉其義例，卓有發明。乾乾其行，艮艮其守。公府絶迹，幽獨自糾。日曆紀動，嗽於帝右。視履考祥，内省不疚。體安弗處，易親難狎。反情而辨，道不苟合。周規折矩，人觀其法。純終領問，蠢迪檢押。親故罹咎，曲喻婉扶。里有㬎弟，交相爲愈。愧我忠告，式好如初。中孚所格，信及豚魚。家無宿偫，急病讓彝。推弟之餘，振人之饑。人賴以濟，弟忘其私。素履高風，叶於塤篪。神梎其趾，道在用晦。潛隱泌區，收明勤誨。談經掞藻，咸袪其䓬。雲路馳驅，接於項背。展也先生，惟志之求。含文燕處，不改其軥。冠仁服義，詩書好仇。樂天知命，泊乎無憂。終老於家，爲士作則。縉紳儒林，論道程節。其德不回，其光不匿。謚曰貞曜，三代遺直。文學不絶，鄒魯之門。宮〔五〕墻儐列，典型攸存。生爲鄉望，没推宿尊。侑享於兹，如川匯源。垂範在後，聖悦賢歆。陳其俎豆，薦以明禋。儒雅交贊，秩秩彬彬。效法勿替，瞻拜常新。尚饗！

維康熙三十六年，歲在强圉赤奮若月塞陽朔二日之吉，泮水澄澈，芹藻動色。故處士貞曜先生田公從祀於學宮。其孫鄉後學刑部左侍郎田雯、翰林院編修田需、拔貢生田霡，謹齋戒越宿，潔其牲牷，豐其黍稷，載之清酤，燔以束帛，致享於鄉祠諸先賢主位前，以大昭告妥先靈，爰爲辭曰：

洪濛剖判，太岱尊峙，啓其關鑰。斯文肇造，星烈雲霱，尼山秉鐸。予奪褒貶，魯史記事，以筆以削。宫墻數仞，榱題數尺，蝴蜎蠖濩。佑啓後哲，車服禮器，素風廣莫。九河灤帶，北五百里，達於繹幕。大儒間出，赫赫炎漢，長楊五柞。天人三策，正誼明道，驕王服諾。厭次之墟，歲星之精，古人可作。身長九尺，懷三千牘，其風丙焯。膠東後裔，江左搢笏，後先熠爚。寵辱不驚，脂韋無染，聲稱藉藉。唐之渤海，殺身成仁，冰淬其鍔。鍾乳金鏡，疊膺予賚，良言石藥。龜蒙梟嶧，鍾靈於鄒，遺澤未涸。延英奏對，詎類寒蟬，不鳴不躍。宋元繼世，股肱耳目，非一丘貉。折衝壯猷，視草韋度，代有習霍。馴至勝國，群賢接踵，增其式廓。豈伊時遘，羌乃世及，未爲寂寞。司寇平反，拔之行在，仰合睿略。囊有賜金，家無長物，清操不鑿。蔚蔚秩宗，克典三禮，罔弗祇若。密人不恭，司馬是職，遇諸盤錯。普彼坤維，俾天作則，道在地著。總綱肅紀，百僚是式，發蒙振落。節鉞既崇，藩宣亦固，素衣朱襮。嵩華之墟，參井之野，民鮮毒蠚。穆穆靈祇，我粢孔蠲，執事有恪。持牛之飲，不可以訓，嘉殽脾臄。王命三驅，輦車就牧，駕彼四牡。柏臺霜清，梧垣星燦，謇謇諤諤。農民司均，遷易金穀，痔乃錢鎛。祝鳩籌策，大屋小家，疆以周索。言題乎輿，載别其駕，周爰諏度。畀之神州，付以赤縣，廣求民瘼。博士秦官，簠簋是飭，經史炊酌。孝廉漢制，道不偶物，徵聘可却。義方之教，鞶帶錫之，如藝而穫。風水之痛，廬之於墓，枕塊藉蒻。昭代乘御，内安外攘，罔有洛澤。參臯之司，無遠弗屆，跕鳶浪泊。繄惟我祖，聿修厥德，詘豐守約。簞瓢陋巷，人否其憂，我適其樂。在衆逾寡，處言若默，濯之皭皭。心可告天，事不白人，俯仰無怍。皓首窮經，臯比都講，資之舞勺。魯國生徒，謚其先生，文而彌爍。迹有誄華，名以易著，蓋棺可托。不貢於鄉，爰祀之社，廉頑立弱。新廟奕奕，近聖人居，巍峨丹雘。先哲景從，高山仰止，獻酬交酢。望古遥集，其人斯在，謦欬猶昨。鐘鼓在縣，俎豆在列，盻蠁合漠。尚饗！

【校注】

〔一〕李浹與謝重輝二人職銜，當勾乙顛倒。李浹事迹見田雯《古歡堂集》卷三十七《銘表》之《奉政大夫陶菴李公墓志銘》，云：『以子元璠官授奉政大夫、工部屯田員外郎。』《清史列傳》卷七十《文苑傳》以及《四庫全書總目》謝重輝《杏村詩集》提要，皆言謝重輝『官刑部郎中』。二人職銜錯置深明。本文言李浹任員外郎在刑部，《古歡堂集》言員外郎在工部，未知孰是。

〔二〕髫：民國本作『髻』，據道光本作『髫』。髫髫，意爲幼年。

〔三〕厚：兩本皆作『後』，據文意當作『厚』。

〔四〕羞：道光本作『羞』，文中『香帛』『庶羞』爲古代祭禮之物。民國本作『差』，形近而誤。

〔五〕民國本作『公』，道光本作『宫』，今依道光本改。

鄉賢麗水公諱緒宗履歷事迹

計開

麗水公係順治辛卯科舉人，壬辰科進士。於順治十一年二月初九日，到浙江處州府麗水縣知縣任。莅政僅數月，潔己愛民，崇儒重士，頌聲大作。至七月初九日，以積勞卒於官署。麗人思之，歷久不忘，載在名宦。以子雯於康熙三十六年七月十九日，恭遇覃恩，贈通奉大夫、刑部左侍郎。康熙四十五年十二月初六日，奉學院趙批准入祠，擇吉於康熙四十六年二月二十日入祠。

一、性至孝。侍親側如嬰兒，讀書未終卷，必數起定省。飲食衣服必求豐備，雖家貧，亦必竭力營辦。比親喪，哭泣哀毁。每祭必痛久而不懈。讀《蓼〔一〕莪》之詩，悲不自禁，因自號蓼菴云。

一、能事繼母。壬辰成進士，擲選館職，以繼母錢太夫人偶病，遂不肯行。親侍左右，手調湯藥。比疾愈，而時已過矣。

一、能敦本。爲諸生時，家甚貧，遇族中有以長不能婚、貧不能葬來告者，必竭力轉貸以助之，未嘗有難色。

一、性至勤學。冬月讀書，寒不能支，繞屋徐行數百步復坐。夜則聚亂薪於几下，擁足苦讀書，恒至達旦不寐。

一、能正文體。覃思古學，爲舉子業，務成一家言。屢試場屋，以文奇見斥。人或規以諧時，卒不變。故其文真，積力久，卓然自立，爲後學法，師而成者甚衆。

一、能立品行。所與交游，惟一二積學躬行之士。至州郡，父母公祖等官及權勢之家，欲一識其面不可得也。

一、景行先賢。德郡爲漢董仲舒故里，唐顔真卿爲平原太守，醇儒忠臣异代同揆，創建合祠於衛河東岸，額曰『董顔書院』，士之讀書其地者，俎豆弗衰。

一、能教生徒。家貧教授，學有本源。弟子遍遠邇，先後登科名者甚衆。如翰林蕭惟豫輩，皆其受業門人。

一、能嚴家教。娶張夫人，相敬如賓。閨門雍肅，爲里人觀法。教子弟極有義方，田氏子孫莫不彬彬質有其文。子雯、需、霦，文章經濟俱蔚爲華國云。

一、言行克備。方少年爲諸生時，作《筮仕記》一編，於古之循吏、勸農、建學、士習、水利諸往事，無不周備。一出爲政，所行悉如記中語。甫三月，民歌曰：『邑侯清，婦子寧。邑侯廉，婦子安。』

一、爲循良吏。成進士後授麗水縣知縣，時兵火之後，號爲難治。能積土田均户口，不任胥役，民困得蘇。修通濟堰，灌田百餘頃，至今賴之。

一、能興學校。在任時，出俸修葺檡山宫，立麗澤大社。親課生徒，拔其文行兼優者，爲士子法式。迄今傳數十年，皆謳思不倦，祀之名宦焉。

一、在任善政甚多。以勤勞卒於任所，其詳載在麗水縣志。

【校注】

〔一〕蓼：民國本脱『蓼』字，據道光本補。

鄉賢司農公諱雯履歷事迹

計開

司農公，係順治庚子科舉人，康熙甲辰科進士。由内閣中書，户部福建司主事、雲南司員外，工部營繕、虞衡二司郎中，江南提學道按察使司僉事，湖北督糧道布政使司參議，光禄寺少卿，大理寺寺丞，鴻臚寺卿，江蘇、貴州巡撫，刑部侍郎至户部佐侍郎。於康熙四十一年正月，以脾病告假回籍調理。十月，聖祖仁皇帝南巡駐驛德州，奉旨以所著詩文進呈。於康熙四十三年二月二十三日病故。特賜祭葬銀兩，遣官讀文致祭。康熙四十五年二月二十二日，奉學院顧批准入祠。

一、早年失怙，侮患交作。晝則蒲伏公庭，夜則率仲弟篝燈誦讀。奮志攻苦十餘年，俱掇巍科，光大門閭。

一、登第之後，家苦貧乏，遠游負米以供孀親甘旨。

一、天性純孝。以父贈司寇因遠宦即世，未及奉養，每遇忌辰易服茹素，謝絶賓客，悲泣竟日，不异孺慕。

一、性嗜讀書。冥搜逖覽，典索墳籍，無所不窺。所著詩文，齊肩漢魏，方駕四唐。有《古歡堂》等集行世，海内稱山薑先生。

一、念州志闕略，著《長河志籍考》，州之文獻賴以不墜。

一、游宦所志，輒有著作。督漕湖北則有《楚儲未議》；巡撫貴州則有《黔書》；奉命勘河則有《觀水雜記》；欽命祭告中岳，則有《游太室》《桐柏山》《少林寺》《司空園》諸記；督理京省錢法，則有《寶泉局記》；在黔著《詩傳備義》八卷；歸田後，選自漢至明古今體詩曰《讀詩定本》八卷。

一、歷官四十載，所歷輒著偉績。視學江南，拔盡孤寒，淮揚[一]人士有『田聖人』之稱。督漕楚中，痛抉漕政諸弊，盡其根株。撫吴，下車即具《采買顔料》《蘆課辦銅》《挑濬丹陽運河》《練明湖田》四疏，皆奉俞旨允行，民生攸賴。去吴之日，吴人立長生位於虎邱山寺。撫黔三載，苗民安堵，野無盜驚。黔人立生祠祀之，歲時伏臘，至今不衰。

一、壬子年分校順天鄉試，丁丑年會試總裁，丁卯年江南、庚午年貴州兩任文武闈監臨。矢公矢慎，人不能以私相干。

一、家訓嚴肅。教諸子讀書，不易儒素，門外事毫不令其干預。

一、嚴飭僮僕，恪遵約束。除春秋輸租之外，不令其足至公門，亦從無名刺片紙達於官府。

一、因州西關河干上舊有董顔書院，公父於國初修葺，偕州人士弦誦其中。至康熙壬申年傾廢已久，遂捐資於城市内爽塏構祠特祠，用承先志，并祀漢東方朔、匡衡、蕭望之及前御史盧世漼，以崇正學。

一、以州學宫内鄉賢祠久廢，附諸主於明侍郎宋性祠内，乃捐資重修，爲文勒石，以光祀典。

一、因州城巽方舊有雁塔，載甲乙榜姓名。又南門内有歷科進士坊俱圮，捐資修復，補題本朝科名於坊塔，又作《題名記》鑱於塔上。

一、因州四十二年大水，四境告凶，道墐枕籍，仰體皇仁捐麥穀陸百石輸諸官廨，以活鄉里。

一、田産應輸租税，俱於春貳月全完。

一、惟事農業，不逐齊民末利。南關橋口從無錙銖，令人貿易，即此益見居官清操。

一、讀書見道，卓識達觀。十年前即卜壽藏，作《生志》，州人士欽其超曠，謂淵明、表聖，殆能兼之。

一、歸田後杜門謝客，著書教子，避迹陽穀村中，雖戚友未易望見顔色。敝廬粗糲，力崇儉約，自以還源返本，依然秀才曠懷恬致，州人矜式。

【校注】

〔一〕揚：兩本皆作『楊』，顯誤，應爲『揚』。

鄉賢太史公諱需履歷事迹

計開

太史公，係康熙丙午科舉人，己未科進士，授翰林院庶吉士。於康熙貳拾年御試第壹，改授編修。在任玖年，康熙貳拾陸年，以脾疾告假回籍調理。在職勤慎，居家孝友，閉户著書，動必循禮，遠近服其方正。康熙四十三年九月二十八日卒。康熙四十五年十二月初六日奉學院趙批准入祠。康熙四十六年貳月二十日入祠。

一、身居詞林，文名丕著。乙丑充纂修《明史》官，丙寅分修《幸魯盛典》，後充《大清一統志》纂修官。俱有成書，現存史館。

一、請假里居歷十餘年，朔望必具朝服設香案，望闕叩首，祝萬壽以戴君恩。

一、天性純孝。年甫十四隨父之任麗水縣。猝罹大故，内外沸然。煢煢孤幼，即能措拄奉喪而歸，躃踊盡禮，儼若成人。

一、里居宅母憂，由初終以至祥禫〔一〕，動遵古禮。素清羸〔二〕多疾，雖哀毁弗顧。及服闋，以墳墓爲念，不忍遠離，是以再請轉假，終未補官。

一、幼從長兄司農公學，事兄如師。後官清華，年逾陸拾，曾不小异。至撫育弱弟，愛之甚篤，然有過必規，不肯姑容。

一、内遵母訓，外承兄教，穿穴經史，馳騁典墳。丙午舉鄉薦。己未捷南宫，殿試二甲第四名，改庶吉士。辛酉御試第一，改授編修，遇覃恩敕授文林郎。

一、於康熙二十三年甲子科典試河南，矢公矢慎，所拔皆知名士，至今稱盛焉。

一、淡薄寧静，因病乞歸，院長以資俸已深，婉辭固留，弗顧也。

一、恭逢聖駕南巡，駐蹕德州，從兄司農公共朝於行在，賜御書一幅，就中標舉『水東』二字榜於草堂，賦詩四章以紀君恩。

一、氣量超越，神姿濯秀。自歸田後，構鹿關精舍，貯書其中。每晨起掃地焚香，簾閣據几，從容洛誦，聲出林表。著有《潞河集》《涉江集》《士服堂集》《側塾録》諸書，藏於家。

一、清白傳家。一裘十年，食無兼味。里中浮華子弟望而畏之，有黜奢崇儉之功。

一、重道義，慎交游。遇里中後學執經問業，則樂育不倦，一時名士盡出其門。

一、家訓嚴肅。教子讀書，門外事不許干預。

一、嚴飭僮僕，恪遵約束。除輸納租税外，不令其足至公門。從無片紙名刺達於官府。

一、仁及鄉黨。四十二年水灾，家無封殖，倒廪傾囷，以慰里閈請乞，因而生活者甚衆。

一、信道最篤，達觀一切。易簀時，賦詩二章，有『不作拖泥帶水行，依然兄弟雁行期』之句，蓋以距兄司農歿時只數月也。預飭後事，毋佞佛，毋厚葬。

一、生平無戲談，無惰容。非法不道，非禮不行。純孝無間，友恭兼至。文章事業，實爲名教之完人，人士所矜式。

【校注】

〔一〕 禫：道光本作「禪」，禫爲古代去除孝服時舉行的祭祀，一説爲喪禮後二十五個月舉行。民國本作「禪」，形近而誤。

〔二〕 羸：兩本皆作「羸」，當作「羸」，徑改。文中「清羸」者，清瘦羸弱義。

闔州共祭崇祀鄉賢文

維康熙四十六年歲次丁亥二月甲申朔，越二十日癸卯，闔州鄉里晚生劉遇亮、韓家珵等恭遇皇清誥封通奉大夫、刑部左侍郎，原任浙江麗水縣知縣田公暨次君太史公崇祀鄉賢祠。亮等夙沾弘恩，敬具瓣〔一〕香以告，曰：川岳降靈，衛水之陽。鍾毓名門，長發其祥。惟我田公，近世無雙。潔清自矢，整躬端莊。出宰麗水，政邁龔黃。海内矜式，德行文章。哲人獲報，厥後克昌。仲君紹美，翰苑爭芳。曲成後學，惠逮鄉邦。父作子述，言表行坊。隆崇鄉祠，俎豆有光。亮等忝係桑梓，受庇無疆。敬列生芻，恭晋三觴。神其有知，來格來嘗。愚誠叩獻，伏惟尚饗！

魏君桂　傅永輝　楊開勳　劉遇亮　韓家珵　李文慧　陳　力　陳諫龍　陳德榮　何鍾秀

韓更侯　陳調元　劉國柄　樊守才　陰育秀　趙光燦　李承基　田世臣　吴忠義　陳　正

孫　瑞　馬士秀　錢永貴　李成貴　李成俊　楊聖化　陳國屏　陳景蘭　郭耀宗　沈聞望

吴忠發　李顯虎　王友公　張國瑞　李文明　陳如璋　蕭維桐　魏朝禎　竇士英　崔憲榮

何　桂　張禄星　趙崇儒　李文舉　劉偉績　顧　言　劉家興　金思義　陳景汶　陳光祚

馮大賓　張文掄　陳立夏　黄光澤　張聖明　陳景榮　康安世　王　現　李易龍　陳廷謨

陳　沛　姜士龍　徐文炳　陳明德　楊德化　楊能化　左君珮　劉　方　劉子堪　杜雲翠

張爾統　李德隆　盧正隆　陳德馨　陳　玉　陳國儒　江維周　朱國翰　韓守禮　酒國杜

陳正鑑　馬光普　楊明揚　陳紹祖　張文成　祁唐臣　胡元赤　顔廷芳　齊兆先　趙雲龍

于天祥　劉仙洲　顧　泳　夏顯一　羅德潤　陳國瑞　楊美盛　丘躬行　王進思　高　禎

秦　强　化　富　婁文明　劉長春　王福才　陳士拔　馬梅元　王美公　何君庸　李　儒

吴殿卿　楊祥玉　何望樓　位　占　智承禎　張朝公　曹　淳　馬光俊

【校注】

〔一〕瓣：兩本皆作「辨」，當爲「瓣」。「瓣香」者，崇敬之義。

名宦〔一〕録

處州府麗水縣儒學爲邑令功績久著，永宜崇祀名宦，懇賜詳請以慰輿情，以光祀典事。據麗水縣舉貢士民王繼祖、金冕等呈稱，竊惟三代直道自在人心，下里輿情每昭公論，故政績之留遺不泯，至今深人繫思，而湛恩之感被難忘，异時不絶。傳誦彼風行南國，千秋垂召伯之棠。抑澤浹雷陽没世，表寇公之竹良。由德化遍作歌思，兹緣麗水故知縣田諱緒宗者，籍原山左，系本荆庭。靈毓泰山，秀出才華高崎峻；英鍾東海，聲流譽望匯朝宗。文章價重鷄林久矣，雄稱當世；名姓題標虎榜遐哉，杰冠一時。挹乃清標，允足高登翰苑；論其風度，尤宜遠到瀛洲。乃才非百里之倫，偶借牛刀；而煩錦製爰任受，一方之寄。即因蓮邑而作花封，甫下車而興利革弊。澤被閭閻，方視篆而禮士，重文思沛庠序。禁耗羨減徭役，民獲生全；勤課藝尚實修，士邀德造。盡心撫字，勞者逸而危者安；設法催科，官不歉而民不擾。流亡集而土田墾，四野永絶哀鴻；軍需急而供億繁，比户不費絲粟。而且重斯文之統，雅愛高名；因之式才士之廬，無辭屈已。故當日耆儒感遇，真同水鏡之知；抑斯時學者歸懷，奚啻斗山之仰。推兹宣化總期，善教得心本此。敷猷遂成，盡瘁以仕。政成未及於期月，化溥已在於九旬。使假以年，自永見兆民有賴；偏厄以運，已遽令此邦失依。迄今四十餘年，德愛在人未泯；以故百有十里，追思歷久常新。乃峴山之悲泪徒聞，祇成碑觸；而桐鄉之慰安無地，尚待祠栖。雖志册紀芳，已足流傳不朽；將德祀闕典，未爲昭報無窮。是用畢攄合志，希述公忱；仰懇轉詳上憲，允送名宦。俯采公論，薦之祠筵；與列名禋，光之俎豆。俾博碩肥腯得大享於春秋，令芬潔蘋蘩并同嘗於前哲。斯慰輿情之愛戴，德報能申；且徵公道之表揚，芳流不歇。爲此激切，連名上呈麗水縣儒學，看得前麗水縣令田諱緒宗者，山左名家，簪纓望族。順治年間，揚鞭杏苑，綰授蓮城，潔己愛民，崇儒禮士。莅任僅百日，愛戴已遍於閭閻[二]；迄今數十年，謳思未泯於父老。洵稱熙代循良，無愧斯民父母。在惠澤仁風，業經備載郡志；而光前式後，更宜崇祀黌宫。何殊峴首之墮泪，遺愛非止一時；不啻桐鄉之立祠，流芳應在奕[三]祀。兹據士民公籲，敢借表章片詞。擬諏吉日，應奉宦祠。用慰輿情，俾光祀典。擬合移報麗水縣知縣張建德，看得前令田諱緒宗者，文擅宗邦，惠流下邑。滿腹經綸，張弛已見一班；頑秀碩心，尸祝直將百世。比姬公之報政，速化不待三年；法尼父之宣猷，奉績無須期月。九旬之淪浹，此日如新；多士之謳思，豈云阿好。似宜俯順輿情，用昭祀典者也。據文申報處州府知府批。仰候轉詳繳布政使司布政司，看得故麗水縣知縣田緒宗者，山左英才，浙東賢令。堂堂京兆漢宫題柱之聲華，滚滚康莊稷下懸河之苗裔。名芳杏苑，早負濟時經世之才；職任蓮城，即有潔己愛民之譽。雖發硎未久，而製錦堪嘉。豈敢同中都，三月而過化存神；乃初試小邑，九旬而風行草偃。核其事迹，實可謳歌。當栝蒼歸化之初，正麗邑兵氛之後。學宫鞠爲茂草，獨興弦誦以課農桑；蔀屋共嘆苕華，能緩催科而勤撫字。心勞保障，力集流亡。雖物化已經多年，而去思如同一日。允宜列諸祀典，以表循良者也。

提督學院顔批：據詳，田故令清慎律躬，仁慈及物。當傷殘初起之際，安集有方；處饑饉洊加之餘，撫綏備至。既興賢以造士，復招携而勸農。九十日之恩德在民，四十年之謳歌不替。如斯廉勤著績，洵堪俎豆生輝。如詳崇祀，仍候督撫二院批示繳。巡撫都察院錢批：田令居官未久，乃有善政多端。既據該司覆勘，實與輿論僉同。如詳崇祀以風，有位可也。此繳總督福浙部院郭批。仰候撫學兩院批示繳。

【校注】

〔一〕宧：民國本作『官』，道光本作『宧』。

〔二〕間：道光本作『間』，民國本作『間』。

〔三〕奕：兩本皆在是字左加『礻』旁，無此字，爲『奕』之誤。本書卷四《鄉賢録》亦作『奕祀』，意爲『世代』之義。

節孝録〔一〕

德州廩生封保祺、增生魏時勉、附生顔錫澤，爲公舉節孝，懇請詳旌事。訪得節婦田蓋氏，係高家莊蓋聚仙女，生於乾隆四十二年。五十九年，十八歲歸於田璋爲嫡妻。夫病故，年二十九歲，守節已三十三年，理合將該氏事實履歷抄録清單呈閲。查氏夫勤學積勞成疾，氏侍湯葯必躬親之。夫疾篤，語氏曰：『汝能養親扶孤，吾目瞑矣！』氏泣受命。夫歿後，親老子幼，仰事俯畜，身心兼瘁。翁嘗患心氣病，奉侍維謹。姑曾染時症，久不愈，氏晝夜泣，衣不釋者數月。生子甫四歲而傷，遂以夫堂兄之子爲子，經理娶婦，生三孫，保抱携持，撫育倍至。經本學據闔學公呈，并該氏族人鄰佑甘結加粘印結，開造履歷事實清册，備文牒送等因到州核，與年例相符，復加具印結。詳請憲臺，伏乞照詳施行。

濟南府正堂侯爲執照事。本年七月十三日蒙布政司札付，道光十八年六月二十九日蒙巡撫部院兼理鹽政，經案驗道光十八年六月十六日准，禮部咨儀制司案呈禮科抄出，本部題覆山東德州節婦田蓋氏請旌一疏，道光十八年五月初六日題，本月初八日奉旨依儀欽遵到部抄録原題行文：該撫遵照辦〔二〕理可也，行文到府，蒙此擬合就行。爲此仰州官吏即便欽遵給銀建坊，其設位致祭之處，照定例遵行毋違，須至帖者。

【校注】

〔一〕篇名原無，據民國本書前總目録及卷四目録補。

〔二〕辮：兩本皆作『辦』，顯誤，應爲『辮』。

德州儒學廩生封保祺、增生魏時勉、附生李春霖，爲公舉節孝，懇請詳旌，以彰風化事。竊維勵俗莫先於旌善，維風必由於守貞。仰奉恩綸，首崇節義。近邀曠典，念切孤寒。惟朝廷仁溥澤寬，無遺孤寡；故草野履堅操潔，共表幽潛。茲有已故州人田礽之妻孫氏者，性侔松柏，志懔冰霜。姆教克嫻，夙習蘋蘩之節；女箴是式，不矜椒菊之銘。迨夫時際夭桃，禮成冰泮。衿鞶表潔，謹事尊姑；棗栗告虔，敬迎君舅。當青廬之交拜，惟白璧之雙擎。舉孟光之案，必敬必恭；饁冀缺之耕，如賓如友。孰意女士于歸，僅及十載；藁砧嬰疾，遽隔重泉。甘截髮以自明，誓捐軀而不顧。然而庭瞻椿樹，白〔二〕髮何依？城主芙蓉，朱顏早謝。痛就哀之二老，乃忍莅以重生。虔襄喪葬，悉本禮經。盡屏鉛華，用彰嬪則。至於撫侄爲子，以母兼師。蕙帳傳經，彈熊丸於月夜；蘭揩校字，揮荻畫於霜天。斯真承舅命以推恩，念夫言而繼志者矣。計氏孤寒夙業，偃蹇浮生。方其欲殉夫子也，二十八歲；而其甘爲孀婦也，三十八年。至嘉慶二十五年卒，年六十五歲。鑒此血誠，實閨閣之貞女；念茲高節，乃宇宙之完人。伏乞鐸教總持，鱣堂師表，移牒州主，轉達臺垣。

庶淑德之可彰，恩承嘉賚；俾賢聲以克著，榮焕天章。

【校注】

〔一〕白：兩本皆原作「曰」，當爲「白」，據文義徑改。

事實

一、本婦孫氏，係州人孫今藻〔一〕女，生於乾隆二十一年。乾隆三十八年，十八〔二〕歲，歸本州田礽爲嫡妻。乾隆四十八年，夫病故，年二十八歲孀居。嘉慶二十五年卒，年六十五歲。守節三十七年。

一、本婦事夫〔三〕十年，克勤克敬。夫患腿疾，湯藥薰洗必躬親之。夫卧床三年，備極辛苦，衣不解帶者累年。及歿，痛不欲生，因翁姑命，姑進粥水，遂以柏舟自誓。

一、本婦至孝性成。夫歿時，衰翁病姑，井臼親操，以婦兼子職。翁姑愛清潔，一茶一飯必親自調和，使物器用必磨拭以進。又翁姑於祀事爲虔誠，氏先意承志，器具供獻必整必潔，四十年如一日。

一、本婦於夫歿時，夫弟妹俱幼，家計窘迫，撫育維艱，氏提携保抱，皆以身任，拊養備至。至無子以侄爲嗣，顧復之恩有逾己出，教誨亦不少懈。

濟南府正堂侯爲知照事，本年七月十二日蒙布政司札付，道光十八年六月二十九日蒙巡撫部院兼理鹽政，經案驗道光十八年六月十六蒙禮部咨儀制司案，呈禮科抄出，本部題覆山東德州已故節婦田孫氏等請旌一疏，於道光十八年五月初六日題，本月初八日奉旨依議欽此欽遵到部。相應抄録原題行文，該撫遵照辦理可也。等因咨院行文到府，蒙此擬合就行。爲此仰州官吏即便欽遵給銀三十兩，聽本家自行建坊，設位致祭之處，照定例〔四〕遵行毋違，須至帖者。

【校注】

〔一〕藻：民國本作『操』，道光本作『藻』，據人名常例徑改。

〔二〕八：道光本作『八』，是。民國本作『九』。

〔三〕夫：兩本皆作『婦』，據文義徑改。

〔四〕例：道光本作『例』，民國本作『列』。

具呈德州學廩生封保祺、增生魏時勉、附生蕭鋆，爲公舉節孝，懇請詳旌，以彰風化事。竊維奉席執床，禮文乘訓。盥塵潔食，漢史傳箴。蓋陰教與陽教兼修，故婦職與子職并重。但使同心偕老，好逑賦淑女之章；何妨佐養無方，出汲提少君之瓮。惟際鏡鸞孤掩，釵鳳分飛。克矢志於青年，且完貞於白首。如已故廩生田榮春之妻趙氏者，德既懿恭，才尤淑慧。陋文章之飛白，遑摹秋菊之銘；勤肄業於女紅，常入春蠶之館。聽從婉娩，嫻姆儀於十年；奉養拮据，侍母疾者五載。人言女工不數關姬，僉料閫〔一〕儀無慚鍾氏。迨夫禮成反馬，吉叶占鳳。謁兩世之翁姑，搀一門之井臼。告虔榛栗，罔間夫夏清冬暖；效職蘋蘩，愴懷於春霜秋露。而且鹿車同挽，鴻案高擎。負薪如吴隱之妻，侍帳等秦嘉之婦。龍梭曉動，伴開笥以抽書；蚪漏宵傳，對横琴而佇月。方幸同牢三歲，互賡弋雁之詩；豈期飲恨重泉，忽唱離鸞之典。一庭慘淡，那堪樹倚相思；三徑蕭條，忍使藥名獨活。然而回瞻堂上，親已無依；俯視懷中，子方待哺。承歡誰代夫蘇韶，失怙更哀於仲穎。於是身留主饋，志釋摩笄。生而養没而葬，泪零黄土一抔〔二〕；授以詩教以書，腸斷青燈五夜。田能昆也，垂名子也。克家賴兹一綫之錦，瞑彼九泉之目。節誠懋矣，孝無虧焉。加以喜惡不形，柔嘉維則。飯翳〔三〕桑餓者，碗泛秔香；禮天竺先生，壇飄花雨。孰非福迓椿齡、味甘荼苦者哉？計氏飲冰三十載，茹蘗半生。志奉蘭幃，陳孝婦真能致養；灰殘畫荻，歐學士藉以成名。既流彤管之輝，宜樹金閨之望。伏乞芹官師表，槐市總持，牒送州侯，轉詳憲府，請錫恩於綸綍，用揚善於膠庠。庶幾慰彼貞心，俾無潛德。兹迪〔四〕彝教，咸式芳規矣。

計呈事實。

一、現存節婦田趙氏，係本州廩生、臨淄縣訓導趙麗澤之女，生於乾隆五十二年二月二十三日，於嘉慶八年適本州廩生田榮春。至嘉慶十一年，氏夫病故，氏年二十歲。守節三十二年，現年五十一歲。

一、氏夫好夜讀，漏下數刻不輟，以此致疾，賚志〔五〕以歿。氏每涕泣曰：『吾不怨夫之早死，怨夫之賚志而死也。』今常〔六〕以此言勵其子。

一、氏夫歿時，太翁姑及翁姑俱在堂，氏曰：『吾即孫也。晨昏吾代之侍奉，無缺禮。』太翁姑歿，一切含殮喪儀，皆氏與經畫。侍翁姑生事葬祭，亦如之。

一、氏孝性夙成，生無兄弟。母蕭氏得痰症，氏扶持抑搔，夜不解帶者，越五寒暑。父母喪，一切附衾附棺，必誠必信，無愧子職。

一、氏子昂幼時，氏即授以《詩》《書》，少隋則威以夏楚，偶出必問其所與游，深以比匪爲戒。今雖成人授室，不少寬假。

道光十七年□月□日。

【校注】

〔一〕闈儀：道光本作『閒儀』，民國本作『闈儀』。闈儀指婦女容止，契合文義。

〔二〕抔：道光本作『抔』，民國本作『杯』，形近而誤。

〔三〕翳：兩本原作『醫』，誤。當爲『翳』。文字『飯翳桑餓者』引用《左傳·宣公二年》趙盾於翳桑樹下給食餓者靈輒故事。

〔四〕兹迪：兩本原作『迪慈』。『兹迪彝教』，見《尚書·君奭》篇。

〔五〕賫志：兩本皆作『賫至』。當作『賫志』，賫志者，懷抱心志也。音近而訛。下句即有『賫志』一次使用。

〔六〕嘗：道光本作『嘗』，民國本作『常』。

賜進士出身文林郎浙江處州府麗水縣知縣累贈奉政大夫蓼菴田公年譜

公姓田氏，諱緒宗，字仿文，一字文起，號蓼菴。山東濟南府德州人。

始祖諱畹。

高祖諱禹民，贈承德郎、户部雲南司主事。

曾祖諱三戒，嘉靖癸丑進士，歷官户部雲南司主事。

祖諱高，州學生。

父諱實栗，州學生。

母于氏。

繼母錢氏。

明萬曆三十七年己酉正月十一日辰時，公生。

萬曆三十八年庚戌。

萬曆三十九年辛亥。

萬曆四十年壬子。

萬曆四十一年癸丑。

萬曆四十二年甲寅。

萬曆四十三年乙卯，公年七歲。始入小學，日記千餘言，不事嬉戲。

萬曆四十四年丙辰。

萬曆四十五年丁巳。

萬曆四十六年戊午。

萬曆四十七年己未。

萬曆四十八年庚申。

天啓元年辛酉。

天啓二年壬戌。

天啓三年癸亥。

天啓四年甲子。

天啓五年乙丑，公年十七歲。讀書家塾，倜儻自負，不屑伍里中兒。家貧苦學，冬夜擁薪足下禦寒，咿唔達旦。厭時文骫骳之習，覃思古學，爲舉子業，務成一家言。性嗜酒，戒不復飲。

天啓六年丙寅。

天啓七年丁卯。

崇禎元年戊辰。

崇禎二年己巳。

崇禎三年庚午，公年二十二歲。三月應試學使，句容李公喬拔識之，補州學生。同里張公禎器公，許以女妻公，四月納聘。

崇禎四年辛未，公年二十三歲。閏十一月娶今誥封太宜人張氏。

崇禎五年壬申，公年二十四歲。九月長女生。

崇禎六年癸酉，公年二十五歲。設教於桑園鎮。秋鄉試，文爲主司所賞，佹得而失。

崇禎七年甲戌，公年二十六歲。十月十六日，丁母于太夫人憂。

崇禎八年乙亥，公年二十七歲。五月長男雯生於桑園鎮。十二月二十八日，葬母于太夫人於城南先壠〔一〕。

崇禎九年丙子，公年二十八歲。秋鄉試，公服未闋。

崇禎十年丁丑。

崇禎十一年戊寅。

崇禎十二年己卯，公年三十一歲。秋鄉試不中。

崇禎十三年庚辰，公年三十二歲。九月，次男需生於桑園鎮。

崇禎十四年辛巳，公年三十三歲。設教鄉塾，曩在桑園十年，始返故居。

崇禎十五年壬午，公年三十四歲。秋鄉試不中。十月聞警，州城戒嚴，移居城内。

崇禎十六年癸未。

皇清順治元年甲申，公年三十六歲，即崇禎十七年。三月流賊陷京師，東方大亂。州人擁明寧藩裔朱帥欽爲濟王，徵公授以官，公巳然弗屑，避迹高津之西村。

順治二年乙酉，公年三十七歲。濟南諸州邑亂定，公出就有司試，學使大興房公澹菴之駭奇之，謂：『文有歸震川風味。』拔第一，食餼。五月二十二日，丁父憂。十二月二十六日葬。

順治三年丙戌，八月再行鄉試，公服未闋。

順治四年丁亥。

順治五年戊子，公年四十歲。秋鄉試，病，未赴。冬值寇變，是歲以長女嫁許裕。

順治六年己丑，公年四十一歲。十月叔滿所公卒。

順治七年庚寅，公年四十二歲。八月長男雯入泮。時從游日衆，公教之有繩尺。同里蕭侍讀惟豫自童子受業，輒以翰苑期之。

順治八年辛卯，公年四十三歲。二月，三男震生。公屢試場屋，以文奇見斥。人或規以諧時，嘆曰：『虎豹之斑，鳳凰翡翠之羽，貴其文异也。使吾文而猶夫人也，烏用吾文爲？』卒持之不變。秋舉於鄉，中式第十二名。受知户科給事蒲州杜公振門篤祜、樞部鉅鹿楊公賢甫時薦、莘令洪洞劉公澤泗蚤譽，同門六人，公爲冠。

順治九年壬辰，公年四十四歲。舉禮部，中式一百名。是科磨勘會試，革黜會元程可則等，改爲九十四名。受知學士武陵胡公此菴兑虞、大名成公青壇克鞏、檢討宛平章公紫儀雲鷺，同門二十三人，殿試鄒忠倚榜第三甲第二百三十四名，觀户部政。五月回籍。九月檄選館職。同年白乃貞約入京與試，公以繼母錢太夫人病未果行。甫登一第，家居食貧。追喪亂之多故〔二〕，抱罔極之深悲。往往讀《蓼莪》之詩，而流涕欲廢也，因號蓼菴云。

順治十年癸巳，公年四十五歲。九月四男霦生。州故廣川郡，舊有漢董子祠、讀書臺遺趾，荒圮不治久矣，公新之，立仲舒像於右，以唐平原守顔真卿配焉。集士之能文者，講學其中。八月謁選，授浙江處州府麗水縣知縣。

順治十一年甲午，公年四十六。二月赴麗水任。邑荒殘凋敝，催科紊亂，民苦之。公内外各置一簿，核計盈欠，吏不得上下手爲奸。其力役則造《烟居册》，按籍均傜，罔困貧寡。麗水學校巋然檡山之陽，昉自李鄴侯，而韓退之爲石記，兵燹傾廢。公至則新之，會諸生講業課藝，名曰麗澤大社。邑有通濟堰，蕭梁時所築，障松遂兩溪，水爲四十八派，灌田萬餘畝。後大水决堰，泉散土龜。公單騎往視之，曰：『創於昔而隳於今，如吾民何？』躬畚鍤復堰，民用利賴。初公將之官，作《筮仕記》一編，援古循吏以自勵，曰：『使吾行有弗協於是，弗敢爲也。』至是出爲政，無一不如其言。麗民歌曰：『邑侯清，鷄犬寧。邑侯廉，婦子安。』麗俗午日龍舟水嬉，公與温處道傅夢籲、知府王崇銘、推官趙霖吉，飲河上。暑熱啜寒泉，疾作。七月九日戌時卒，邑人哭罷市云。旅櫬間關歸於里，厝於室。康熙五年丙午十一月二十日葬於城南祖塋之北阡，酉山卯向。

【校注】

〔一〕壠：道光本作『壠』，民國本作『瓏』。

〔二〕故：民國本脱『故』字。

田氏著述名目記

記著述者，所以昭祖德、存世澤也。每見士大夫矜門第、誇世族，語及家傳，輒瞪目撟舌，不知所謂。始嘆古人著書所以貽爲弓冶者，意深矣。故國博公有句云：『所幸生我家，趨途尚云易。不幸生我家，捨此即匪類。』凡以戒我後人，當勉讀祖父之書，勿墜厥緒云爾。況祖功宗德，俱在遺編，縱不能箕裘接武，再振家聲，然睹遺編而感發懲創，古所謂溝壑之志，其庶幾不忘乎？但卷帙浩繁，勢難盡在。僅臚列名目，示我後人。知田氏世業青箱，非徒恃赤管懸名、標門第之久遠已也。

贈司寇公著《明儒案》四十卷。

麗水公著《筮仕記》一編。

張太夫人著《茹荼吟》絶句三十首。

司農公著《年譜》四卷，《古歡堂詩集》十五卷，《文集》十二卷，《黔書》二卷，《長河志籍考》十卷，《幼學編》《詩傳全題備義》《古歡堂各體讀詩訂本》《歷代古文選本》。

太史公著《水東草堂詩》《亦政堂詩廁塾録》《田子篋中稿》。

香城公著《鬲津草堂詩》。

朝議公著《有懷堂詩集》一卷、《文集》一卷，《南北史纂》《麻衣消寒録》《硯北猶存録》

《扈從記程》《拗體詩鈔》。

東潭公著《寧固堂詩》。

鑾儀公著《紅雨齋詩》《紅雨齋詞》。

國博公著《詩竹堂詩》二卷，《二學亭文涘》四卷，《晚香詞》三卷，《詩説》一卷，《詞説》一卷，《文説》三卷，《叢辨》三十二卷，《安德明詩選遺》一卷，《幼學續編》八卷，《詩竹堂歷代讀詩訂本》。

香孤公著《石南齋詩詞存稿》《磨礱頑鈍印譜》四册。

松堯公遺詩二章。

茹荼吟存藁

先慈太夫人善讀書，年七十餘手不釋卷，淹貫經史，旁及佛氏諸子。靡弗探其要旨、晰其疑義，每發一論議，輒於古人多所闡明，非儒生可及。工於詩，然不率作，偶一吟咏，甫脱藁，即焚弃無存，兒輩丐讀亦不與，曰：『《詩》云「無非無儀，唯酒食是議」，婦道也。詩文小技，婦道無庸此爲也。吾不願諸女孫效之，故弗存耳。』間嘗從旁竊記，僅存《茹荼吟》絶句三十首。付諸梓，以垂家乘中。嗚呼！慈顔不可復睹矣。覽兹篇什，能無深痛？辛未七月望日，兒雯沐手謹識。

題湘竹

腸斷湘江烟水昏，烏啼楓落不堪論。誰云風雨瀟瀟竹，獨染當年泣舜痕。

讀班昭傳

大家阿妹擅才名，東觀由來續史成。每向家庭頻灑泪，傷心往事孟堅兄。

年兄曾罹甲申之難，故及之。

二

世叔云亡四十年，一生大節正堪傳。何須誇耀文章手，只可長留女誡篇。

夜聽兒子讀書

迢迢午漏月痕生，寒火虚窗絡緯鳴。默坐秋堂聽不厭，蟲聲和以讀書聲。

示兒

一部楞嚴〔一〕户畫扃，木魚竹杖倚園屏。老人自覺修齋好，不爲兒曹講佛經。

課奴子種菜

除地種蔬一二段，澆畦汲水兩三丁。荒園底事成欣賞，小雨初晴菜甲青。

村中晚景

柴村落日鎖荒苔，老婢持絲換米回。績罷晚吹〔二〕課兒子，黑鴉一陣撲林來。

詠古

當壚滌器堪羞死，銅臭錢刀蕩子身。試看賃居舂米者，齊眉舉案是何人。

二

老頭皮在何妨隱，愛酒吟詩興可兼。楊朴妻賢留好語，女中亦自有陶潛。

丙申除夕

祭竈神前酒一卮，焚香拜跽亦多儀。小厨火滅霜閨寂，不卜昏燈鏡聽詞。

戊戌元旦

桃符爆竹滿門前，眼底春光意慘然。愁病交深經五載，難開笑口賀新年。

庚子喜長兒秋捷

六年辛苦事難陳，拚作支離憔悴人。今日寒門大僥幸，喜心倒極泪沾巾。

送長兒公車北上

如此春光將欲行，手中針綫倍含情。鶯花三月歸須早，試罷休停半日程。

丙午喜次兒秋捷

得意秋風八月槎，門多好事任喧嘩。老人静擁諸孫坐，細看庭前雙桂花。

戊申京邸示兒

金馬門前玉漏殘，經年索米向長安。悲歌莫逐荆高侣，且耐官同易水寒。

悼女婿許生

少壯隨余賦遠游，家園萬事嘆荒邱。可憐衹有中郎女，天上俄成白玉樓。

得次兒館選消息

蓬島清銜是翰林，書生叨受主恩深。父兄仕宦多辛苦，閲歷風波霜鬢侵。

句容署中

一帶青山雪徑封，白雲片片樹重重。葛洪井與鮑姑宅，住在華陽第幾峰？

二

數株松桂一園花，兀坐高樓曉日遮。纔上佛香煎岕茗，忽聞打鼓正排衙。

自句容歸里

流水青山在眼前，歸途恰值早春天。官貧一路無車馬，覓得江南鴨嘴船。

送長兒之楚

黄鶴樓前白浪生，江流滚滚鄂王城。倘從鸚鵡洲邊過，一吊才人禰正平。

二

烏鵲無枝月在天，曹瞞横槊大江船。奸雄幾落周郎手，快事長留赤壁邊。

三月大雪

滕六飛來花滿枝，啼鶯舞蝶暮春時。可知柳絮因風起，不是尋常比擬辭。

題畫

三間亭子一回廊，四壁風棚架木香。小扇輕羅誰氏女？全無閨訓撲螳螂。

受覃恩紀事

兩子功名次第逢，六年之内喜重重。何妨畫錦名堂額，黄帕香盤接誥封。

渡黄河有感

一曲中流瓠子歌，淮南落日渡黄河。不知底績司空日，銷盡金錢爾許多。

姑蘇署中作

春秋吴越吊興亡，蔓草空臺事可傷。響屧回廊歌舞夜，那知勾踐渡錢塘。

聞長兒調撫黔中

鬼方萬里是黔州，兒子銜恩汗漫游。愁爾音書天末隔，蠻烟瘴雨不須愁。

村中堂成演劇

荳架瓜籬逼兩厢，白茅爲宇土爲墻。抱孫村嫗群相賀，飯罷争看演孟姜。

病

七十餘年一病軀，誦經禮[三]佛費工夫。人生泡影真如夢，解得如來半偈無。

【校注】

〔一〕楞：道光本作『楞』，民國本作『楞』。

〔二〕吹：道光本作『吹』，民國本作『炊』。晚吹，晚風之義，詩義勝。

〔三〕禮：道光本作『禮』，民國本作『理』。

雯嘗謂人生有天幸焉，衣食靡闕，父兄足依，讀書明志，以禮自守，此天幸也。不幸而幼遭多故，壯歷風塵，涉世日深，機智日啓，恩怨是非，豈能盡泯於此。而欲學冬不爐、夏不扇、樹上生薑，烏可得乎？試以詰其本懷，决不如是。余所以回首傷心，老而遺憾也。家譜既成，復增家訓一卷，采摭前賢之言，録以爲戒子若孫，庶兢兢焉。雖然家傳昭垂，典型畢備，亦奚庸此枝贅爲也。若余之不肖，無足爲後人法矣。雯謹識。

植德公以農爲世業，蓋百工皆賤，最善曰農。古云『樹五穀』『是藨是蔉，必有豐年』。漢鄭康成所以不爲鄉嗇夫也。

承德公以文學起家，今二百餘年矣。紹述休風，不可不務讀書。貧而讀書，可以資生成名。富貴讀書，庶免鄙陋之誚。

菲飲食，薄衣服。其勖求君子之道，研究勿替，敬慎威儀，以近有德。若致聲稱，亦有榮於所生，可不深念耶！東漢鄭玄《戒子》。

福不虚至，禍亦易來。夙興夜寐，顧爾斯才。又曰：慎勿笞僮奴，此子亦人子。誠至言也。晋陶潛《诫子》。

多見士大夫耻涉農商，羞務工伎，射既不能穿札，筆則纔記姓名，飽食醉酒，忽忽無事，以此消日，以此終年。及有吉凶大事，議論得失，蒙然張口，如坐雲霧；公私宴集，談古賦詩，塞默低頭，欠伸而已。有識傍觀，代其入地。何惜數年勤學，長受一生愧辱哉！爲學猶種樹也，春翫其華，秋登其實。空守章句，但誦師言，施之世務，殆無一可。以上北齊顏之推《家訓》。

凡子弟必謹守禮法，僕婢之屬必授之以事，而責其成功。制財用之節，量入以爲出，稱家之有無，以給上下之衣食，及吉凶之費，皆有品節，裁省冗耗，禁止奢華，常須稍存贏餘，以備不虞。宋司馬光《涑水家儀》。

博弈、飲酒、追逐、玩好，與褻友肆談，惟意所欲，三五年未有不喪敗者。宋葉夢得《石林家訓》。

子孫才分有限，然不可不使讀書。貧則訓童蒙以給衣食，但書種不絶足矣。能布衣草履，以事農圃，足迹不入城市，大是佳事。關中村落，有魏鄭公莊，諸孫皆爲農。張浮休過之，吟云：『兒曹不識字，耕鑿魏公莊。』仕宦不可常，不仕則農，可無憾也。宋陸游《序訓》。

子弟須常低聲下氣，語言詳緩，衣冠潔整。尊長有所教督，低首聽受。或有過誤，不可强自分解，姑且隱嘿。宋朱熹《訓學齋規》。

居於鄉曲，輿馬衣服不可鮮華。蓋親故多貧者，見之羞澀，便生怨詈。

婢僕有過，既已鞭撻，而呼唤使令，辭色如常，則無他事。蓋小人受杖，方懷内怨，而主人怒不之釋，恐有輕生而自殘者。以上宋袁采《世範》。

婦人親姻頗多，除本房至親與相見外，餘并不許可見者，亦須子弟引導方入中門。金華鄭氏《家範》。

爲善易，避爲善之名難。不犯人易，犯而不校難。

以言傷人者，利於刀斧。以術傷人者，毒於虎狼。

耳不聞、目不親見者，不可從而言之。流言可以惑〔一〕衆。若文其言而貽後世，恐是非邪正失實。

語人之短不曰直，濟人之惡不曰義。

無瑕之玉，可以爲國寶。孝弟之子，可以爲家瑞。以上宋林逋《省心録》。

常有小不快事，是好消息。若事事趁心，即有大不趁心者在其後。知此理，可免怨尤。

人言果屬有因，深自悔責，返躬無愧，聽之而已。古人云：『何以止謗，曰無辨。辨愈力，則謗者愈巧。』

奴僕小過宜寬。若法應撲責，當即處分，不可憒憒作不了語。恐愚人危懼，致有他端。

遇人輕我，必是我無可重處。置珠玉於糞土，此妄人耳，不足較。若本是瓦礫，安望什襲？故君子必自反。

他人僮僕，遇我或不恭，如坐不起，騎不下，稱謂不如禮。彼與我無主僕之分，不足較也。若自己僮僕，須時戒飭之。

好説人陰事及閨門醜惡者，必遭奇禍。

將欲論人短長，先顧自己何若。

有必不可已之事，便須早作。日挨一日，未必後日之能如今日也。

人生學隨時進，如春花秋實，自有節次。少年時，志要果鋭，氣要發揚，但不越於禮足矣。不必收斂太早，若迂腐寂寞，譬如春行秋令，亦是不詳。

該作道學事，不必習道學腔。

絶葷是難事，亦且不必不食牛馬，不特殺似爲得中。

交游太廣，不止無益，往往多生是非。古人云『有一人知可以不恨』，以明知己之難也。逢人班荆，到處投轄，然則知己若是其多乎？不過聲氣浮慕，共爲豪舉耳。一事不如意，怨謗叢起，不如閉户擇交，自然得力。

風水之説有之乎？曰有之。興隆之家，必據勝地，其初不必有所擇也。常見人既富貴，廣延地師，移居遷葬，而家道反不如前。蓋福至則得吉壤，衰至則入凶地，人自修德以迓福耳。堪輿之權，烏能奪造化哉？

戲而不虐，詩人所稱。終日正襟莊語，即聖賢亦未必然。風流善謔，可以解頤。切勿互相譏誚，因戲成嫌。

每讀一書，且將他書藏過。讀畢再换，其心始專。

官糧必早輸納，每歲所入，先除此一項，餘者乃以他用。

人言某負恩、某不義，氣正不平，則爲援引一二嘉事以爲解。曰：『據伊平日所爲亦正道，今豈遂然？或出無心，不暇簡點，尋自悔矣。』訴者雖怒，必少平。若因其訴我，我遂述於我亦曾有負恩不義之事，則其人之過愈實，嫌隙遂成。

貌像不論好醜，終日讀書静坐，便有一種道氣可親。即一嚬一笑，亦覺有致。若恣肆失學，行同市井，縱美如冠玉，但覺面目可憎耳。

不孝不弟人，不可與爲友。彼於至親且薄，况他人乎？

三姑六婆，勿令入門，古人戒之嚴矣。蓋此輩或稱募化，或賣簪珥，或爲媒妁，或治疾病。專一傳播各家新聞以悦婦女，暗中盗哄財物尚是小事，常有誘爲不端，魘魅刁拐，種種非一，甚可畏也。

弟兄分居，是人生最不忍言之事。然亦多有勢不得不然者，如食指漸繁，人事漸廣，各有親戚交游，各人好尚不一。統於一人，恐難稱衆意。各行其志，又事無條理。况妯娌和睦者少，米鹽口語，易致參差，實不如分爨爲妥。果能友愛，正不關此。勉强聯絡，久必乖戾。

處怨易，處恩難。怨只包含便了，受人之恩，何時報稱？是以君子不輕受恩也。

凡應人接物，胸中要有分曉，外面須存渾厚。

言動文雅，須要自然。若過作身分，妄自矜裝，反不如本色家常，不招非笑。

人生不論貴賤，一日有一日合作之事。若飽食暖衣，無所事事，那得有好結果？

人品要兼文行。文人無行，固不足取。若村野農夫，儘有朴實者，遂謂之賢焉，可乎？夫子教弟子亦曰『則以學文』。蓋以行爲本，而文亦不〔二〕可少者。

和睦勤儉者，家必隆。乖戾驕奢者，家必敗。此理如操券，斷斷不爽，且驗之甚速。

揖讓周旋，雖是儀文，正以觀人之敬忽。宋儒云：『未有箕踞而不放肆者，其在少年，尤當斤斤守禮，不得一味真率。』

縱與人有相爭，只可就事論事，斷不可揭其祖父之短，揚其閨門之惡。此禍關殺身，非只有傷長厚已也。

優唱輩好嗤笑人，而敢爲無禮，此自下賤本色。其趨奉不足喜，怠慢不足怒也。

有一事不妥，後來必受此事之累。如器有隙者，必〔三〕漏也。

儉雖美德，然太儉則近慳。自度所處之地，如應享用十分者，只享用七八分，留不盡之意，以養福可也。慳吝太甚，自是田舍翁舉動，愚而鄙矣。以上廣平申涵光《荊園小語》。

送紙之説，荒謬不經，惡俗也。或謂如世間伍伯之類，勾攝而去，是以罪人視其親也。齊東野人所不道，而謂儒者信之乎？子孫披髮跣足，如追逋亡，其忍之乎？君子當急變此惡俗。

虔誦《金剛經》數十卷或數百卷，聊以從俗耳。每作法事，男婦聚觀，取水行香，醜態畢露。然梵唄之音，始盛於元魏六朝以下，豈東漢以前數千百年竟無一孝子慈孫耶？

今之誦者，紛然錯陳，爍然周道，一轉瞬間，都歸一燼。習俗如此，畢竟何益？或曰是惡可已也，存什之二三而已。又扮演雜劇、跳弄歌舞，名曰樂喪，然則喪可樂乎？亦不仁之甚者矣。以上故城沈無謀《藝語》。

【校注】

〔一〕惑：道光本作『惑』，民國本作『感』。

〔二〕不：民國本脱『不』字。

〔三〕必：道光本作『必』，原文出處《荊園小語》作『必』。民國本作『則』。

重續家譜記

《田氏家譜》自我高祖司農公創修於康熙己卯，從伯祖國博公重修於乾隆庚申。前後四十年間，祖孫作述，再經刊定。凡我田氏自前明遷德以來，所有恩命世澤與夫世表世系、昭穆伯仲之序，咸於是乎備。自國博公歿後，距今百有餘年，子侄繁衍，支分派別。又以散處遠鄉，久不相見，或相見而不相識，如司農公譜序中所引蘇氏之言『一人之身分而至於途人』者。因念嘉慶己巳、庚午間，從堂兄鈍吟有志增修，搜訪編録，甫經脱稿，適選泗水教諭，欲赴任而疾作，賫志以歿。迨至道光辛卯，堂侄元春赴平羅任時，携前稿以行，意將刊。至任所乃未數月，遽罹其父之喪，旋因病卒，而前稿亦不知何往矣。噫！是役也，從堂兄修之而未就，堂侄修之而又未就，家更多故，事敗垂成，遂蹉跎以至於今。一譜如此，他事可知。箕裘之世業奚存，風雅之家傳安在？俯仰今昔，余滋懼焉。今春祭掃之期，族人畢集，商以量力捐資共成此舉。人人踴躍，各無异言。乃命胞弟升、族侄春潤董其事，而考核世系，徵求遺文則責成侄孫大李。凡國博公所已修者，敬存其舊。新譜所宜增入者，不敢稍事疏略，以昭敬謹。鳩工於□月□日，至□月□日告竣，爰記其顛末如右。

歲次戊申□月□日，十一世益沭手敬識。

續修家譜書後

家之有譜，非第所以序昭穆、辨尊卑也。溯我先司農公創修前，先國博公繼修於後，垂訓後人。曰凡家譜應以三十年一修，則子姓輩名號，猶易知易能，故以此相示也。道光戊申年，復經我族叔曾祖允升公約同我祖沐堂公暨祖伯伯頫公等，遵照我四伯曾祖泗水公遺稿，添改而重修之，迄今九十餘年矣。民國紀元，國則改步改玉，城廂學校林立。奈吾族家道中落，竭力謀食，日求生活，尚虞不給。子弟讀書者，不啻鳳毛麟角。然人不讀書，義理未諳，祖德誰述。余年逾古稀，既老且病。平時雖有譜稿，又歷年所必須詳細厘正而更訂之。族弟小村深滋懼焉，就商於余。請將先人之嘉言懿行，口授而筆記之。庶不致年遠代湮，隨豐林茂草以銷沉。余聞之感動於中，聲泪俱下，爰筆而述之，曰：

『家譜之修，所以上述祖德，下聯族情，法良而意美也。』昔程正夫先生曾云：『卑幼到尊長家，皆自處於客位，上坐先行。甚至五服猶子，亦復如此。禮之不存，情於何有？』其言具有深意。又宋蒙泉先生《州乘餘聞》云：『一日與友偕行，見有二少年之舉動翩翩爾雅如此，其田氏子乎？及近果爲東潭、白巖也。』蓋其詩書教澤之入人者，深矣。余忝爲族長，愧無德，不足以感人；無才，不足以教人。撫心自疚，良用慊然。所幸於每逢歲除祭祠令節拜墓時，猶見吾子姓兄弟俱能誠敬將事。具此一點誠孝之心，尚有可冀於將來者，敢不將吾家先人之内外兩傳十六篇，濡毫而敬成之。矧吾家先世精研經學，先司農公著作宏富，考較湛深，海内知名，至今未泯。再證以鄉前輩宋蒙泉先生期許之言。後之人倘能瞻顧身家，仍當遵先人詩書繼世遺言，教子孫以讀書明理，庶可延此一脉之傳。是余所『中心藏之，何日忘之』哉！

民國丁丑年立夏前三日，十四世孫斆熏沐敬識。

附録

第一篇　田氏家族資料選録

雯，字紫綸，號山薑，德州人。康熙三年進士，授中書。先是中書以貲郎充，是年始改用進士，遂爲例。累遷工部郎中。督江南學政，所取士多异才。每按試，從兩騾，二僕隨之，戒有司勿供張。授湖廣督糧道，遷光禄寺卿，巡撫江寧，調貴州。時苗仲猖獗，粤督議會剿，雯謂：『制苗之法，犯則治之，否則防之而已，無庸動衆勞民也。』議遂寢。丁憂起，補刑部侍郎，調户部，以疾歸。康熙中，士禎負海内重名，其論詩主風調。雯負其縱横排奡之氣，欲以奇麗抗之。有《古歡堂集》。

——趙爾巽等撰：《清史稿》卷四百八十四《列傳二百七十一·文苑一》，中華書局一九九八年版，第三四一三頁。

田緒宗妻張，德州人。緒宗，順治九年進士，官浙江麗水知縣，有聲。卒官。張預戒管庫，謹視賦徭所入，發牘核其數。代者至，請知府臨察，無稍舛漏，乃持喪歸。教三子雯、需、霦，皆有文行。張通《詩》《春秋傳》，能文。

年七十，里黨將爲壽，誡諸子曰：『禮，婦人無夫者稱未亡人，凡吉凶交際之事不與，亦不爲主名，故《春秋》書「紀履緰來逆女」。《公羊傳》曰：「紀有母，何以不稱母？母不通也。」何休云：「婦人無外事，所以遠別也。」後世禮意失，始有登堂拜母之事。戰國時，嚴仲子自觴聶政母前，且進百金爲壽，蓋任俠好交之流有所求而然耳，豈禮意當如是耶？吾自汝父之殁於官，携扶小弱，千里歸櫬，含艱履戚三十年餘。闔户辟績，以禮自守，幸汝曹皆得成立，養我餘年。然此中長有隱痛，每歲時膢臘，兒女滿前，牽衣嬉笑，輒怦怦心動，念汝父之不及見，故或中坐嘆息，或輟箸掩泪。今一旦賓客填門，爲未亡人稱慶，未亡人尚可以言慶乎？三十年吉凶交際之事不與知，而今日更强我爲主名，其可謂之禮乎？處我以非禮，不足爲我慶，而適足增我悲耳。汝曹官於朝，宜曉大體，其詳思禮意以安老人之心！』

張年七十七而卒，有《茹荼集》。雯官至户部侍郎。

——趙爾巽等撰：《清史稿》卷五百八《列傳二百九十五·列女一》，中華書局一九九八年版，第三五八七頁。

《古歡堂集》三十六卷附《黔書》二卷《長河志籍考》十卷　兩江總督采進本

國朝田雯撰。雯，字子綸，一字綸霞，號山薑，德州人。康熙甲辰進士，授中書舍人，官至户部侍郎。是集凡文二十二卷，詩十四卷。當康熙中年，王士禛負海内重名，文士無不依附門墻，求假借其餘論。惟雯與任邱龐塏不相辨難，亦不相結納。塏《叢碧山房集》格律謹嚴，而才地稍弱。雯則天資高邁，記誦亦博，負其縱横排奡之氣，欲以奇麗駕士禛上。故詩文皆組織繁富，鍛煉刻苦，不肯規規作常語。趙執信作《談龍録》，嘗議其詩中無人。然偏師馳突，終能自成一隊，談藝者弗能廢也。附載《黔書》二卷，其爲貴州巡撫時作。又《長河志籍考》十卷。德州古廣川地，《隋書》避煬帝諱，改長河也。王士禛《居易録》嘗稱《黔書》篇不一格，有似《考工記》者，似《公》《穀》《檀弓》者，似《越絶書》者，如觀偃師化人之戲。然與《長河志籍考》，實皆祖郭憲《洞冥記》、王嘉《拾遺記》之體。是亦好奇之一證，存備文章之别格云爾。

——《四庫全書總目》卷一七三集部别集類二六，中華書局一九六五年版，第一五二六——一五二七頁。

鬲津草堂詩集 無卷數　山東巡撫采進本

國朝田霡撰。霡字子益，號樂園，又號香城居士，德州人。康熙丙寅拔貢生。授堂邑縣教諭，以病未赴。霡與兄雯、需并能詩。雯才調縱横，沿幾社之餘風，以奇偉巨麗自喜。與王士禛同郡同時，而隱然負氣不相下。士禛《池北偶談》中，載其服藥必取异名一事，亦陰不滿之。霡乃獨從士禛游。是編凡鬲津草堂五字古體詩一卷，五字今體詩一卷，皆士禛評而序之。序稱唐有詩不必建安黄初也，元和以後有詩不必神龍開元也，北宋有詩不必李杜高岑也，語蓋爲雯而發。又鬲津草堂絶句詩一卷，里人孫勷序之。序稱吾州近時前輩以詩名者，無間於時，余性不近詩，然嘗披編佩句之餘，亦或頗有所睹，於作者之旨，大都若格格於余懷，未能强以爲無間然也，語亦侵雯。然觀霡所作，雖密咏恬吟，成一邱一壑之趣，至才力富健，究不足以敵雯也。集後又有《菊隱集》一卷，《南游稿》一卷，總題曰《鬲津草堂七十以後詩》，黄越序之，稱其垂老所作，彌淡彌甘。大抵霡生平爲詩以七言絶句自負。自少至老，亦惟是體特多云。

——《四庫全書總目》卷一八三集部别集類存目一〇，中華書局一九六五年版，第一六六三頁。

第二篇　田雯行年簡譜

明崇禎八年乙亥（1635），一歲。

五月二十三日，丑時，出生於桑園鎮，父緒宗，母張氏。『至我父麗水令蓼菴公……乃以前崇禎乙亥五月二十三日丑時生余於桑園鎮。』（《蒙齋年譜》）

明崇禎十三年庚辰（1640），六歲。

父緒宗口授《孝經》。『父蓼菴公口授孝經。』（《蒙齋年譜》）

明崇禎十四年辛巳（1641），七歲。

得祖父實粟疼愛，一同起居飲食，并口授《毛詩》。『祖裕所公命同眠食，口授毛詩。』（《蒙齋年譜》）

清順治二年乙酉（1645），十一歲。

四月，清兵陷揚州，南明福王政權傾覆。德州『設滿洲駐防兵，定文武鄉會試』。（《德縣志》，民國二十四年修，下同）

祖父實粟卒。『祖裕所公卒。』（《蒙齋年譜》）

清順治三年丙戌（1646），十二歲。

是年，清廷開科取士。

始學作文。『丙戌十二歲始學爲文。』（《蒙齋年譜》）

清順治六年己丑（1649），十五歲。

發奮讀書，近乎痴狂。『性嗜書，坐守如痴，塾歸即索飯，遲輒意懟，得飯或立箸桀，或坐户檻，盂竭爲刷鬱結爲率，不問鹽虀，焚膏繼晷以爲常。』（田需《田雯行狀》）

清順治七年庚寅（1650），十六歲。

八月，中童子試第一。『年十六，學通經史，屬文日數千言，遂試第一。』（田需《田雯行狀》）

清順治八年辛卯（1651），十七歲。

十月，娶馬氏爲妻。『十月娶妻馬氏。』（《蒙齋年譜》）

清順治九年壬辰（1652），十八歲。

父緒宗進士及第。

清順治十年癸巳（1653），十九歲。

八月，父緒宗授麗水縣知縣。

清順治十一年甲午（1654），二十歲。

正月，父緒宗之任麗水，與父別於德州城南黄河崖旅舍。緒宗到任三月，七月九日卒於任。『正月，父蓼菴公之麗水，未從行』，『七月九日，蓼菴公卒』。（《蒙齋年譜》）

清順治十二年乙未（1655），二十一歲。

是歲，遭强族豪戚惡奴之欺，有『患至剥膚』『勢無完卵』『身寄虎牙熊耳』之感。城北六屯祖遺田六百畝突遭掠奪，河間三十旗卒突至，練奪佃丁。

清順治十三年丙申（1656），二十二歲。

十月，施閏章出任山東學政。『順治十三年秋，奉使督學山東。』（《施尚白年譜》）

清順治十四年丁酉（1657），二十三歲。

科試知遇施閏章。『應科試，學使施公閏章首拔之。』（《蒙齋年譜》）

清順治十五年戊戌（1658），二十四歲。

於濟南攻讀，青州謁友。

清順治十六年己亥（1659），二十五歲。

歲試再受知於施閏章，受學於父友袁國柄。遇奸人逼償父債被訛詐，賣河西朱家莊田若干畝，宅院一處，家道更加中落。

清順治十七年庚子（1660），二十六歲。

六月應試，秋試後歸里，中舉第八名。

清順治十八年辛丑（1661），二十七歲。

正月，順治帝卒，子玄燁嗣位。十月，鄭成功收復臺灣，驅逐荷蘭人。

正月八日，長子肇麗生。當日北上參加會試。試畢，中式第二百四十八名。

清康熙元年壬寅（1662），二十八歲。

四月，吴三桂弑永曆帝，明永曆王朝告終。五月，鄭成功卒，子鄭經嗣主臺灣。

春游章丘，夏游濟南，冬季入京，并西游真定。

清康熙二年癸卯（1663），二十九歲。

五月，《明史》獄興。八月，禮部遵旨議復鄉會試停八股文，以次年甲辰科爲始。

春游臨清，秋游恩縣，冬至曲阜拜見同年孔貞瑄，并至兖州。

清康熙三年甲辰（1664），三十歲。

殿試中二甲第四名。九月，南游武林，冬返姑蘇。

清康熙四年乙巳（1665），三十一歲。

四月，由姑蘇歸里。

清康熙五年丙午（1666），三十二歲。

十一月二十一日，襄葬父蓼菴公緒宗於先塋之北新阡。

清康熙六年丁未（1667），三十三歲。

七月，玄燁親政。

五月，任内閣中書舍人。冬迎養母親張氏於京邸。

清康熙八年己酉（1669），三十五歲。

四月，玄燁幸國子監，加恩孔、孟、顔、曾四氏子孫之仕於朝者，以示尊孔崇儒。

師從河朔學派首領申涵光先生學詩。

清康熙九年庚戌（1670），三十六歲。

署秘書院典籍事充文武殿試收卷官。

清康熙十年辛亥（1671），三十七歲。

迎養母親張氏於京邸。十月，因繕寫玉牒而見帝於御書房，得賜白金二十兩。

清康熙十一年壬子（1672），三十八歲。

與曹貞吉唱和。三月，偕友謝重輝、張衡游西山。六月，詩酬贈宋琬之蜀。

清康熙十二年癸丑（1673），三十九歲。

十一月，吴三桂首先於雲南舉兵反清，三藩之亂始。

七月，與友梁聯馨唱和。八月，升户部福建司主事。

清康熙十三年甲寅（1674），四十歲。

十月，升户部雲南司員外郎。力持灑運漕米帶運白糧，省費三十餘萬金。又議折徵白糧，力持減額，以寬民力，既成成例，幾十年未改。

清康熙十四年乙卯（1675），四十一歲。

從王士禛、施閏章論詩，言行謙恭。『每從末座，時接微言，苟有會心，强名懸解』。（《蒙齋年譜》）未幾，遷户部江南司郎中。

清康熙十五年丙辰（1676），四十二歲。

奉旨監督大通橋漕運，作五言古詩一篇。勒石官廨，召集同人，泛舟通濟河，繪圖題七言歌行一篇，和者衆多。

清康熙十六年丁巳（1677），四十三歲。

三月三十日，次子曼碩生。四月初二日，孫同之生。八月升工部營繕司郎中。十月，因病歸里。

是年，王士禛選宋琬、王又旦、顔光敏、葉封、曹貞吉、謝重輝、丁煒、曹禾、汪懋麟、田雯之詩爲《十子詩略》，編定刻之。世稱『金臺十子』。（鄧之誠《清詩紀事初編》卷六）

清康熙十七年戊午（1678），四十四歲。

歸田未久，兵部侍郎孫光祀力薦，陳情未果。

清康熙十八年己未（1679），四十五歲。

七月，北京發生大地震。

正月，補工部虞衡司郎中，管理節慎庫。入署，約束不苛不縱，上下肅清，庫丁各得其業，後爲

其勒石題名。節慎庫題名，自此始。『七月地震，作山薑移居詩一篇，和者百餘首。』（《蒙齋年譜》）

清康熙十九年庚申（1680），四十六歲。

是年，三藩之亂基本平定。

六月，升提督江南通省學政按察使司僉事。立教條十五則，酌古準今，尊昌黎、臨川等四家爲正宗，論文詞尚清新，理取純正。

清康熙二十年辛酉（1681），四十七歲。

『先生奔走於大江南北間……閲卷九萬五千，夜分燒燭，申旦不寐……飲食失節，寢興异宜，不能自惜其勞也。』（田需《田雯行狀》）屆期考核，取兩江大小衙門印結，於是，給人『下石之機』。

清康熙二十一年壬戌（1682），四十八歲。

四月卸任，胥吏解去，於是流言『鑠金』。是月，制府于成龍新任與江寧巡撫余國柱合奏考語，『公明尤著』而得歸。

清康熙二十二年癸亥（1683），四十九歲。

春，於濟南趵突泉養病。是年，欲移家歷下未果。

清康熙二十三年甲子（1684），五十歲。

十一月十七日康熙至曲阜，親書『萬世師表』四大字。

十一月，授湖廣湖北督糧道布政使司參議。

清康熙二十四年乙丑（1685），五十一歲。

是年，康熙命將所書『萬世師表』四字刻石，頒至全國府州縣學懸挂。

五月初七日莅任，痛抉漕政十六弊，捕漢陽南糧大蠹。十日内辦荆州兵糧六萬斛。調劑鄖陽、黄州米供。九月奉旨『内升』。

清康熙二十五年丙寅（1686），五十二歲。

四月，奉旨補授光禄寺少卿，旋升大理寺寺丞，歷俸鴻臚寺卿。

清康熙二十六年丁卯（1687），五十三歲。

四月二十日，補授江寧巡撫。七月莅蘇受事，據實條陳漕白米色；疏請因事制宜，采買顔料；請用庫銀，徹底疏竣京口河道；酌減丹陽練湖田價；停止蘆課辦銅；八月，奉旨會勘河道，因力持公議，遭權柄者嫉恨。

清康熙二十七年戊辰（1688），五十四歲。

四月十三日，巡撫貴州。雖遷邊地，但并無失意之嘆，『遭謗中傷而去繁就簡，避囂趨静，適與素性相宜，於意甚愜』。（《蒙齋年譜》）八月抵貴陽，其治黔，對苗以防代剿；整頓吏治，『痛戒有司勿虐苗生事』（田雯《黔書》）；改折兵米，兵民兩便；設五開縣隸黔；疏請平溪、清浪二衛科舉改就黔試。

清康熙二十八年己巳（1689），五十五歲。

重視文化的教化作用。『以爲窮荒困陋，必崇文治，而後可以正人心，變風俗。』（《蒙齋續年譜》）請建各地學宮，興復學校。修建陽明書院、武鄉侯祠、甲秀樓，自是黔列翰苑者有人；收土總兵龍天祐；協兵部緝拿弑主川蠻阿所；是年自號蒙齋。

清康熙二十九年庚午（1690），五十六歲。

著《黔書》一卷，編《歷代詩選》十二卷，《歷代文選》二十卷。

清康熙三十年辛未（1691），五十七歲。

閏七月初六日，聞母喪，倉皇東歸。

清康熙三十一年壬申（1692），五十八歲。

二月十日葬母於先壟。

清康熙三十二年癸酉（1693），五十九歲。

八月，重病幾危，作《蒙齋生志》一篇。十二月十九日，特旨升補刑部右侍郎。

清康熙三十三年甲戌（1694），六十歲。

正月十二日，北上入署辦事。冬十一月轉刑部左侍郎。除夕完成《蒙齋年譜》一卷。

清康熙三十四年乙亥（1695），**六十一歲**。

有《厭次草堂詩》一卷。

清康熙三十五年丙子（1696），**六十二歲**。

奉命祭告嵩山、淮瀆、濟瀆。

清康熙三十六年丁丑（1697），**六十三歲**。

二月，奉命主禮闈試事，得士汪士鋐等一百五十九人。七月，奉命充殿試讀卷官。

清康熙三十七年戊寅（1698），**六十四歲**。

著《長河志籍考》十卷。

清康熙三十八年己卯（1699），**六十五歲**。

六月，調户部，以左侍郎管右侍郎事，管寶泉局，督京省錢法。疏請停用庫銀收買廢錢以節財用。與孔尚任關係密切，因而常索閱《桃花扇》手稿。『少司農田綸霞先生來京，每見必握手索覽。』（《桃花扇本末》）是年，《桃花扇》完稿。

清康熙三十九年庚辰（1700），**六十六歲**。

正月六日，與于成龍督催高堰工程。

清康熙四十年辛巳（1701），**六十七歲**。

是年染脾胃之症，神智昏殆，又腿疾步履難前。十二月，奏請回籍延醫調理。

清康熙四十一年壬午（1702），六十八歲。

因病乞假回原籍德州。『田綸霞（雯）少司徒爲詩文好新异，康熙壬午謝病歸，浹歲卧病。』（王士禛《香祖筆記》卷九）十月初五日，康熙南巡駐蹕德州山薑書屋，初九日，奉聖意自選三字，并奉旨釋義，得御書『寒緑堂』扁額。冬月，妻馬氏卒。

清康熙四十二年癸未（1703），六十九歲。

是年，山東水灾。『夏秋苦霪，山東被灾。』（《蒙齋補年譜》）

帝巡視河工至德，恭迎三十里外。捐穀六百石具呈山東巡撫濟灾。

清康熙四十三年甲申（1704），七十歲。

正月二日夜，病發。病危，囑子爲官勿貪，口授遺疏，諭以喪禮從儉，毋訃告，無一言及家事。二十三日辰時卒。『卒之又明年二月十九日大葬於州城東南陽穀店南原。』（周彝《神道碑銘》）

——本文原發表於《德州學院學報（哲學社會科學版）》，2003年第3期。

第三篇 清初山左詩人田雯及其詩歌創作

在清康熙詩壇，以王士禛爲代表的『山左』詩人無疑是最惹人矚目的詩人群體，所謂『本朝詩人，山左爲盛』〔一〕，他們皆以鮮明的藝術個性，堅實的創作成就，卓立詩壇。在『山左』詩群中，漁洋之下，最著名的當屬德州詩人田雯。正如錢鍾書先生所言『清初漁洋以外，山左尚有一名家……則田山薑是也』〔二〕。田雯與王士禛同代同鄉，是既受其影響又不受其約束的康熙時期的著名詩人。有人認爲『漁洋、山薑之門，殆相頡頏焉』〔三〕，『壇坫之盛，幾與漁洋埒』〔四〕，評價之高，令人瞠目。儘管田雯在當時詩名幾與漁洋齊名，但後世卻湮沒不傳。研究田雯及其詩歌創作，對於理清清初詩學思想和詩歌的發展脉絡，對於深入挖掘地方文化内涵都具有重要意義。

一

田雯（1635—1704），字綸霞，又字子綸（一作紫綸），號山薑，又號漪亭，晚號蒙齋，山東德州（今德州市德城區）人。明清時期的德州，由於運河的全綫貫通，依靠南通江淮、北達幽燕的地理優勢而成爲全國新興的工商城市，經濟文化十分昌榮，才俊輩出。明崇禎八年乙亥（1635）五月二十三日丑時，田雯就出生於德州的一個書香門第，父田緒宗，順治九年（1652）進士，母張氏，有《茹荼詩稿》傳世，文化修養極高；仲弟田需官至翰林院編修，有《水東草堂詩》一册；季弟田霡，終身未仕，服膺王士禛神韵之説，爲詩恬淡，得田園之趣，有靖節之風，著有《鬲津草堂詩集》。少年時代的田雯聰慧、勤奮，『惟守書如痴』，『每遭群兒姍笑』〔五〕，『年十六，學通經史，屬文日數千言，遂試第一』〔六〕。二十歲時，父緒宗卒於浙江麗水任。此後幾年，田家屢遭强族、豪戚、惡奴之欺，歷盡艱辛，家道中落。

清順治十八年辛丑（1661），田雯二十七歲成進士，康熙三年甲辰（1664），三十歲時殿試中二甲第四名，三十三歲被授予内秘書院辦事中書舍人。在做了近十年郎官後，才步入高層，先後任職江南學政、湖廣湖北督糧道、江寧巡撫、貴州巡撫、刑部右侍郎，以户部左侍郎致仕。康熙四十一年（1702），田雯因病乞假回原籍德州，康熙四十三年甲申（1704）二月二十三日，卒於德州故里。

田雯爲官一方面非常審慎，康熙帝稱贊田雯『持躬克謹，莅事惟虔』『秉質純良，持心端謹』『慎以持躬，敏以莅事』〔七〕，『謹』『慎』是田雯爲官執政的突出特點。同時『生平事多創爲』〔八〕，看似矛盾的兩方面很好地統一於一身，表現出杰出的吏才。江南學政任上，立教條十五則，酌古準今，尊昌黎、臨川等四家爲正宗，論文詞尚清新，理取純正，文風爲之一變；巡查考務，微服簡從，自備飲食，拒絶鋪張。督糧湖北，痛抉漕政十六弊，捕漢陽南糧大蠹，十日内辦荆州兵糧六萬斛。巡撫江寧爲時雖短，但能據實條陳漕白米色；疏請因事制宜，采買顔料；請用庫銀，徹底疏浚京口河道；酌減丹陽練湖田價；停止蘆課辦銅。巡撫貴州，治黔對苗以防代剿，整頓吏治，「痛戒有司勿虐苗生事」〔九〕；改折兵米，兵民兩便；疏請平溪、清浪二衛科舉近就黔試；特別重視文化的教化作用，請建各地學宫，興復學校，建陽明書院、武鄉侯祠，重修甲秀樓，自是黔列翰苑者有人。在黔三年，政績卓著，一改貴州荒陋之氣，受到當地人民熱愛，被稱爲「德州先生」。正是靠爲官的謹慎和杰出的政績，田雯由七品舍人而逐步至學政、道臺、巡撫、侍郎（正二品）。

田雯「生齊趙之境，文獻大邦」〔一〇〕，秉賦齊魯文化之厚重、燕趙文化之慷慨，性格坦直，爲人仗義，極具個性。詩人自我評價「處世太拙」（《自贊》），在詩中常用「拙」字形容自己，用「腐儒」來稱呼自己：「拙守不須嗟命薄，俗情何用説官貧」（《春日》十首其七），「拙不合時休自悔，老猶多癢倩誰爬」（《冬日》十首其二），「腐儒迂拙不解事，杞憂兀坐鮮好懷」（《正月》）。如何爲「拙」？何者爲「腐」？就是正直、執着，是非分明，守正不顧身害，不肯模棱做人。「雯之平生，遇事無兩可，見義必爲無觀望，揚歷中外，建樹勛名。」〔一一〕田雯曾經兩次出仕江南，但結局都很尷尬，督學江南，田雯恪盡職守，政績儘管突出，却受到地方督撫的忌刻，届滿以「細故」罷歸。江寧巡撫任上，會勘河道力持公議，遭權柄者嫉恨，旋即遠遣貴州。田雯亦曾自嘆「宦局難工」〔一二〕，平生「佚樂之日少，憂瘁之日多」（《自贊》）。

田雯交游廣泛。清順治十四年（1657），田雯在濟南科試知遇山東學政施閏章，得到施閏章的贊賞。三十五歲時，在京師從河朔派首領申涵光學詩，這期間又與施閏章、宋琬、王士禛、曹貞吉、謝重輝、陳維崧等衆多師長、詩友交游，詩藝精進。康熙十六年（1677），主盟詩壇的王士禛選田雯與宋犖、王又旦、顔光敏、葉封、曹貞吉、謝重輝、丁煒、曹禾、汪懋麟詩爲《十子詩略》，編定刻之，世稱『金臺十子』〔一三〕。康熙十八年（1679），京師地震，田雯寫下著名的《移居詩》，其中有『墻脚殘立山薑花』的句子，『遍傳都下，和者百人』〔一四〕，『和者』有『十子』中的汪懋麟、曹貞吉、曹禾、丁煒，其餘如王士禛、施閏章、朱彝尊、陳維崧、汪楫、林堯英等京師詩壇最有影響力的人物皆在其中，從此人們稱田雯爲『田山薑』。田雯晚年任户部侍郎時，與著名戲劇家孔尚任交往密切。孔尚任時任寶泉局監鑄，田雯是孔的頂頭上司，因而得以索閲《桃花扇》手稿。『少司農田綸霞先生來京，每見必握手索覽』〔一五〕，促使孔尚任加快了《桃花扇》的創作進度。觀劇後，田雯還寫有六首題咏《桃花扇》的絶句，爲『得作者本意』〔一六〕。

田雯學識淵博，平生勤於著述。其早期詩作曾收入《十子詩略》，今有《古歡堂集》（内含『詩集』『文集』等）三十六卷傳世，俱收入《四庫全書》。其中《古歡堂雜著》（前四卷）屬文學批評，已收入近人郭紹虞編選的《清詩話續編》中。《古歡堂詩集》，又名《山薑詩選》，計十四卷，有古雜體一卷、五言古詩三卷（含五言排律）、七言古詩三卷、五言律詩二卷、七言律詩二卷、五七言絶句三卷，共有詩768題1389首，有清德州田氏刻《德州田氏叢書》本傳世。

二

田雯詩歌在康熙詩壇獨具風貌。康熙詩壇，王漁洋的『神韵』説風行海内，海内文士無不依附門下，田雯作爲同時同鄉的詩人，與漁洋『不相辯難（攻擊），亦不相結納（服從）』。[一七] 田雯不滿於王士禛的含蓄藴藉、冲淡温婉的神韵詩説，面對這種所謂的『盛世元音』，力求突破，并建立一種獨立的詩美風貌，這種突破在詩歌的思想内涵和藝術風貌上都有鮮明的特徵。

神韵詩説要求詩歌朦朧含蓄、吞吐不盡，好像有言外餘情，深意寄托，却又難以捉摸，難以指實，確有『韵外之致』的無盡美感，但多傾情於自然山水的審美視野和格律謹嚴的律絶短章，必然使其表現的廣度、力度受到限制。而田雯『天資高邁，記誦亦博』[一八]，詩歌『取材複富』[一九]，舉凡民生疾苦、山水田園、民俗風情、家庭生活、懷古咏史，觀劇、品畫、讀書，隨感皆可入詩，全面反映了康熙盛世時期一個封建士子的心路歷程和情感律動。其中山水田園詩、民俗風情詩、民生疾苦詩、家庭生活詩、咏劇詩、咏懷詩具有較大的審美價值和認識價值，《采砂謡》《白水岩放歌》《趵突泉歌》《春燈詞》《題桃花扇傳奇》《題四夢傳奇》《麥場辭》《移居詩》《讀東坡集偶題》《登采石磯太白樓觀蕭尺木畫壁歌》等是有代表性的優秀之作。

在詩歌的美學風格方面，田雯用『奇麗』來反抗神韵詩派的藴藉與冲淡。田雯『負其縱横排奡之氣，欲以奇麗駕士禛上』，『雯才調縱横，沿幾社之餘風，以奇偉巨麗自喜』[二〇]，『負其縱横排奡之氣，欲以奇麗抗之』〔二一〕。可見，『奇』『麗』是對田雯詩歌審美風格的總體評價，其核心是一個『奇』字。田雯詩歌之『奇』，首先應歸結爲其詩學主張之『奇』，與衆截然不同。

長期以來，學界一直認爲田雯是清初詩壇『宗宋』派的一員。事實上，田雯詩歌衝破了『宗唐』或『宗宋』的門派樊籬，力主融合唐宋。田雯在《鹿沙詩集序》中説：『學詩者何分唐、宋？總之，以匠心求工爲風雅之歸而已。』并進而提出『分體取法乎前人』〔二二〕。在其看來，五言古詩應向漢魏汲取營養，向下至鮑照、謝朓、韋應物、柳宗元；近體詩應向王維、孟浩然、錢起、劉禹錫、温庭筠、李商隱學習；絶句值得稱道的是王昌齡、李白、白居易、蘇軾、黄庭堅、陸游等人；至於歌行，田雯則認爲只有唐代的杜甫、韓愈，宋代的歐陽修、王安石、蘇軾、陸游值得效法。田雯學詩衝破了『宗唐』『宗宋』的樊籬，講究分體學人，是詩人深諳詩歌内在藝術規律的表現，也較早體現了清初詩人的獨創意識。

田雯重視詩人性情的修養，强調欲達到詩歌之奇，作家本人要奇。《稼雨軒詩序》：『今夫人不奇則詩必不工，詩不工則可以弗作。』〔二三〕田雯所説的詩人之奇，是指詩人要有奇异特出的個性和與衆不同的審美追求。田雯本人就是有獨特個性的詩人，追求新奇，才思超絶。他説：『我生嗜好與俗殊酸鹹』（《白水岩放歌》），同爲『金臺十子』的同鄉好友謝重輝也稱其『好奇』，王士禛《香祖筆記》卷九載有田雯著名的改藥名服藥的故事。

就詩歌本身而言，要達到『奇』的詩美風格，首先要講求詩歌藝術的獨創性。田雯《挽石樓二首序》中說：『詩要做出是我向來所未見者，才是好詩。』〔二四〕田雯詩歌在立意、形式、詞語等方面皆追求新奇之美。他學詩主張博采衆長，『善讀書者必博收而兼采之』〔二五〕，能繼承先輩的優秀傳統，運用并發展各種表現手法，詩風奇麗爲主、豐富多樣，且體裁完備。大致說來，其七古氣勢雄偉，古雜體樸實無華，近體詩則綺麗典雅。

田雯的古體詩，往往想落天外，氣象雄偉、狂放不羈、汪洋恣肆，頗得李、杜、韓、蘇真諦，最能體現新奇之風。如《白水岩放歌》〔二六〕：

我生嗜好與俗殊酸鹹，獨於高山流水心饞貪。匡廬瀑布天下稱奇絶，何如白水河灌犀牛潭。銀漢倒傾三疊而後下，玉虹飲澗萬丈那可探。聲如豐隆奮地風破碎，濤如天孫織錦花藍毿。濺珠跳沫行人衣裾濕，雲垂烟接山寺峰巒尖。小犢出游太真所不照，乖龍結隊古冶豈能殲！半紅半黑飛斗大蝴蝶，千章萬株森十圍松杉。玃猱熊狸鬚髯爪牙古，黿鼉蛟螭晝夜風雨酣。安得十日五日坐潭上，二三酒侶看月凌朝暹。頭腦冬烘酈道元未注，屐齒逼塞謝客兒多慚。解衣盤薄箕踞於其側，青天搔首我歌白水岩。

這是一首古今罕見的九言體，全詩22句凡198字，從形、聲、色各個角度，運用對比、誇張、比喻、神話乃至議論等多種藝術手段，寫盡了廬山瀑布『何如』『雲垂烟接』的貴州黃果樹大瀑布之奇美。詩歌開篇即直抒胸臆，表明自己獨好山水的態度，同時爲下文蓄勢，三、四句用廬山瀑布反襯黃果樹瀑布之奇，并點出瀑布水源——白水河，以及瀑布下最大的峽谷——犀牛潭。黃果樹大瀑布的成因是白水河從山巒重迭的東北山脉瀉崖直落，流經黄果樹地段，因河床突然斷落而成，水從60多米高的層崖之巔跌落，落差極大，用一『灌』字，寫出了瀑布水勢之急。詩人認爲黄果樹大瀑布遠勝於盛名卓著的廬山瀑布，原因何在？自第五句開始，從行、聲、色各個角度對瀑布進行具體的描繪，『銀漢倒傾』是寫水勢洶洶，波浪滔滔；黄果樹瀑布爲九級瀑布，用『三叠而後下』，來形容瀑布的多級性，寫出了黄果樹大瀑布的獨特之處；白水河水量充足，瀑布寬時達40餘米，平時也在30米左右，加上巨大的水勢落差，數十里外即可聞其排山倒海之轟隆巨響，水瀑跌落處掀起軒然大波，浪花四濺，水珠輕揚如蒙蒙細雨，滿潭水霧，長年不散，水氣騰騰，經陽光折射，常化作彩虹一道，直入潭中，五彩繽紛美不勝收，這就是『玉虹飲澗萬丈那可探』。聲如豐隆奮地風破碎，濤如天孫織錦花藍鬖』。大瀑布組成的特大水簾的氣勢，令人驚心動魄而萌生一種崇高壯麗之美感。人站在潭邊，跳動翻騰的浪花不時打濕衣衫，抬眼望，蒸騰的水汽和繚繞的雲霧相接籠罩了整個山巒，深山古廟若隱若現，莫名的小獸、乖龍恣意出没，紅黑色斗大的蝴蝶翩翩起舞於一望無際的松林之間，玃猱熊狸牙鬚蒼老古舊，鼉鼉蛟螭呼風唤雨，一切都顯得那麽神秘原始而又貼近自然。詩人在詩的結尾直接贊美黄果樹大瀑布，説這麽美好壯麗之景，學識廣博的酈道元由於頭腦糊塗而竟未加注釋，好游的謝靈運若知道白水河畔的美景一定會倍感羞慚，我多想與幾個知心侶朋十日五日坐在潭邊，寬衣伸足，看月落日升，聽我於白水岩畔放歌。

詩人把黄果樹大瀑布的美描寫到了極致。或許爲了表達驚奇欣喜，詩人使用了罕見的九言詩格，字裏行間表達的是對瀑布的贊美，透露出的是發自心靈深處的歡暢，是精神的完全解放，『放歌』之『放』字，也許是此時最能表現詩人心境的、最爲傳神的字眼。

田雯的五古《菉羅山五百字》，寫的是我國湖南武陵源張家界附近緑羅山的奇异景色。面對由於特有的岩溶地貌而形成的溪水潺潺、奇峰聳立、怪石峥嶸的自然景觀，作者嘆曰：『平生所罕覯，開拓萬古胸。』全詩描繪各不相同的地貌山形，聯想豐富，鋪張揚厲，共用了18個『者』字、28個『如』字，組成排比句式，其『博喻』之才華甚至超過了蘇軾。

田雯在《古歡堂雜著》卷三説：『作詩雖貴古淡，而富麗不可無。』[二七] 其近體詩往往取境優美，色彩絢麗，體現出其詩歌『麗』的一面。如：

青山遮馬首，紅葉壓行裝。（《送李遜五同年》）

秋清一携手，酒熟菊花黄。（《贈牟廣文呈美》）

藕花紅片片，淯水緑沉沉。（《南陽武侯草廬》）

數朵黄花留客醉，一林紅葉送人行。（《贈别》）

村路花開一水香，黄瓜紫李摘堪嘗。（《夏日十首》其十）

參差白水柳新緑，三五黑鴉天晚紅。（《送徐電發檢討歸吴江，兼寄潘次耕》）

只合與君拚共醉，桃花似火柳飛綿。（《東曹頌嘉舍人》）

在康熙詩壇，王漁洋最擅長近體，主神韵，田雯的近體詩在取境優美、色彩絢麗的同時，與王漁洋詩歌的含蓄冲淡不同，意象情感更實。如同以『露筋祠』爲題，兩人各有一首絶句：

《露筋祠》（田雯）

黄頭高唱水程長，甓社風來菡萏香。夕陽露筋祠下過，土垣瓦屋一垂楊。

《再過露筋祠》（王士禛）

翠羽明璫尚儼然，湖雲祠樹碧於烟。行人繫纜月初墮，門外野風開白蓮。

露筋祠在江蘇高郵縣南，俗稱仙女廟。米芾《露筋廟碑》言有女子露處於野，義不寄宿田家，爲蚊所噬，露筋而死，後人於其地立祠以祀。王詩結合咏贊當地傳説中的節女之神蕭荷花，刻畫景色，不即不離，天然入妙，語言清秀含蓄，韵味無窮。田詩與王詩比則更具寫實風格，情感真切，意境渾成。

正是杰出的才情、豐富的閱歷與執拗的性格，使詩人在詩歌藝術追求方面獨具特色。詩人并不因爲王士禛的詩壇地位、同鄉情分、相携之誼而盲目影從，而是堅持自己的藝術追求。也正是這種執拗的『不同』，才能彰顯出其詩歌藝術的個性，其詩歌才能獲得永恒的魅力和價值。

三

從現有文獻資料、詩歌創作實績來看，田雯在康熙詩壇聲譽顯赫，名聲很大。田同之在《西圃詩話》裏説田雯詩：『無所不包，千變萬化，終自成一家言，亦所謂集大成者。』如果説這個評價要避親情之嫌的話，另有鄧漢儀在《詩觀二集》中説：『綸霞詩精偉警卓，氣象雄偉。却中有精義，不輕下一筆，故能俯視群流。僕深愛重其詩，爲屈第一指。』鄭方坤在《國朝名家詩鈔》中云：『先生主文苑騷壇者數十載，詩名并駕於阮亭，海内望之如泰山北斗。』近人鄧之誠亦云：『（田雯）詩富才氣。與士禛途轍不同，而同致盛名。』[二八]由此可見，田雯詩歌在當時評價甚高，有與詩壇盟主王漁洋相抗衡的地位，時稱『齊魯二賢』，有『文峰兩地峥嶸甚，試看嵩山與華山』[二九]（康熙三十五年，田雯奉命祀嵩山，王士禛祀華山，故言）的説法。

事實上，田雯是大器晚成的作家。據《蒙齋年譜》，田雯三十五歲才到申涵光門下精研詩藝，但進步很快。四十三歲時，其詩被王士禛選入《十子詩略》刊行。但田雯取得與王漁洋并肩的榮譽，是在其晚年，盧見曾《國朝山左詩鈔》：

> 先生學博才贍，所爲詩如萬斛之泉，隨地涌出，不擇細流。早與十子并驅，晚年諸子凋零，獨爲海内所宗。汪鈍翁先生序其詩，謂與漁洋相頡頏。[三〇]

盧雅雨作爲田雯的同鄉，距其生活年代不是很遠，所言應爲中允，田雯晚年，『諸子凋零』，『獨爲海内所宗』。汪琬則認爲田雯能够達到與漁洋『頡頏』的境界，成爲愈『藍』之『青』。即使是官方態度，也認爲其名雖不及士禛，『然偏師馳突』，亦王士禛之勁敵也。[三一]

田雯與漁洋的關係特殊，田雯對漁洋的感情比較複雜。兩人同鄉，在京爲官，交往甚密，漁洋成名較早，對田雯有提攜之義，田雯在情感上對漁洋始終是崇敬的。『漁洋山人雅嗜古，群賢北面稱吾師』（《題顔修來周策銘咏李朔詩後》），『漁洋夫子愛奇士，見此大叫喜欲狂』（《送徐喻德華陰還朝》），未見半點失敬之處。但漁洋只長田雯一歲，隨着兩人在詩學思想上出現分歧，漁洋對田雯頗有微詞，而且不只一次。田雯没有像趙秋谷一樣，异議相駁，他能够做的惟有『不相辯難，亦不相結納』，以示尊敬。

田雯《盆梅四首》其四云：

> 一日一花詩一首，休言楊後與盧前。千須萬瓣吟花盡，小駐人間五百年。

『楊後盧前』的典故出自《舊唐書·楊炯傳》：

> 炯與王勃、盧照鄰、駱賓王以文詞齊名，海内稱爲王楊盧駱，亦號爲『四杰』。炯聞之，謂人曰：『吾愧在盧前，耻居王後。』〔三二〕

本應是『王後盧前』，田雯寫成『楊後』，顯然是要避開『王後』這個敏感之詞，而并非詩人記憶有誤。用這樣一個有關文人排序的典故，足以説明當時文壇上確有『王田』之争，但這種『争鬥』，并不一定出於當事者本人。王漁洋的人格是寬厚的，這已無須證明。田雯是『休言』，態度亦非常明確。兩人皆好奬掖後進，各有衆多追隨者，造勢者更多可能是好立門户的心胸狹窄之人。至於田雯對藝術風格的堅守，正如前文所言，與其守拙、不盲從的個性有關。徐世昌在《晚晴簃詩匯》的《詩話》中的評價應該是恰當的：

> 與漁洋并時同鄉里，而詩派特异。論者遂謂欲以奇麗駕漁洋上。昔人本學問爲文詞，各

極其所詣。於同時名宿，不相附麗、不相訾謷，蓋自信皆足以傳，初無取於相競。持此論者，未爲知言也。[三三]

自信可以流傳，這是根本原因。

田雯的詩名，爲何没有得到廣泛流傳而漸致湮没，這又是一個需要思考的問題。在康熙詩壇上，漁洋之位無人可敵。與田雯相比，漁洋成名早，二十四歲寫《秋柳》詩，聲震大江南北。又有詩壇盟主錢謙益的推介，主盟詩壇數十載，官居一品，自是後學追隨的對象。田雯三十五歲始學詩，又久歷邊地，其影響自難比漁洋。

提起康熙朝的著名詩人，人們首先想到『國朝六家』，即早期的『南施（閏章）北宋（琬）』，中期的『南朱（彝尊）北王（士禛）』，後期的『南查（慎行）北趙（執信）』。六家之説源於劉執玉（1709—1776），他於乾隆三十二年（1767）刻成《國朝六家詩鈔》，時距田雯之卒僅六十三年。據《梁溪文鈔》卷三十四載述，知此書始纂於其父劉瞻榮，初名《六大家詩鈔》，足證『六大家』之稱殆甚早。但如此近『距離』審視，很難保證這是一種審美的評價。有一個不争的事實就是，在這個影響深遠的三代三對的『代表』中，田雯被排斥在外了，從而受傳統文學史觀的影響，在後世文學史的編寫中，田雯也就逐漸淡出後學的視野。這是田雯詩歌的悲劇，也是清詩史學的遺憾。

總而觀之，田雯應該是清初一流的詩人，這一點無可辯駁。

——本文原發表於《東岳論叢》，2004年第5期，有改動。

【注】

〔一〕趙執信：《談龍録》，人民文學出版社，1981年，第14頁。

〔二〕錢鍾書：《談藝録》，中華書局，1984年，第110頁。

〔三〕田需：《田雯行狀》，清德州田氏刻《德州田氏叢書》本。

〔四〕錢仲聯：《清詩紀事》（五），江蘇古籍出版社，1987年，第2488頁。

〔五〕田雯：《蒙齋年譜》，清德州田氏刻《德州田氏叢書》本。

〔六〕田需：《田雯行狀》，清德州田氏刻《德州田氏叢書》本。

〔七〕田雯：《蒙齋年譜》，清德州田氏刻《德州田氏叢書》本。

〔八〕田需：《田雯行狀》，清德州田氏刻《德州田氏叢書》本。

〔九〕田雯：《黔書》，清德州田氏刻《德州田氏叢書》本。

〔一〇〕倪璠：《田雯墓志銘》，清德州田氏刻《德州田氏叢書》本。

〔一一〕錢仲聯：《清詩紀事》（五），江蘇古籍出版社，1987年。

〔一二〕田雯：《蒙齋年譜》，清德州田氏刻《德州田氏叢書》本。

〔一三〕鄧之誠：《清詩紀事初編》（卷六），上海古籍出版社，1984年，第703頁。

〔一四〕田雯：《古歡堂雜著》；郭紹虞：《清詩話續編》（二），上海古籍出版社，1983年，第722頁。

〔一五〕孔尚任：《桃花扇本末》，《桃花扇》，人民文學出版社，1980年，第5頁。

〔一六〕錢仲聯：《清詩紀事》（五），江蘇古籍出版社，1987年，第2495頁。

〔一七〕紀昀等：《四庫全書・古歡堂集卷首提要》，文淵閣影印四庫全書本。

〔一八〕紀昀等：《四庫全書・古歡堂集卷首提要》，文淵閣影印四庫全書本。

〔一九〕沈德潛：《歷代詩別裁集》，浙江古籍出版社，1998年，第408頁。

〔二〇〕紀昀等：《四庫全書・古歡堂集卷首提要》，文淵閣影印四庫全書本。

〔二一〕趙爾巽：《清史稿・文苑傳》，中華書局，1976年，第13330頁。

〔二二〕王運熙等：《清代文論選》（下），人民文學出版社，1999年，第366頁。

〔二三〕王運熙等：《清代文論選》（下），人民文學出版社，1999年，第370頁。

〔二四〕王運熙等：《清代文論選》（下），人民文學出版社，1999年，第371頁。

〔二五〕田雯：《古歡堂雜著》；郭紹虞：《清詩話續編》（二），上海古籍出版社，1983年，第723頁。

〔二六〕本文所引田雯詩歌均出自曹鼎、劉保今、楊炳輝：《田雯詩選》，首都師範大學出版社，1996年。

〔二七〕田雯：《古歡堂雜著》；郭紹虞：《清詩話續編》（二），上海古籍出版社，1983年，第723頁。

〔二八〕錢仲聯：《清詩紀事》（五），江蘇古籍出版社，1987年。

〔二九〕轉引自李世英《論田雯崇尚奇麗的詩學主張和創作風格》，《天津商學院學報》1994年第2

期。

〔三〇〕錢仲聯：《清詩紀事》（五），江蘇古籍出版社，1987年。

〔三一〕紀昀等：《四庫全書·古歡堂集卷首提要》，文淵閣影印四庫全書本。

〔三二〕劉昫：《舊唐書·文苑傳》，中華書局，1975年，第5003頁。

〔三三〕徐世昌：《晚晴簃詩匯》，中國書店，1988年，第438頁。

第四篇　王士禛與田雯交游考論

在清初康熙詩壇，以王士禛爲代表的山左詩群成績斐然，所謂『國朝詩壇，山左爲盛』〔一〕。其中，與王士禛『同郡同時』的德州詩人田雯是山左名家，晚年甚至取得了與詩壇盟主王士禛相抗衡的地位，時稱『齊魯二賢』，有『文峰兩地峥嶸甚，試看嵩山與華山』〔二〕（康熙三十五年，田雯奉命祀嵩山，王士禛祀華山，故言）的説法。錢鍾書在《談藝録》中也説：『清初漁洋以外，山左尚有一名家，極尊宋詩，而尤推山谷者，則田山薑是也。』〔三〕

田雯（1635—1704），字綸霞，又字子綸（一作紫綸），號山薑，又號漪亭，晚號蒙齋，山東德州人。康熙三年甲辰（1664）進士，歷任秘書院中書舍人、江南學政、湖北督糧道、江寧巡撫、貴州巡撫、刑部右侍郎、户部右侍郎，以户部左侍郎致仕。四十一年壬午（1702）因病解任回籍，兩年後卒於德州故里。田雯宦游半中國，『雯之平生，遇事無兩可，見義必爲無觀望，揚歷中外，建樹勛名』〔四〕，『生平事多創爲』〔五〕，表現出杰出的吏才，被稱爲『德州先生』。著述有《古歡堂集》（内含『詩集』『文集』等）三十六卷、《黔書》二卷、《長河志籍考》十卷等，皆收入《四庫全書》。

王士禛與田雯同爲康熙朝詩壇名家和政壇名臣，於清初詩學紛争的大背景下，兩人『同郡同時』、成就斐然但詩美追求不同，遂使學界對他們的關係産生諸多猜測以至於誤解。如朱庭珍在

《筱園詩話》卷二中説：『時德州田山薑侍郎、河間龐工部愷，於阮亭雖不服從，亦不敢攻擊。』〔六〕《清史稿》本傳稱『康熙中，士禛負海内重名，其論詩主風調。雯負其縱横排奡之氣，欲以奇麗抗之』〔七〕，近人鄧之誠亦云『詩富才氣。與士禛途轍不同，而同致盛名。……雯與王士禛争名角立，每持异同』〔八〕。其中紀昀是持此論的代表與始作俑者，《四庫全書總目提要》中説田雯對詩壇盟主王士禛：『不相辯難，亦不相結納』『隱然負氣不相下』『欲以奇麗駕士禛上』，其名雖不及士禛，『然偏師馳突』，亦王士禛之勁敵也。〔九〕但從現存衆多史料來看，雖然王士禛與田雯詩論不同，但田雯既不是『隱然負氣』『不相結納』，也没有像趙執信一樣對王士禛詩學進行攻擊，相對於清初詩壇王趙論争的公案，王士禛與田雯的關係更成爲後世詩學的一樁謎案。在王士禛研究尤其是其交游研究中，與田雯的交游始終是學界研究的空白。本文通過鈎沉相關史料，對兩人之間的交游情况進行考索，既可補漁洋交游研究之闕，又能使我們進一步瞭解清初詩壇名家田雯，還兩人關係以本來面目，這對進一步理清清初詩壇狀况、推進清初詩學思想的深入研究，無疑是有意義的。

本文將王士禛與田雯的交游劃分爲三個階段：

第一階段：初爲京官時期（康熙六年 1667—康熙十九年 1680）

王士禛與田雯初次相識訂交應在康熙六年至十年間，地點京城。兩人同爲濟南府人，年齡相仿，且王士禛與田雯父親田緒宗同爲順治八年辛卯（1651）濟南鄉試舉人。順治九年壬辰

（1652），士禛和伯兄王士禄一起又與緒宗會試京城，結果王士禄與緒宗同榜題名，士禛則鎩羽而歸。緒宗於順治十一年三月知浙江麗水，惜七月卒於任，兩家失深交之機，王士禛與田雯康熙六年之前無緣相見。康熙六年，王士禛由揚州進京任禮部主客司主事，是年，田雯恰入京補授秘書院中書舍人。《古歡堂集》序三《王少司農壽序》是田雯於康熙三十一年壬申（1692）爲王士禛五十九歲壽辰時作，其中有『……余荒陋無學，於先生分屬，猶子受先生之教殆二十年……余嘗於退食之暇，挾詩文以造請於先生』。由此可知，兩人初次見面地點是京師，時間由康熙三十一年向上推二十年爲康熙十一年，『殆』字表明這是一個大概的約數。田雯自稱康熙八年三十五歲始從申涵光學詩，而漁洋由於前期的秋柳唱和、揚州主盟、『錢王代興』等因素，康熙十年左右已是名滿海内的詩人。康熙十年六月，施閏章進京補官。田雯早在順治十六年省試時受知於時任山東學政的施閏章，此間施王交往密切，田雯得以從施閏章與王士禛等修褉集會，這成爲王田兩人交游的重要契機，故兩人訂交應該在康熙六年至十年之間。

隨後，田雯成爲士禛重要詩友，集會論詩，覃思正變。田雯《蒙齋年譜》稱：康熙十四年『從王公士禛、施公閏章論詩，每從末座，時接微言，苟有會心，强名懸解』〔一〇〕，言行謙恭。

康熙十五年丙辰（1676），時王士禛任户部四川司郎中。田雯於户部雲南司員外郎任上奉旨監督大通橋漕運，工程竣工，勒石官廨，作五言古詩《大通橋行》。是年九月十日，田雯邀王曰高、王士禛、曹貞吉、林堯英、朱彝尊、汪懋麟、謝重輝、顔光敏等友人泛通惠河，賦詩作圖。田雯有七古《九月十日同北山阮亭兩先生實庵蛟門方山修來子昭良哉諸子介眉家兄泛通惠河屬郁生作圖歌以紀之》詩，衆人唱和，現場和詩的有曹貞吉、汪懋麟、顔光敏、林堯英、謝重輝等京城詩壇的一批精英，成京師詩壇一大盛事。在這次集會唱和中，王士禛雖没有和作，但却對田雯的《大通橋行》評價甚高：

> 田君綸霞分司大通橋事既竣，賦詩一篇，刻石官廨。予讀之悱惻深至，有《大東》之思焉。昔少陵覽元道州《舂陵行》《示官吏》作，謂得結輩十數公，落落然參錯天下爲萬物吐氣。予於綸霞亦云若，其詩格在元、杜伯仲之間，視白太傅《秦中吟》不翅過之，世自有知者，予故不具論云。〔一一〕

認爲田雯是在爲民請命、爲民陳情，《大通橋行》有《詩經·大東》篇的『刺亂』精神，詩格不亞於元結、白居易、杜甫的同類名作。

康熙十六年丁巳（1677），王士禛仍在户部四川司郎中任，田雯八月調工部營繕司郎中。十月，王士禛選八位友人田雯、宋犖、王又旦、顔光敏、葉封、曹貞吉、謝重輝、丁煒和兩位門人曹禾、汪懋麟之詩爲《十子詩略》，刻於京師，世稱『金臺十子』。〔一二〕十人的詩學傾向并不一致，并非全是漁洋『神韻』詩派的追隨者，而是一個以山左詩人爲主體的、有着明顯宗宋傾向的詩群。十人中有的遠唐近宋，有的泛濫於唐宋之間。這次集詩刻印，對田雯等人在詩壇上的聲譽是一次極大的提升。應該説，正是因爲漁洋的提携，田雯的詩名由此開始走向全國。

同年十月，田雯歸鄉寧覲，王士禛與林堯英有詩送之。王士禛《送田子綸郎中歸省》：

能詩何水部，恩許片帆歸。慈竹舍前長，眷令沙際飛。梅花迎驛路，臘酒熟柴扉。獨有離居者，依依心曲達。〔一三〕

『何水部』指山東郯城籍的梁朝詩人何遜，何曾任水部員外郎之職，故稱。王士禛盛贊田雯的詩才，是當代的何遜，羨慕田雯能歸鄉省親，表達了自己『離居者』的落寞之情。

康熙十八年己未（1679），王士禛以翰林院侍讀入直南書房，被譽爲一代詩壇領袖。田雯正月入京補工部營繕司郎中，七月，北京發生大地震。田雯《古歡堂集·雜著》卷四：『己未余領冬曹節慎庫，七月地震，自横街移居粉房巷。先至其處督奴子搬家具，悶坐久，作詩一篇題壁上，有「東野家具少於車」「墻脚殘立山薑花」之句。俄漁洋至，見而和之。次日遍傳都下，和者百人。』〔一四〕在震後田雯移居的第一時間，王士禛到田雯新寓探望，對田雯題於墻壁的《移居詩》極爲稱賞，并和詩一首《和田子綸郎中移居》：

田郎詩格如《雪車》，昨來新句傳移家。夢向漪亭坐秋水，蒼筤萬個眠麏麚。冬官事少蹋壁卧，日未卓午先放衙。殘書滿前自穿穴，紛如雁字風中斜。未要沈范相賞識，風亭月觀吟梅花。盧如瓜牛足揺膝，畢逋愛伴城頭鴉。鷙鳥累百詎比數，蹀躍聊試終參撾。牽羅補屋絶代子，慎莫無匹悲[illegible]媧。〔一五〕

《雪車》是中唐詩人劉叉詩歌的篇名，『田郎詩格如雪車』是贊田雯的《移居詩》風格如韓孟般奇崛險怪，磊落不俗，同情朋友雖有『絶代』『無匹』之才，却因『冬官事少』『先放衙』而『蹋壁』作詩的境遇。隨後《移居詩》流傳開來，除王士禛外，施閏章、陳維崧、曹貞吉、朱彝尊、林堯英、汪懋麟、汪楫、曹禾、孫蕙、丁煒等當時京都詩壇的名流幾乎都有和作，陳維崧爲之作序，真正是『和者百人』，田雯由此獲得『田山薑』的雅號，成爲清初詩壇的一大佳話。甚至十年後，田雯出撫貴州，在黔境一孝廉詩集内也發現了和作。這首詩傳播之廣，給田雯帶來的聲譽之高，與身爲詩壇盟主的王士禛的率先唱和與延譽有直接關係。

康熙十九年庚申（1680），王士禛在翰林。六月，田雯升提督江南通省學政按察使司僉事。八月，王士禛、陳維崧等集孫蕙齋送田雯出任江南學政，陳維崧作《送田綸霞督學江南》，士禛作《雨集孫樹百給諫宅送田子綸學使之江南聽小史彈琴作》：

> 愁霖應商節，回飆散高樹。蕭蕭梧葉零，稍稍征鴻去。美人將何適，遥指楓江路。……〔一六〕

秋風凛冽，桐葉凋零，征鴻遠去，詩用悲秋的景物渲染離别氣氛，用對佳人的相思表達難以割捨的深厚友情。

第二階段：分司内外時期（康熙二十年 1681—康熙三十年 1691）

康熙十九年庚申（1680）田雯升江南學政離京外任，除二十四年、二十五年兩次短暫進京候補和就醫外，十年間先後任湖廣湖北督糧道布政使司參議、江寧巡撫、貴州巡撫。此期士禛雖始終做京官，但田雯兩次短暫進京時，正值士禛出京祭告南海、丁憂在家，兩人失之交臂。雖十年間不曾謀面，但彼此惦念，保持聯繫，體現了兩人的友誼與信任。

康熙二十五年丙寅（1686）秋，士禛欣賞田雯弟子歷城秀才王蘋之才，寫信向時任山東巡撫的張鵬推薦：

中丞特召見，引之客座，且贈金焉。蘋之才，中丞之誼，皆塵中所少，故記之。〔一七〕

王蘋得到『特招』『贈金』的禮遇。

康熙二十九年庚午（1690）正月，王士禛回京再補詹事府少詹事兼翰林院侍講學士，田雯時任貴州巡撫。五月，徐勝力典貴州鄉試，士禛有七律《送徐勝力宮諭典試貴州兼寄田綸霞中丞》詩送行：

百戰曾經馬伏波，送君五月下牂牁。祠過帝女逢斑竹，洞入秦人訪緑蘿。已見華風開瘴癘，須令樂職備中和。田郎久別應無恙，共倚南樓一嘯歌。〔一八〕

『已見華風開瘴癘』是對田雯撫黔注重文教的贊揚，尾聯問候老友，盼望重逢之情溢於言表，全詩字裏行間包含着對田雯的贊賞與思念。

徐勝力典試完畢還朝之際，田雯寫有七古《送徐諭德華隱還朝》〔一九〕詩送行。詩人想像面對貴州鄉試『得人之盛』，『漁洋夫子愛奇士，見此大叫喜欲狂』，王士禛作爲『京江閣老文章伯』定會非常高興。『安得隨風變蓬草，凌空北去青冥翔。竹垞山人倘問訊，爲言老矣田山薑』，自己願意化爲隨風飄轉的蓬草北去，去會晤漁洋、朱彝尊等這些老朋友，畢竟此時都已是近六十歲的老人了。

康熙三十年辛未（1691）三月，王士禛收到田雯於貴州任上寄來的《黔書》并乞序，『名宦』卷頗多筆墨涉及士禛先祖王重光事迹。王士禛作《跋黔書》，稱田雯所撰《黔書》『凡七十六篇，篇不一格……文筆奇峭』〔二〇〕。

是年閏七月，田雯聞母喪北歸守制，結束了十餘年的外任生涯。

第三階段：再次同官京師時期（康熙三十一年 1692—康熙四十一年 1702）

康熙三十一年壬申（1692），王士禛在翰林，田雯丁憂在籍。二月，田雯葬母於先壟，請士禛爲母撰墓表。王士禛《田母張太恭人墓表》盛贊田雯母親張氏『通知大義』『督諸子讀書而身自紡績往往至戌夜』『工詩……存惟《茹荼吟》三十章』〔二一〕。

八月二十八日，王士禛五十九歲誕辰，田雯特地進京爲王士禛祝壽。友人孔尚任、門人李象元、何世堪有詩祝壽，王士禛請田雯撰序。田雯在《王少司農壽序》中寫道：

少司農王公，鍾琅琊之奇，門地峻越，而以東國海岱之勝概發其光華，操熙朝文章之柄，櫜鞬壇坫者垂四十年，天下皆曰阮亭先生。雖其齒甫歷甲子，未遽稱皤皤黃髮，而天下之士尊之，巋然古魯靈光焉。夫唐之以文章名者，莫如韓愈，當時詞人才子擔簦負笈游京師，必愈爲之延譽公卿以成名，寒蟲之號可聽，長鬚之奴有咏，即孟郊、盧仝輩皆然。先生則今之韓愈也，士之問奇而來者，立先生堂下，一聆先生謦欬，無不囅然色喜而去。先生平日於人才消長之故、風雅得失之林，拳拳有深情焉……懸弧之日，諸君子結駟造門，帣韝鞠跽，次起前爲壽。以余事先生久，屬余以文章進一觴。〔二二〕

這篇長達1126字的序文，認爲士禛獎掖後進不遺餘力，堪稱當代的韓愈，贊揚了士禛的人品，肯定了王士禛康熙朝詩壇盟主的地位。

康熙三十三年甲戌（1694），士禛在户部右侍郎任。正月，田雯除服赴京補刑部右侍郎，兩人再次開始了近十年的同官京師的生涯。

康熙三十四年乙亥（1695）十二月二十六日，王士禛與田雯等同集陸揆哉寓齋，觀龍燮編《瓊花夢》傳奇，吟詩。田雯有《乙亥除夕前四日偕諸子陪漁洋先生宴集陸揆哉郎中寓齋即事漫題四絶句先是殷子彦來以石花魚見餉故篇首及之》組詩四首，其三：

樂府風流竞絶倫，譜來宫徵亦清新。蕃釐觀裏游仙夢，羡爾嶔崎磊落人。〔二三〕

田雯自注：『演《瓊花夢》傳奇。』士禛有《觀演〈瓊花夢〉傳奇柬龍石樓宫允八首》組詩四首，其三：

臨川遺迹草蕭蕭，絶調荆溪又寂寥。自掐檀痕親教曲，江東惟有阿龍超〔二四〕。

兩人都對龍燮編演的《瓊花夢》贊賞有加，田雯認爲《瓊花夢》傳奇『清新』『絶倫』，士禛則把《瓊花夢》傳奇看作是能超越湯顯祖『臨川四夢』的佳作。田雯組詩其四云：

疑在旗亭寒火間，拚將新句試雙鬟。停歌更覺登樓好，飽看斜陽雪後山。[二五]

寫出了朋友們相聚飲酒鬥詩唱和，大有『旗亭畫壁』之趣。

康熙三十五年丙子（1696）正月，王士禛、田雯等十六人奉命分别祭告華山、嵩山等名山大川。李楠有詩云：

薄暮柳陰旗脚轉，却知前路有詩人。文峰兩地峥嶸甚，試看嵩山與華山。[二六]

李楠，原名李葉，字倚江，號木庵，江蘇興化人，康熙十二年進士。由檢討郎官至禮部侍郎，有《藥圃詩》集。此次奉命祭告衡山，感於多年來田雯詩歌實績，將田雯與王士禛對舉。

康熙三十六年（1697）十月，田雯祖父田實栗被列鄉賢祠崇祀。王士禛爲田實栗作《田裕所先生傳》，稱其『性至孝』『雖不遇而其教於家者如此，所謂不言而躬行者』。結合文後題識『賜進士出身朝議大夫國子監祭酒前翰林院侍書侍讀纂修明史新城年侄王士禛頓首拜撰』[二七]來看，該文作於此期。

康熙三十九年庚辰（1700），王士禛在刑部尚書任，田雯在户部左侍郎任。十二月二十六日，王士禛與田雯、吴涵小集卞永譽齋中，觀吴道子《維摩像》、曹霸人馬、郭熙三松、趙大年《柳莊觀荷》、關仝《袁安卧雪》等唐宋元明名迹多幅。田雯作七古《冬夜陪漁洋飲卞令之少司寇齋中聽小伶度曲令之出吴道子畫維摩像索題》。

康熙四十年辛巳（1701）十二月，田雯因『老病日增』『染脾胃之症』『又以腿疾』，決定解任回原籍德州調理，漁洋知悉後感到非常無奈與傷感。康熙四十一年壬午（1702）正月二十四日，田雯啓程回籍。士禛在北京外城西面的廣寧門設宴爲田雯餞别，并寫下《送田綸霞少司徒予告還德州六首》組詩，其五：

> 我來君又去，祖帳國西門。惆悵衰年别，殷勤醉後言。隻鷄招近局，駟馬謝高軒。預擬南村宅，新詩約細論。〔二八〕

康熙四十年三月，漁洋歸里遷祖墳、父墳，十月返京，此次與老友話别，故云『我來君又去』。『祖帳國西門』是説設宴餞别的地點，『惆悵衰年别，殷勤醉後言』是寫此次别離的沉痛。『衰年』，此時田雯六十八歲、漁洋六十九歲，兩人都已經接近古稀之年。田雯又因病解任離朝，此一别極有可能是永訣，心内的痛苦可想而知，只好帶着醉意殷勤地相互囑托。時田雯爲剛卸任的户部左侍郎，王士禛在刑部尚書任，『隻鷄招近局，駟馬謝高軒』是針對兩人身份的謙辭，但也流露出漁洋對田雯才幹的欽佩與賞識。『預擬南村宅，新詩約細論』寫兩人約好將來在故鄉的田園村齋之中，就新作的詩章仔細討論。

這一階段的王士禛與田雯，一是詩壇盟主，一爲幾與頡頏的人物。作爲老朋友、同鄉，官級相類，且都已進入老年，浮雲名利，一切均可超然物外，這一時期應該是他們一生中關係最爲和諧的時期。王士禛的《居易録》共三十四卷，是從康熙二十八年丁憂服滿後進京至四十年的十三年中所記，其中有十二處記載了與田雯交往的資料，内容大多爲田雯自貴州回京後兩人的交往情況。除切磋詩藝、研磨書畫一類的生活外，田雯外任多年，所歷半中國，特別是西南地區風物獨特，其見聞對愛好博物的漁洋有强烈的吸引力，如《居易録》卷二十三記載貴陽的『信泉』：

田漪亭少司寇（雯）説貴陽府城西有泉，應十二時消長，泉上刻石記時刻，候之，百不爽一，漪亭名之曰信泉。

此外，還有卷二十六的貴州的『斷腸草』『斷腸鳥』，卷二十九的『奇馬』；有時在一起談論奇聞軼事，卷二十四記録的武昌『奇丐』，卷二十九記載了德州城出土的『無首骷髏』，發現的『短人』，《居易録》卷二十八記録了田雯『見證』的北京通州的『人妖』；兩人有時甚至對時人進行品評，《居易録》卷二十六談到刑部左侍郎鄭重，『田少司寇綸霞雯云鄭公真聖賢、真名臣，予以爲知言』。漁洋同意田雯對鄭重人品官品的評價，認爲是知己之言。可謂無話不談，已臻摯友境界。

康熙四十三年甲申（1704）二月二十三日辰時，田雯卒，享年七十歲。九月，士禛因『王五一案』失出，罷歸回籍。歸鄉後，著《香祖筆記》共十二卷，有四處關於田雯的訊息，包括康熙四十一年十月康熙帝南巡駐蹕德州，賜田雯『寒緑堂』匾額以及田雯回籍調理服藥時，嫌藥名俗『易他名始服之』之事，關注致仕後的老友。康熙五十年辛卯（1711）五月十一日，漁洋卒，享年七十八歲。

考察兩人的詩歌創作與詩學主張，王士禛早年崇唐，中年涉宋，晚年又復歸到唐。田雯早期學唐，中年事宋，晚年則歸於蘇軾與白香山。儘管兩人的詩學思想中前期同調而晚年旨趣迥异，但田雯没有像趙執信一樣异議相駁，却是『不相辯難』而『相結納』的。而趙執信與王士禛的詩學分歧作爲清初詩壇的公案，按照《四庫全書》的説法是趙執信求王士禛作《觀海集》序不得，而生間隙。其實不然，筆者認爲，通過王趙關係與王田關係的比照，可知真正令王趙關係不睦的是趙、田兩人的性格爲人不同。

王士禛爲人寬厚，成名亦早，喜歡獎掖後進。田雯與趙執信同爲清初山左詩壇名家，早年都得到王士禛的提携，王漁洋與趙執信還有姻親之誼，對趙執信非常賞識，曾稱趙執信與馮廷櫆賦《諸葛銅鼓詩》爲『二妙』。趙執信也承認漁洋曾『厚相知賞，爲之延譽』。但趙執信才華出衆，仕途早達，遂使其養成狂傲的性格，修褉集會『合則投分訂交，不合則略視數行，揮手謝去』。自稱『余少好爲詩，而性失之狂易。始官長安時，頗有飛揚跋扈之氣』[二九]，趙氏《寄新詩與門人謝文洽編修繫以絶句》中説自己『狂聲寥落在人間』，其《王竹村詩集序》記江南人都謂其『善毀人』，這些都表明他以狂傲著稱詩壇。甚至在長輩漁洋面前亦不曾有所收斂，不願稱門生而執弟子之禮，更不屑與王士禛的弟子爲伍。他從批評王士禛賞拔過濫到抨擊其只獎掖那些善於阿附者，特别是在蘇州友人家中批評王士禛《南海集》中二首詩『詩中無人』，最終觸怒漁洋，使二人矛盾表面化、激烈化。

而田雯性格比較謹慎，爲人低調。漁洋與田緒宗有同年之誼，又長田雯一歲，故田雯在詩文中始終稱漁洋爲『王公』『阮亭先生』『漁洋夫子』。田雯雖不是士禛門人，但經常以弟子自謙，他在《王少司農壽序》中寫道：

竊嘗自附於蘇門六君子之列……余嘗於退食之暇挾詩文以造請於先生，見雙藤倚户，外無車馬喧聲。登其堂，先生在焉，含英咀華，睟面盎背，談古人詩文源流所以然者，往往不倦。間命侍者煮密雲龍以餉余，當其神解契合相視而笑，忽如置身丘壑，素心晨夕，忘其久客京雒中也。〔三〇〕

此時田雯五十八歲，詩壇盛名已立，官級相類，但仍尊稱士禛爲『先生』，以蘇門喻王門，用蘇門六君子自比，表達了對漁洋的敬重。特別是『煮密雲龍』茶的典故用得極具意味，據孫月峰《坡仙食飲録》記載，密雲龍之味極爲甘馨，蘇軾對此奉爲至寶，只用來招待自己的得意門生和視爲奇才的人物。田雯與士禛品論『詩文源流』後，士禛讓侍者用密雲龍茶招待田雯，神解契合，忘久客京華，交流非常愉快。

有清一朝，德州田氏詩書繼世，是地域望族和文學世家。田雯季弟田霡和長孫田同之，是王士禛神韻派詩論的實踐者和堅定支持者，《鬲津草堂詩序》是王士禛爲田霡詩集作的序言。尤其是田同之，號小山薑，田雯去世時田同之時年二十七歲，爺孫感情甚篤，一生受祖父影響巨大，但其在詩學思想方面，却是王士禛神韻詩學的鼓揚者。沈德潛《國朝詩别裁集·小傳》有『彦威爲山薑之孫，而篤信謹守乃在新城王公，有攻新城學術者，幾與拼命與争』〔三一〕的説法，王田兩人關係由此亦可見出一斑。

綜而觀之，田雯作爲始終籠罩在漁洋光芒之下的清初一流詩人，其與漁洋間并非『不相結納』、互立門户而『争名角立』，而是交往密切，關係融洽，已臻『和而不同』的君子境界。

——本文原發表於《山東大學學報（哲學社會科學版）》，2009年第2期，有改動。

【注】

〔一〕趙執信：《談龍録》，人民文學出版社，1981年，第14頁。

〔二〕田雯：《古歡堂集·藥圃詩序》，清德州田氏刻《德州田氏叢書》本。

〔三〕錢鍾書：《談藝録》，中華書局，1984年，第110頁。

〔四〕錢仲聯：《清詩紀事》第五册，江蘇古籍出版社，1987年，第2486頁。

〔五〕田需：《田雯行狀》，清德州田氏刻《德州田氏叢書》本。

〔六〕朱庭珍：《筱園詩話》，郭紹虞《清詩話續編》，上海古籍出版社，1983年，第2364頁。

〔七〕趙爾巽：《清史稿·文苑傳·田雯》，上海聯合書店影印本，1942年，第1530頁。

〔八〕鄧之誠：《清詩紀事初編》，中華書局，1965年，第703頁。

〔九〕紀昀：《四庫全書·古歡堂集卷首提要》，文淵閣影印四庫全書本。

〔一〇〕田雯：《蒙齋年譜》，清德州田氏刻《德州田氏叢書》本。

〔一一〕田雯:《古歡堂集·詩選》。

〔一二〕王士禛:《居易録》卷五,文淵閣影印四庫全書本。

〔一三〕王士禛:《漁洋續集》卷十,《四庫存目叢書》第226册,齊魯書社,1997年,第796頁。

〔一四〕田雯:《古歡堂集·詩選》。

〔一五〕王士禛:《漁洋續集》卷十二,第816頁。

〔一六〕王士禛:《漁洋續集》卷十二,第824頁。

〔一七〕王士禛:《池北偶談》卷十九,文淵閣影印四庫全書本,第879頁。

〔一八〕王士禛:《蠶尾集》卷一,《四庫存目叢書》第227册,第206頁。

〔一九〕田雯:《古歡堂集·詩選》。

〔二〇〕王士禛:《居易録》卷十。

〔二一〕王士禛:《田母張太恭人墓表》,田同之《安德田氏家譜》第三卷,宗祠藏版。

〔二二〕田雯:《古歡堂集·王少司農壽序》。

〔二三〕田雯:《古歡堂集·詩選》。

〔二四〕王士禛:《蠶尾續集》卷一,《四庫存目叢書》第227册,第326頁。

〔二五〕田雯:《古歡堂集·詩選》。

〔二六〕田雯:《古歡堂集·藥圃詩序》。

〔二七〕王士禛：《田裕所先生傳》，田同之《安德田氏家譜》第三卷。

〔二八〕王士禛：《蠶尾續集》卷二，第338頁。

〔二九〕趙執信：《飴山文集·沈東田詩集序》，清乾隆三十九年趙氏因園刻本。

〔三〇〕田雯：《古歡堂集·王少司農壽序》。

〔三一〕沈德潛：《清詩別裁集》，上海古籍出版社，1984年，第980頁。

第五篇　德州田氏詩群行略及生卒年證補

一、張氏

張氏作爲清代女詩人，目前最爲著名的幾部女性文學史和工具書，如《清代婦女文學史》《清代閨閣詩人徵略》《歷代婦女著作考》皆不見記載，生卒年更是無從查考。根據德州田氏後裔田志恕先生提供宗祠版民國續修《安德田氏家譜》，卷二內傳有田雯爲母親所作傳記，云張氏『生於明萬曆四十三年乙卯三月初九日丑時，卒於康熙三十年辛未六月十六日酉時……壽七十有七』。〔一〕

據此，張氏生於明萬曆四十三年乙卯（1615）農曆三月初九，卒於清康熙三十年辛未（1691）農曆六月十六日。

二、田霡

關於田霡生卒年，目前能見到的説法有三：

一是不確定。錢仲聯編《中國文學家大辭典·清代卷》，直接注爲『生卒年不詳』〔二〕；袁行雲《清人詩集叙録》『鬲津草堂詩五卷』條有『……卷五曰《乃了集》，記七十八歲南游，時子婿張華年爲金陵守。又有《絶筆詩》五首，作於雍正七年（按：1729年），時年七十有八』〔三〕。可見袁行雲先生對田霡生卒年亦不甚確詳。

二是生於1652年，卒於1729年。柯愈春《清人詩文集總目提要》云：『霡生於順治九年（1652），卒於雍正七年（1729）。……雍正七年作《絶筆》詩，有「七十八年爲寄客」「七十八年餘數月」句，知卒年七十八歲。』〔四〕江慶柏《清代人物生卒年表》注爲『（1652—1729）』〔五〕，其依據是田霡《鬲津草堂詩集・絶筆》。需要説明的是，江先生對田霡生卒年是持疑問的，頁下注云：『田霡生卒年，此據其《絶筆》所記，雍正四年田霡作傅仲辰《心儒詩選》序，自屬「七十四歲」，依此推算，則其生年爲順治十年（1653）。』看來江先生對田霡生年、卒年也都不十分確定。

三是生於1652年，卒年1729以後。李靈年等編《清人別集總目》即注爲『（1652—1729以後）』〔六〕。

關於田霡生卒年，概括以上三家觀點，一説田霡生卒年不確定，一説田霡生於1652年，卒於1729年或1729年以後，實際上，都是缺誤模糊的。今觀《安德田氏家譜》，卷三收有其《香城先生自作墓志銘》，墓志銘後有田霡兒子蔭麗、髦士所撰附注，附注全文如下：

志係戊申年先君子自作，歲庚戌，先君子卒。今卜葬有日，將勒諸窀墓之石，謹將生卒年月并子女名數附列於後。先君子生於順治十年九月二十四日寅時，卒於雍正八年十一月二十日亥時，得年七十有八。門人謚曰靖節先生。配鄭氏，子二人蔭麗、髦士，女二人；孫五人開、祈、至、淳、滋，孫女一人；曾孫四人鶴孫、桐孫、壽孫、得孫，曾孫女三人。今以雍正九年二月二十七日，葬於城北第六屯之北原。——男蔭麗、髦士謹識。[七]

從這則資料中可知：《香城先生自作墓志銘》作於田霡逝前二年，即雍正六年戊申（1728），而文中有『雍正戊申先生年七十有六歲，既老且病』之句，證明田霡時年76歲，這就與雍正四年田霡序傅仲辰《心儒詩選》時，自屬『七十四歲』時間吻合起來。附注中直接表明田霡生年爲清順治十年癸巳（1653），卒年爲清雍正八年庚戌（1730）。田霡《絶筆詩》有句云『七十八年爲寄客，黄花開後是歸期』[八]，詩應是寫於雍正八年離世前不久，而非袁行雲先生所説的雍正七年。《安德田氏家譜》卷四則收有田雯作《賜進士出身文林郎浙江處州府麗水縣知縣累贈奉贈大夫蓼菴田公年譜》，即田雯父親緒宗年譜。緒宗爲官麗水知縣，號蓼菴先生，其中有『順治十年癸巳，公年四十五歲，九月四男霡生』[九]之句，『四男霡』即指田霡，查《安德田氏家譜》卷一世表可知田緒宗有子四人，長子田雯，次子田需，三子田震，四子田霡。只不過三子田震早夭。緒宗年譜記載田霡生於清順治十年九月，這也與田霡自作《墓志銘》後的附注相互印證、統一起來。

據此，田霡的生卒年準確時間是：生於清順治十年癸巳（1653）農曆九月二十四日寅時，卒於清雍正八年庚戌（1730）農曆十一月二十日亥時，壽七十八。

三、田肇麗

關於田肇麗生卒年，《中國文學家大辭典·清代卷》注爲『生卒年不詳』[一〇]，《清人別集總目》注爲『？—1735』[一一]，《清代詩文集總目提要》《清代人物生卒年表》無載。田雯自撰《蒙齋年譜》云：『順治十八年辛丑正月初，男肇麗生。』[一二] 查《安德田氏家譜》卷二家傳，有田同之所撰傳記云：『（田肇麗）順治十八年正月初八日辰時生，雍正十三年十二月初七日未時卒，以乾隆元年十一月初六日酉時葬於楊穀村祖塋。』[一三]

所以，田肇麗生卒年的準確日期爲：順治十八年辛丑（1661）正月初八生，雍正十三年乙卯（1735）十二月初七日卒，壽七十五。

四、田同之

關於田同之生卒年，《中國文學家大辭典·清代卷》記爲『生卒年不詳』[一四]，《清人詩集敘録》有『硯思集六卷』條，於生年無記，有『卒於乾隆十四年，年七十三』[一五]，没有注明依據。《清人別集總目》注爲：『1667— 』[一六]，《清人詩文集總目提要》注爲：『同之生於康熙十六年（1677），卒於乾隆十四年（1749）。』[一七]《清代人物生卒年表》注爲『1677—？』，其依據是田同之《硯思集·丙寅除夕》，江先生在頁下注中説：『田同之卒年不詳，或作乾隆十四年

（1749），誤。據田同之《二學亭文涘》乾隆十六年（1751）成武序，此年夏嘗至德州，登古歡之堂，獲見西圃先生，年七十餘，鬚糜浩然，而著書不輟。』〔一八〕由此看來，學界對田同之生年多傾向於1677年，但卒年仍不確定，《清人詩文集總目提要》説卒年爲1749年，不知所依。

今從田氏著作來看，學界認爲田同之生於1677年是正確的。田雯自撰《蒙齋年譜》記有『康熙十六年丁巳（1677），三月三十日，男曼碩生，四月初二日，孫同之生』〔一九〕，説田同之生於1677年四月初二；關於其卒年具體時間，官紳校訂本《德州鄉土志·耆舊録》四十五云：

田硯思同之……年八十卒。盧澹園致友人書云，聞小山薑先生與魏憲老同日撤琴瑟白玉堂中，得文人作伴成九原一快，但老成凋喪，後死者悲不自勝耳。〔二〇〕

從這則資料可知其享壽八十，據此推算，應是乾隆二十一年丙子（1756）卒。《安德田氏家譜》卷二家傳記爲：

公生於康熙十六年丁巳四月初二日辰時，卒於乾隆二十一年丙子十二月十七日未時，壽八十歲，以乾隆二十九年甲申三月二十五日申時合葬於楊穀店老塋。〔二一〕

如此證明《德州鄉土志》提供的信息是準確的，認爲田同之卒於乾隆十四年（1749）是錯誤的。

至此，田同之生卒年的準確日期應爲：生於康熙十六年丁巳（1677）四月初二，卒於乾隆二十一年丙子（1756）十二月十七。

——本文部分發表於《古籍整理研究學刊》，2010年第1期，題目及内容有改動。

【注】

〔一〕田雯、田同之等：《安德田氏家譜》，卷二。

〔二〕錢仲聯：《中國文學家大辭典·清代卷》，中華書局1996年版，第118頁。

〔三〕袁行雲：《清人詩集叙録》，文化藝術出版社1994年版，第521頁。

〔四〕柯愈春：《清人詩文集總目提要》，北京古籍出版社2001年版，第347頁。

〔五〕江慶柏：《清代人物生卒年表》，人民文學出版社2005年版，第113頁。

〔六〕李靈年等：《清人别集總目》，安徽教育出版社2000年版，第322頁。

〔七〕田雯等：《安德田氏家譜》，卷三。

〔八〕田霡：《鬲津草堂乃了集》，見《四庫存目叢書》，第254册，第845頁。

〔九〕田雯等：《安德田氏家譜》，卷四。

〔一〇〕錢仲聯：《中國文學家大辭典·清代卷》，第118頁。

〔一一〕李靈年等：《清人别集總目》，第325頁。

〔一二〕田雯：《蒙齋年譜》，清德州田氏叢書本。

〔一三〕田雯等：《安德田氏家譜》，卷二。

〔一四〕錢仲聯：《中國文學家大辭典·清代卷》，第116頁。

〔一五〕袁行雲：《清人詩集叙録》，第701頁。

〔一六〕李靈年等：《清人別集總目》，第323頁。

〔一七〕柯愈春：《清人詩文集總目提要》，第465頁。

〔一八〕江慶柏：《清代人物生卒年表》，第113頁。

〔一九〕田雯：《蒙齋年譜》，清德州田氏叢書本。

〔二〇〕《德州鄉土志·耆舊録》，官紳校訂本。

〔二一〕田雯：《安德田氏家譜》，卷二。

第六篇　略論清初詩人田霡及其《鬲津草堂詩集》

明清時期，德州社會經濟因運河之利得到突飛猛進的發展，地域文化空前繁榮，誕生了衆多名門望族，德州田氏是其中最具代表性的家族之一，田氏的詩學成就更是在全國頗具影響。位列『金臺十子』的田雯和被稱爲『菊隱』的田霡，是田氏家族文學的優秀代表。田霡是田雯最小的胞弟，與謝重輝爲好友，是盧見曾的啓蒙老師；他學詩於王士禛，學文於汪琬，門生詩友遍及大江南北。研究田霡及其詩作對於認識清代德州田氏家族文學，挖掘德州地域文化和深化運河文化内涵都有着重要意義。

一

田霡（1653—1730）[一]，字子益，號樂園，又號香城居士，山東德州人。康熙二十五年拔貢，授堂邑教諭，以病不赴。父田緒宗，齊魯人稱『蓼菴先生』，是順治時浙江處州府麗水縣知縣；母親張氏，熟讀詩書，知大義，因田雯、田需之官封『太恭人』，有《茹荼吟》三十首絶句傳世。兄雯、需，皆舉進士，俱以文學著述致高名。尤其是長兄田雯，是康熙朝詩文名家，晚年詩歌成績幾與詩壇盟主王士禛并駕齊驅。而田霡一生却布衣終身，寂寞自甘，篇咏閑適。

田霡一生可以分爲三個階段：

（一）孤苦不幸的童年

田霡自撰《香城先生自撰墓志銘》云：『先生爲壬辰進士累贈通奉大夫麗水公第四子，母夫人張氏。十月而孤，四十而哀。……年十七入泮宫。』[二] 可見田霡剛出生十個月就失去了父親。失去支柱的田家内外交困，據《蒙齋年譜》記載，清順治十二年（1655）乙未，田霡三歲，田家先後遭强族、豪戚、惡奴之欺。順治十三年（1656）丙申，田霡四歲，城北六屯祖遺田六百畝突遭掠奪，河間三十旗卒突至，練奪佃丁。順治十八年（1661）辛丑，田霡九歲，田家遭奸人逼償父債，被訛詐，賣河西朱家莊田若干畝，宅院一處，家道更加中落。大約到康熙六年（1667）丁未，田霡十五歲，長兄田雯在中進士三年後出任内閣中書舍人，這種艱難處境方才有所好轉。

（二）應試、游歷、授徒的青年和中年

田霡於十七歲時入德州州學，從此進入苦讀應試時期。其詩保留下來的最早的大約在其五十三歲左右所寫。根據相關資料來看，其青年、中年時期的主要生活内容爲應試、游歷。其《送人應試自述二首》之二：

> 堂堂日月去難留，老嘆浮名未易求。計把佳辰虚斷送，棘闈七度過中秋。[三]

鄉試按例每三年一科，可見田霡爲科舉應試至少考了近20年。直到康熙二十五年（1686）丙寅，田霡三十四歲時，按例拔貢生，才有了出任低層官吏的資格，由此可見他將青春的大好時光基本耗費在了應試求取功名上。

爲開闊視野、求職干謁之需，田霡應試之餘不得不漫游四方。盧見曾在《書田香城先生自作墓志銘》後説：

先生兄山薑而師漁洋，弱冠游京師，與一時名公巨卿，争騷壇，據吟席。其所爲詩，甫脱稿，已吟遍長安。〔四〕

田霡是盧見曾的蒙師，『争騷壇，據吟席』説有誇飾之嫌。但其青年時期跟隨長兄田雯居京城、與詩壇名宿交往，穎悟絶人，曾學詩於王士禛，學文於汪琬，從而使詩名早播、早聞確是事實。

田霡二十五歲左右曾南下遠游，最遠到過福建的建寧、福州等地。其詩《南游稿·句容道中二首》之二云：

整裝又下秣陵關，風景猶然在目間。五十年來尋舊夢，故人惟有大茅山。

寫這首詩時，作者七十五歲，可見二十五歲左右到過此地。田雯曾作有《舍弟有江南之游，作此寄之》詩，有『丈夫貧賤理應耳，此游無乃非良圖。腰下犢鼻可終老，逢人彈鋏徒區區』〔五〕句，如此看來，田霡此期的江南行大概是欲求有人賞識而用，以圖改變處境。

設帳授徒是古代文人屢試不第的境遇下，爲了生活不得不做的事情。田霡在德州及附近縣有大量門生，盧見曾無疑是其生徒中最有成就的一個。盧見曾説：

余少受聲調之傳於同里田香城先生……余年稍稍長，略通文字，而先生許之鄉會兩試，先生皆决其售於未揭曉之前。初學爲詩，辨聲律，先生曰『孺子可教』。出其所藏書選本若

干卷，授予抄録……〔六〕

田霡對於盧見曾既是詩歌創作啓蒙的老師，又是慧眼識得俊才的伯樂。田霡有《人日同顔振玉、宋鳳棲、葉仲一、宋曦扶、陳雨新過鬲津登老子閣遠眺四首》詩，其一曰：

約期不爽愜幽情，長句分聯叉手成。除却黄冠無別客，同來大半是門生。

『同來大半是門生』，可見門生數量不爲少數。田霡弟子裏除盧見曾外，名氣較大的還有顔振玉、葉仲一（葉正夏）、宋鳳棲、張幼渠等，休寧的朱灝、德州的陳英選（陳雨新）還爲田霡詩集寫序、題跋。

（三）樂觀曠達、創作豐碩的老年

田霡五十七歲時被授予堂邑縣教諭，却以腿脚有病爲由而辭官。追求了半生的出仕做官却又隨手弃之，這恐怕與田霡此期恬淡的心態有關。

田霡所居地曰『竹竿巷』，築『數帆亭』，編籬爲垣，榜於門曰『香城』。田霡居家徜徉在緑柳花叢中，門口、院外植有枸杞、垂柳、棗樹等樹木，院裏遍栽各種花卉，他還於鬲津河畔闢出田地百畝築屋自居，構造『鬲海朝烟』的勝景。長詩《余有田百畝，去城十餘里，州乘所載『鬲海朝烟』也。往來於此，頗足自娱，因成是作》云：

新謀二頃田，遠在鬲津上。依鄰宅西偏，築屋迤南向。矮窗面四開，扯撑時一望。有如釣湖邊，秃柳繫白舫。野花雜階墀，木榻潔衾幃。種秫更百區，多收盡教釀。玄都峙前村，道士亦謔浪。時來佐奇談，不妨令姑妄。既非處孤陋，便已絶波謗。數椽擬復添，卜居協微尚。地僻著腐儒，江湖自天放。

傍水的田地、四開的矮窗、雜階的野花、木床衾幃等營造了一個温馨宜人的田園環境。種秫釀酒，與高士往來，奇談闊論，既不孤陋寡聞，又無官場的構陷誹謗，身心暢快，這一切爲其詩歌創作提供了不竭的創作源泉，晚年也就成爲田霡詩歌創作的豐碩期。

田霡晚年好藝菊，又號『菊隱』，自稱開州城藝菊之風尚。平日與親友飲酒賞花，不時地南北游歷，過着悠閑的與世無争的生活。七十六歲嘗自作墓志銘，可見其性格之曠達。故這近三十年時間也是田霡廣泛與各地友人交往頻繁，詩作廣爲流傳的時期。

二

田霡現存《鬲津草堂詩集》六卷，分别是《鬲津草堂五字古體詩》《鬲津草堂五字今體詩》《鬲津草堂絶句詩》《菊隱集》《南游稿》《乃了集》。其中《鬲津草堂五字古體詩》《鬲津草堂五字今體詩》由王士禛點評并作序；《鬲津草堂絶句詩》由同鄉孫勷作序；《菊隱集》一卷、《南游稿》一卷，題曰《鬲津草堂七十以後詩》，由黄越作序；《乃了集》由其子婿張華年題序。《鬲津草堂詩集》共收詩歌 1006 首。

田霡終身未仕，生活閲歷相對簡單，詩歌内容亦不算豐富。僅涉及寫景詩、田園詩、親友唱和詩、咏史詩、民俗風情詩等内容，其中以藝菊爲主要情趣的菊花詩和以運河爲主綫的紀游寫景詩最爲突出，表達自己以布衣之身親近自然、不求功名、與花爲伴、與詩爲友的生活樂趣。

田霡以咏菊爲主要内容的田園詩，在其詩集中占比例最大。據筆者統計，田霡以菊花爲題或者寫到菊花的詩，共計93首，占近十分之一。田霡晚年栽菊、賞菊，以菊爲友，寫下了大量的吟咏菊花的詩篇。

種菊很累很苦，還得耐得住寂寞，而詩人却以此爲樂，在《乃了集》中有《菊花五首》，其四云：

避喧自到山中住，看我何如宰相尊？休笑生平無事業，十年種菊數千盆。

十年種得千盆菊，將種菊視爲了事業。春天一到，他仔細分苗移栽；夏季到了，他研究菊經菊譜，培灌、剔蟲；秋季過了重陽，更是灑掃廳堂卧室，糊窗挂簾，把菊花移栽於盆中，置於室内，設榻花叢中，早晚細細觀賞、慢慢吟誦；甚至乘舟順運河遠游，都要將心愛的菊花置於船艙之中。爲了看花，他還專門讓老伴給他縫製了一領看花衣，他養的菊花也是一年比一年高壯艷麗。他自己總結藝菊的秘訣是順應菊之本性，在自撰的墓志銘裏，他説：

先生性恬淡，既無一事以自豪，亦無一事以自下……然則先生果無一長可取乎？觀其蓺菊，察天時，擇地利，勤栽培，剔蟲蠡，能使菊性與人性相合，人工與化工并運，此非先生之長乎？噫嘻！有此一長，亦云足矣！〔七〕

種菊不僅查看天時，還要選擇地利，既要勤於栽培，又要學會除蟲害，從而能使菊性與人性相合諧，人力與大自然規律相一致，才能使菊花繁茂茁壯、健康成長。田霡養菊悟出了人生的道理。

在田霡看來，菊花是好友至親，在《餞菊二首》其一中他説：

黄花依我若姻親，我待黄花等上賓。雖是無知閑草木，交情亦自勝於人。

菊花不僅是上賓好友，養菊本身還可以使人延緩衰老、情趣高雅，其《菊花詩十六首》之五説：

非是無因爲菊忙，功能却老號奇方。自從師遇康風子，斗覺黄花遍體香。

因爲在田霡眼中，菊花是情操高雅的君子，《菊花詩十六首》之十四説：

擬美黄花畏不恭，且從人物想芳踪。枝同逸士清操體，色比冰姿静女容。

認爲菊花和梅花一樣有傲骨奇志：

隱逸高名物莫攀，誰能竊比肖秋顔。冷香味與寒香近，品在梅花伯仲間。

所以他做出選擇：

黄花與我有奇緣，不惜新詩贈數篇。仍欲相依成小隱，人如菊淡度殘年。

人淡如菊，正是其晚年生活、心態的生動寫照，《柬友人爲余畫菊隱圖二首》其一云：

老愛芳菲菊最宜，一年止有九秋期。煩君爲掃鵝溪絹，準備花殘欲看時。

其二云：

磨盡東溪墨一丸，畫成霜菊幾團圞。倘愁冷艷難能畫，須向香城仔細看。

田霡認爲，待到百花凋殘、無花可賞時，看到自己的畫像，就是看到了菊花的神姿。在其心目中，我即菊花，菊花即我，達到了物我合一的境界。

田霡另一比較突出的詩歌題材是紀游寫景詩。夏慎樞序其詩云：

> 先生每遇名勝必游，游必詩。每成詩，必使其地之景如僧繇道子之畫，躍然若在目前；必使人如嗅返魂香湯、灌上池水，儼然復生而啼笑宛轉於紙上。[八]

田霡這類題材的詩歌，以運河爲綫索，主要寫自己沿運河南北出游沿途所見景觀，可以説是詩滿運河，將其連接起來就是清前、中期京杭運河兩岸人文景觀的一幅幅山水畫屏。

田霡晚年曾兩次北上京師。一是1721年早春、六十九歲時，乘舟北去京師，在《鬲津草堂絶句詩》裏記載了此行，有《滄州早泊》《青縣》《楊柳青》《渤海》《途中懷莪山廷尉》《湯山道中》《湯泉五首》之作。《湯泉五首》其五説：

> 攜家擬并湯山住，暗引流泉到屋隅。淫若佟之何不可？省將薪桂費東厨。

可見其風趣幽默。《由山中赴昌平花村沽酒》：

> 杏花山接杏花村，萬樹千株未可論。無意尋花花轉盛，哪能到此不開樽。

語言如珍珠滚盤，婉轉流麗，景色大有目不暇接之勢。《天壽山》是明代十三帝的安身之地，寫到：

> 龍蟠天壽勢崚嶒，二百餘年見廢興。仔細看來真有數，十三山下十三陵。

別有一番感興。《客都戲作》《買花自嘲》寫他在京月餘，頗有感慨。與好友們依依惜別，他寫了《出都留別莪山廷尉》《雨中望西山》《霧中早發》等。《霧中早發》：

迷天冷霧早騰騰，十里荒途日未升。近水遥山渾不見，一聲清磬路旁僧。

漫天大霧，近水遠山不見。大霧掩行不掩聲，路邊行脚僧清脆的敲打木魚之聲聲聲入耳，足見其幽遠清淡之趣。進入河北界，有《過河間吊劉文房先生》《關張鋪》《霧行花林中》等詩。在《獻縣》中說：

高堰中分二水斜，興懷往事正堪嗟。日華宫下人經過，止有尋常賣酒家。

自注：『日華宫，漢河間王所築，置客館二十餘區，以延文學之士。』對比河間王築館延文士，自己身老而不見用，他還是感嘆不已的。

田霡另一次北上京師是在雍正二年（1724）甲辰農曆四月，他應静海縣令佟希白之約，買舟北上，沿途寫下《次日行三百五十里至海津》等詩作。至静海，有《至静海與佟希白話舊》《津門去京師僅二百餘里擬覔小車往看莪山少參》詩。過天津，游香林苑訪道士鏡心不遇，見廊壁題詩千餘首，皆一時名士與之贈答者。歸來，賦一律四絶。田霡在天津冒險吃河豚，并留有詩作。長詩達32句，224字，從河豚上市的季節寫起，一直寫到切魚去毒、烹煮、食後的暗自擔憂，平安無事後的慶幸，準備再賣兩大串去大快朵頤，還想着回家後向親鄰炫耀一番。一位樂天豁達、風趣幽默的智者達者形象活脱脱站在我們面前：

异味入腸雖快意，輕生未慣眉私顰。自朝至暮幸無恙，復置兩縛充常珍。初食懷疑興莫暢，大嚼還欲師先民。曾梅蘇范各有句，文潛雜志非無因。敢食此魚皆名士，間有殞者定俗人。我既飽啖竟不死，亟歸擬傲親與鄰。

由天津到京師見孫勷，有《余與莪山少參别將二載，甲辰初夏北上相訪留三日而别三首》，其二云：

遥望燕臺欲倒鞭，黄昏方至故人前。挑燈互把頹顔看，那得今年似去年？

老友久别重逢，挑燈仔細端詳對方，發現相互都不再年輕，都不是前次相見時的容貌，真是『歲歲年年人不同』，朋友相惜相愛之情、人生的蒼凉之感頓現。

田霡早年曾南游，可惜無詩作留存。今天所能見到的是雍正四年（1726）丙午，田霡七十四歲時的南游之行。是年秋九月十九日，田霡附女婿張華年的船沿運河南行，一路過故城、臨清、張秋鎮、聊城、濟寧，沿途憑吊古迹、書寫懷抱，有《過故城吊馬東田先生》《臨清吊四溟山人二首》《無爲觀遠眺》《挂劍臺》《劍草》《戊己山》《射書臺》《重游任尚書南花園》《過分水戲占》《南池》《謁先賢仲子祠》。盤桓月餘方至彭城，自彭城進入江蘇地界。《彭城驛》詩云：

經月猶然在魯疆，滿河秋色挂帆檣。從今打點方爲客，已過彭城入异鄉。

出山東境始覺自己是客身。在淮安的清江浦，寫下《清江浦有感》一詩：

停舟袁浦夜霜明，忽憶當年百感生。欲誦湖堤三十首，空彈老泪不成聲。

自注：『庚辰先司農兄督河工作絶句三十首』，睹物思人，想起了已故的長兄田雯，悲咽不已。《釣臺二首》回憶韓信在此垂釣、漂母給食之事。舟至高郵，吟《高郵吊秦淮海二首》，他看到的是『蘆荻蕭蕭飛暮雨』，慨嘆秦觀：

迹絶人間五百年，尚存佳句世争傳。欲消長夜從頭讀，老蚌飛光照客船。

比喻秦觀的詩是黑夜裹老蚌飛光，合景合情。過露筋祠，憑傳説寫下《露筋祠》，有句『欲薦渚蘋才爔楫，紛紛白鳥向人飛』。因爲故事主人傳説是被蚊子叮咬露筋而亡，所以作者恰到好處寫到紛飛的蚊子。

到達名城揚州，寫下《夜泊廣陵二首》，描述了驚喜的僕人把他從夢中摇醒的情景。在揚州逗留期間，寫了《維揚出游》《僧院試茶》，在《平山堂二首》其一裏説：

古迹陳陳耳未窮，扶笻欲到竹西東。齊梁事與吾何涉？獨向平山吊醉翁。

原來田翁之意不在景，在乎憑吊歐陽翁。他還特地去儀征縣的柳屯田墓地憑吊：

生有才名死亦香，偶然跌宕又何妨？曉風殘月真州路，仙掌猶埋柳七郎。

二十八字就把柳永一生的風流倜儻和自己對他的仰慕寫盡。

船到達六朝古都秦淮繁華勝地——金陵後，他訪燕子磯、弘濟寺，登雨花臺，拜謁方正學祠（案：紀念明代方孝孺的祠堂），寫到：

遺像猶存日月光，孤魂切莫薄三楊。當時若草黄麻詔，十族安能骨盡香。

褒揚忠直志士之情流於筆端。登木末亭、上梅岡，再登東山，遥想謝公當年風神。尋孫楚酒樓、訪鳳凰臺，目的都在尋覓李白遺迹，表達自己的私淑之情。游杏花村，至烏衣巷，寫下：

王謝南來住一區，斜陽高挂路盤迂。人猶不識烏衣巷，莫怪飛飛燕子愚。

詩能反古意而出，意味深長。到冶城、幕府山等地，六朝遺迹滿目在，他痛恨淫樂誤國的陳後主，寫下《燕支井》《芳樂苑》《臨春閣》《景陽樓》《百尺樓》等詩，滿紙譴責遺憾之情。看到金陵虎踞龍盤的地勢，寫下《石頭城》《朱雀航》《攝山》《鐘山》《天闕》《金城》《虎踞關》等，感嘆地勢之險峻，而庸君佞臣之誤國，這時的詩人分明是一位正直儒士。而他不會放弃任何去古刹名觀的機會，寫下《瓦官寺》《鷄鳴寺》《靈穀寺》《栖霞寺》等詩，羡慕幽静之地被方外之人盡享。他與人過江去安徽蕪湖，寫下《過采石登太白樓三首》《太白墓》《青山》，在《太白墓》裹説：『爲深私淑拜荒墳，間有疑情欲問君。』田霢把自己當作太白弟子，凡有李白經過的古迹，田霢必去憑吊。

後登舟經勾容縣、歷丹陽，到達蘇州。他訪虎丘，至玄墓山看梅，訪友周榕客，泛舟太湖上。經錢塘江，達紹興，登蘭渚，遥思蘭亭流觴之勝；探禹穴、雷門，游曹娥江。再經梁湖鎮，至台州。在寧波時正逢清明時節，有詩《清明客寧波署中見桃花有感》：

年衰何事遠離家？且逐春風玩物華。猶是常時禁烟日，三千里外看桃花。

至此折回金陵，告别北歸，《將還德水留别白門諸同學》云：

欲别金陵去，言行未遂行。山川雖在眼，節序老堪驚。一見春芳盡，還愁暑漸生。遲回不無意，多半爲交情。

表明對江南的留戀盤桓，意在友情。

三

王士禛《鬲津草堂詩序》云：

昔司空表聖作《詩品二十四》，有謂沖澹者曰：遇之匪深，即之愈稀；有謂自然者曰：俯拾即是，不取諸鄰；有謂清奇者曰：神出古异，澹不可收。是三者，品之最上，而子益之詩有之。〔九〕

王士禛認爲田霡詩歌具備沖淡、自然、清奇的藝術風貌，是詩之最上品。田霡《春日雜詩八首》之三寫家鄉鬲津河兩岸的春景，詩云：

花事才經眼，閑游到鬲津。柔藍浮野岸，淡墨上春鱗。

被王士禛評曰『「淡墨上春鱗」五字，似不自人間來』，興象、意趣頗具自然、沖淡、清奇之美。

田霡有的詩歌具備渾融淡遠的藝術境界。田霡寫詩，幾乎從來不作工筆描繪，寫景物爲主觀抒情服務，這正體現了神韵派詩歌的特點，正如《四庫全書總目提要》所云：『密咏恬吟，成一丘一壑之趣。』〔一〇〕如《竹枝詞四首》之一：

陵州風景亦堪論，河上帆檣路上村。春水三灣迎兩寺，大西門北小西門。

語言雖平淡但極工整而又富有表現力，寥寥數語，就將小城德州的景致呈現在人們面前。

田霡擅長近體詩，尤其是七言絶句，《四庫全書總目提要》稱：『生平爲詩以七言絶句自負，自少至老亦惟是體特多云。』〔一二〕從田霡的詩歌留存來看，這是中肯的評價。

綜之，受人生閲歷的影響，田霡詩歌題材不够豐富，其詩風格冲澹、自然、清奇，詩體中尤擅絶句。田霡與王士禛交密，一生服膺神韵之説，是清初詩壇神韵詩派的重要成員。其詩歌深得王氏贊譽，王士禛親自爲田霡的兩卷詩題寫序言并點評。《鬲津草堂詩集》四庫全書存目，盧見曾編纂《國朝山左詩鈔》收録田霡詩 107 首，徐世昌的《晚晴簃詩匯》收入田霡詩 8 首。田霡爲布衣詩人，交游圈子根本無法與衆多出仕甚至身居要津的詩人相比。但據《國朝山左詩鈔》所載，與田霡唱和的詩人仍多達十幾人，可見田霡詩歌在清初詩壇的重要地位。

——本文原文發表於《德州學院學報》，2010 年第 1 期，有改動。

【注】

〔一〕〔二〕〔七〕田霡：《香城先生自撰墓志銘》，《安德田氏家譜》，田氏祠堂本卷三。

〔三〕本文所涉田霡詩歌，均摘自《鬲津草堂詩集》，清德州田氏刻《德州田氏叢書》本。

〔四〕〔六〕盧見曾：《雅雨堂文集》，《續修四庫全書》本。

〔五〕曹鼎、劉保今、楊炳輝：《田雯詩選》，首都師範大學出版社1996年版。
〔八〕（清）夏慎樞：《南游稿序》，《鬲津草堂詩集》，清德州田氏刻《德州田氏叢書》本。
〔九〕王士禛：《鬲津草堂詩序》，《鬲津草堂詩集》，清德州田氏刻《德州田氏叢書》本。
〔一〇〕〔一一〕（清）永瑢等：《四庫全書總目》，中華書局1965年版。

第七篇　明清時期德州田氏婚姻狀況簡論

婚姻是世家望族極其重視的内容，他們往往期望通過聯姻使望族的地位得到不斷强化。爲達成這個目的，從魏晉至唐，曾長期盛行門第婚姻，如北方的崔、盧、李、鄭等高門貴姓之間的聯姻。宋元以降，雖然科舉世家取代了魏晉時期的門閥士族，但由科舉起家的世家望族，仍然在婚姻的選擇中奉行着『門當户對』的潛規則，去追求家族政治、經濟、文化等各種利益的最大化。這在中國封建社會是普遍的現象，在作爲明清世家望族的德州田氏身上自然也不例外。

一、德州田氏婚姻基本狀況與特點

由於封建社會婦女地位的低下，只有有成就、給家族争光的女子才被寫入譜牒，一般女性是不入族譜的。娶入情況只記述娶『配某氏』，女兒情況只寫明人數，一般不標明嫁出去向，不記述姻親情況，更談不上對夫家家世的記載，這就使構成婚姻另一半的女性信息非常少，給研究工作帶來不少難度。筆者根據《安德田氏家譜》統計，田氏自一世至十二世〔一〕，共記載娶入婚姻 303 起，其中明確標明『配某氏』的婚姻 249 起。特别難能可貴的是，《安德田氏家譜》設有内傳、外傳篇，記述『母德』與『諸姑伯姊』，雖數量有限、内容簡約，但對進一步瞭解田氏家族女性婚姻生活的狀況，研究德州田氏的婚姻，提供了寶貴的尋繹綫索。現以《安德田氏家譜》爲主，參照地方志、文人別集等資料的記載，從娶入與嫁出兩個方面，解析德州田氏婚姻的基本情況與特點。

現就德州田氏一世至十二世的249起婚姻中，對研究其家族婚姻狀況非常重要和研究信息相對豐富的26例娶入和27例嫁出情況列表如下：

（一）德州田氏婚姻部分娶入情況表

代次	編號	夫名	妻名	妻族相關信息	資料來源
一	1	畹	不詳	不詳	《安德田氏家譜》卷一《世表》
二	2	禹民	焦氏	不詳	《安德田氏家譜》卷一《世表》、卷二《內傳》
三	3	三戒	宋氏	不詳	《安德田氏家譜》卷一《世表》、卷二《內傳》
	4	三省	馬氏	不詳	《安德田氏家譜》卷一《世表》、卷二《內傳》
四	5	高	丁氏	嘉靖庚戌進士户部郎中丁未成女	《安德田氏家譜》卷一《世表》、卷二《內傳》
五	6	實栗	于氏	處士于錦女	《安德田氏家譜》卷一《世表》、卷二《內傳》
	7		錢氏	不詳	《安德田氏家譜》卷一《世表》、卷二《內傳》
六	8	緒宗	張氏	處士張禎女	《安德田氏家譜》卷一《世表》、卷二《內傳》
七	9	雯	馬氏	德州馬現家族	《安德田氏家譜》卷一《世表》、卷二《內傳》
	10	需	吕氏	不詳	《安德田氏家譜》卷一《世表》、卷二《內傳》
	11		羅氏	不詳	《安德田氏家譜》卷一《世表》、卷二《內傳》
	12	霡	鄭氏	鄭鑌女	《安德田氏家譜》卷一《世表》、卷二《內傳》

（續表）

代次	編號	夫名	妻名	妻族相關信息	資料來源
八	13	肇麗	蘇氏	武城蘇之中家族	《安德田氏家譜》卷一《世表》、卷二《内傳》，田肇麗《先室蘇氏行略》，《甘泉蘇氏族譜》卷四上『之中公長支六世偉』條
	14	貽麗	李氏	雍正壬子癸丑連捷進士興安直隸州知州李世垣長女	《安德田氏家譜》卷一《世表》、卷二《内傳》
	15		趙氏	不詳	《安德田氏家譜》卷一《世表》、卷二《内傳》
	16		申氏	不詳	《安德田氏家譜》卷一《世表》、卷二《内傳》
	17	蔭麗	李氏	德州庚辰進士翰林院庶吉士内閣中書貴州主考李棣女	《安德田氏家譜》卷一《世表》、卷二《内傳》、乾隆《德州志》
九	18	同之	封氏	德州封王獻女	《安德田氏家譜》卷一《世表》、卷二《内傳》
	19		吕氏	滄州吕貞元女	《安德田氏家譜》卷一《世表》、卷二《内傳》
	20	嘉穟	封氏	内閣中書封珂女	《安德田氏家譜》卷一《世表》、卷二《内傳》
十	21	徵輿	李氏	景州李衍曾女	《安德田氏家譜》卷一《世表》、卷二《内傳》
	22	佺期	蘇氏	武城蘇青雲女	《安德田氏家譜》卷一《世表》、卷二《内傳》
	23	逢泰	吕氏	歲貢候選訓導吕軷女	《安德田氏家譜》卷一《世表》、卷二《内傳》
	24	廷梅	金氏	丙子科舉人揀選知縣金述藩女	《安德田氏家譜》卷一《世表》、卷二《内傳》
十一	25	璋	蓋氏	高家莊蓋聚仙女	《安德田氏家譜》卷四《節孝録》
	26	瑛	穀氏	不詳	《安德田氏家譜》卷一《世表》
			盧氏	不詳	《安德田氏家譜》卷一《世表》
	27	礽	孫氏	德州孫令藻女	《安德田氏家譜》卷一《世表》、卷四《節孝録》

（續表）

代次	編號	夫名	妻名	妻族相關信息	資料來源
十二	28	元春	謝氏	不詳	《安德田氏家譜》卷一《世表》
	29	榮春	趙氏	德州廩生臨淄縣訓導趙麗澤女	《安德田氏家譜》卷一《世表》、卷四《節孝録》

（二）德州田氏婚姻部分嫁出情況表

代次	編號	女名	夫名	功名或職位	夫家簡介	資料出處
五	1	高女	王家賓	諸生	不詳	《安德田氏家譜》卷二《外傳》
六	2	實栗長女	朱鼎久	諸生	不詳	《安德田氏家譜》卷二《外傳》
	3	實栗次女	宋金童	諸生	不詳	《安德田氏家譜》卷二《外傳》
	4	實栗三女	楊滋	諸生	不詳	《安德田氏家譜》卷二《外傳》
七	5	纘宗女	張芝眉	景州大理寺寺丞	不詳	《安德田氏家譜》卷二《外傳》
	6	緒宗女	許裕	諸生	不詳	《安德田氏家譜》卷二《外傳》
八	7	雯長女	李宜麟	山西驛傳道按察司副使	武定李之芳家族	《安德田氏家譜》卷二《外傳》、田同之《誥授中憲大夫鞏昌西固同知濬洲李君墓志銘》

（續表）

代次	編號	女名	夫名	功名或職位	夫家簡介	資料出處
八	8	雯次女	謝粲	貢生	德州謝重輝家族	《安德田氏家譜》卷二《外傳》
	9	雯三女	蕭承沆	歲貢生	德州蕭惟豫家族	《安德田氏家譜》卷二《外傳》
	10	需長女	蘇瓛	不詳	不詳	《安德田氏家譜》卷二《外傳》
	11	需次女	李舟	不詳	不詳	《安德田氏家譜》卷二《外傳》
九	12	肇麗長女	張某	貢生	景州	《安德田氏家譜》卷二《外傳》
	13	肇麗次女	張勖曾	景州候選主簿	不詳	《安德田氏家譜》卷二《外傳》
	14	貽麗女	李廷輔	不詳	不詳	《安德田氏家譜》卷二《外傳》
	15	髦士女	李世保	雲南昭通府同知	不詳	《安德田氏家譜》卷二《外傳》
	16	中儀長女	金好問	太學生	不詳	《安德田氏家譜》卷二《外傳》
	17	中儀次女	封元履	恩貢生	不詳	《安德田氏家譜》卷二《外傳》
十	18	同之長女	郎逵	鑲黄旗漢軍候選知州	不詳	《安德田氏家譜》卷二《外傳》
	19	同之次女	李丙賁	貢生	不詳	《安德田氏家譜》卷二《外傳》
	20	山農女	陳公兹	不詳	不詳	《安德田氏家譜》卷二《外傳》
	21	應宸女	魏玉昭	候選光禄署正	不詳	《安德田氏家譜》卷二《外傳》
十一	22	際昌女	賈洪先	武庠生	不詳	《安德田氏家譜》卷二《外傳》
	23	琺慈女	謝魁元	太學生	不詳	《安德田氏家譜》卷二《外傳》
	24	有麟女	李文莊	不詳	不詳	《安德田氏家譜》卷二《外傳》

（續表）

代次	編號	女名	夫名	功名或職位	夫家簡介	資料出處
十二	25	晋長女	封其緯	廪生	不詳	《安德田氏家譜》卷二《外傳》
	26	晋次女	趙公堦	太學生	不詳	《安德田氏家譜》卷二《外傳》
	27	琇女	羅詔封	不詳	不詳	《安德田氏家譜》卷二《外傳》

從前章可知，德州田氏的家族發展，經歷了從移植到崛起、鼎盛，再到逐漸衰敗的過程。與此相對應的，從上表可以看出，德州田氏的婚姻，無論嫁娶，都首先遵循了門第文化對等的基本規律。恩格斯説：

> 結婚是一種政治行爲，是一種借新的聯姻來擴大自己勢力的機會，起決定作用的是家世的利益，而絶不是個人的意願。[二]

細細分析起來，望族之間聯姻追求門第的匹配，無論是從優生優育學角度還是從政治學、經濟學、文化學的角度進行審視，優勢都是不言自喻的。正如凌郁之博士在《蘇州文化世家與清代文學》中所云：

> 通過强强聯姻而使其子弟的素質得以優化，使不同背景的家族文化得以碰撞、交融和提升。通過聯姻，單個的文化世家就連接成文化世家網絡。世家間文化資源和人才資源就可以實現互補共享。因此，一個家族既能在縱的方向上實現家族文化的承傳和提升，又能在横

的方向上實現家族利益的拓展以及家族文化間的溝通交融。〔三〕作爲橫跨明清兩代世家望族的德州田氏，其家族婚姻選擇在講究門第對等方面很具典型性，而且其婚姻門第追求具有『與時俱進』的特點：

一世至三世，德州田氏處於移植、積累階段，家族以務農、讀書爲本，平民的身份地位使得家族婚媾對象亦是尋常百姓人家。田氏早期姻家均默默無聞，一世植德公畹，二世堯民、舜民、湯民配偶竟然無載，二世中的禹民是德州田氏顯達的一支，但禹民、三戒的姻家也只是記爲『配焦氏』『配宋氏』而已。隨着德州田氏三世三戒於明嘉靖癸丑科進士及第，田氏初振家聲，禹民一支成爲書香門第，逐步走向文化世家的行列，聯姻對象開始變爲官宦門第、文化世族。四世祖高所配丁氏，爲明嘉靖庚戌進士、户部郎中丁未成女。六世緒宗之妻張氏，『生世族』〔四〕，其父張禎雖是處士，但從張氏『讀書明大義』的才學看，張家應爲書香世家。

德州田氏七世至九世，是家族發展的鼎盛期，這期間所結姻親，無論娶婦還是嫁女，幾乎皆爲名門望族、文化世家。如田雯之子田肇麗，娶武城蘇之中家族蘇偉女兒爲妻；田雯長女嫁武定府兵部尚書李之芳之子李宜麟爲妻，次女嫁同邑的德州謝氏内閣中書謝重輝之子謝綮。田需長子貽麗娶興安直隸州知州李世垣長女，次子蔭麗娶庚辰進士翰林院庶吉士内閣中書貴州主考李棅女，嘉檖妻封氏是内閣中書封珂之女。

九世之後，德州田氏進入衰敗期，此期田氏姻家多爲知縣或廩生等底層官吏、書生，以致衆多姻親無從查考。如田雯長孫同之的兒女結親，徵輿妻李氏，只簡記爲景州李衍曾女，逢泰妻呂氏爲歲貢候選訓導呂軷女，佺期妻蘇氏是武城蘇青雲女，同之長女嫁鑲黃旗漢軍候選知州郎逵，同之次女嫁給貢生李丙賁，基本上都是名不見經傳的小人物了，已不能與前輩同日而語。

值得關注的是，處於上升期的文化世族的結親，創業的一代，其本身婚姻不見得與後來自身身份門當户對，其影響一般在子輩呈現，存在着門第對等方面的『延後』現象。田三戒是嘉靖癸丑進士，歷官户部主事，但其妻宋氏没有資料顯示其出生世家貴胄。究其原因，三戒處於適婚年齡時本人尚未顯達。這種現象在第六世田緒宗、第七世田雯輩的婚配中再次顯現，父子二人雖貴爲進士，緒宗岳父張禎僅爲處士，由於緒宗四十四歲才進士及第，四十六歲到麗水任不足半載即殉職，其對子輩婚姻幾無影響。田雯妻族信息在家譜中僅記爲『馬琨女』。這種望族婚姻門第對等的『延後』現象，實際上也正是婚姻締結中門當户對追求更爲鮮明的體現。

德州田氏婚姻的第二個顯著特點表現在地域方面，同里聯姻爲主。其結親對象地域選擇上以本地望族爲主，如其重要的幾家姻家蕭氏、謝氏、封氏、李氏，皆爲德州本地望族。儘管有時會有所突破，偶爾會出現遠娶或者遠嫁，如武定李氏、武城蘇氏、景州張氏等，也是圍繞德州爲中心的附近州邑。這種婚姻選擇既有文化上的認同感，也有利於對出嫁女兒的呵護，更重要的是通過婚姻連接起的血緣紐帶，將衆多望族連接起來，在地方上形成利益同盟，從而擴大了家族影響力，鞏固本身利益。

二、德州田氏的婚姻習俗

婚姻是一種特定的社會關係，婚姻的習俗受制於時代、地域文化，與一個家族的經濟狀況、政治地位有關，也是一個家族的内部文化的重要特徵，它主要表現在結婚年齡、配偶年齡大小、婚配次數、婚姻決定權等方面。

1. 結婚年齡

德州田氏家族成員的有關結婚年齡的文獻記載較少，這給研究工作帶來不少難度，現將僅存的六則資料梳理如下：

（1）緒宗與張氏

根據《蓼菴田公年譜》〔五〕，田緒宗二十三歲時結婚，時間是崇禎四年（1631）辛未閏十一月，而張氏生於萬曆四十二年（1615）乙卯〔六〕，由此可知張氏時年十七歲。

（2）田雯與馬氏

據田雯《蒙齋年譜》記載，辛卯十七歲時，十月娶馬氏，而據肇麗撰寫馬氏傳記〔七〕，馬氏十六歲嫁與田雯。

（3）田肇麗與蘇氏

田肇麗《先室蘇氏行略》記載，蘇氏十七歲嫁與肇麗，而據田同之撰寫的蘇氏傳記所載的蘇氏的生年是順治十六年，這樣兩人結婚時間是康熙十四年，而肇麗生於順治十八年〔八〕，康熙十四年時，田肇麗的年齡是十五歲。

（4）田同之與封氏

田同之《奠元配封孺人文》載，封氏『年十四歸同之』，『生於康熙十八年，』如此，其結婚之年爲康熙三十一年，而同之生於康熙十六年，如此，田同之結婚時年齡爲十六歲。

（5）田需與呂氏

卷二《内傳》，田需妻子呂氏十四歲嫁與田需，則其婚嫁時間是順治十三年（1656），此時田需十七歲。

（6）許田氏

據《蓼菴先生年譜》載，其長女田氏生於崇禎五年，順治五年嫁與許裕，由此可知，田氏當年是十七歲。

由以上可以看出，德州田氏男子結婚的年齡，最早的是肇麗十五歲，最晚的緒宗二十三歲，五例的平均年齡約爲十八歲；德州田氏女子（包括娶婦與嫁女）結婚年齡自十四歲至十七歲，六例的平均年齡約爲十六歲。

2. 配偶數量

筆者根據《安德田氏家譜》世表提供的信息統計，在德州田氏自一世至十二世的201位男子中，只有 40 人有兩次以上的婚姻，比例爲 19%，只占五分之一；在最爲鼎盛的六世至九世中的 116 名男子中，只有 14 人有兩次以上的婚姻，比例爲 11%。而且，從家譜和相關傳記來看，第二次婚姻全部是喪偶後的『既配』，而非『側室』，這種不追求多妻的現象，説明在德州田氏家族文化中既重視子女繁衍和宗族勢力的擴大，也重視夫妻之間感情的忠誠與專一。例如貴爲刑户兩部侍郎的田雯，一生只娶了妻子馬氏一人，夫妻相濡以沫，感情深厚，這在封建社會士大夫階層十分少見。位列封疆的士大夫往往三妻四妾，即使是在同邑的德州，明監察御史盧世㴶，就娶有四個妻子，另外還有四個側室，由此更可以見出田氏家風的嚴謹。

3. 婚姻決定權

婚姻的決定權是婚姻是否自由的關鍵標準。德州田氏的婚姻資料保存稀少，但從僅存的零星綫索裏，也能看出像所有封建時代的名門望族一樣，德州田氏子女婚姻聽從於『父母之命』。如《安德田氏家譜》所載的關於十一世田榮春妻趙氏的一則資料：

先祖叔祖妣趙氏，秉志賢淑，富有才能，牌子村臨淄縣教諭趙公麗澤之女，髫年在家從父讀書，講明詩書之訓，從母習針綫家居度日必需之品，研究精詳，閨中四德具備。錫庶公（筆者按：田晋，字錫庶，榮春之父）稔知其賢，挽友作伐聘爲子向橋之配。

這則婚姻是田榮春的父親田晋熟悉趙氏之賢德，爲兒子請媒定聘的。在封建社會，不論是同僚之間結爲親家，還是交游之友間、世代通婚家族間結親，婚姻往往是父輩從維護家族的利益出發而定奪，德州田氏也不例外。

綜上所述，德州田氏婚姻的狀況，不論是從結婚年齡、婚配次數，還是從婚姻的決定權來看，都符合封建社會世家望族婚姻的一般做法。其婚姻中的不重側室等做法，具有自己獨特的家族文化特色。

三、德州田氏的重要姻親家世和婚姻圈

在德州田氏家族鼎盛的七世至九世時期，其最爲重要的姻家有德州謝氏、德州蕭氏、德州李氏、武定李氏、武城蘇氏，現將這五家世家望族的家世情況簡介如下：

（一）德州謝氏

德州謝氏是横跨明清兩代的世家望族、官宦門第，并在明清鼎革之際的『謹掃境土，以待天庥』[九]的德州『誅僞』、獻城事件中發揮了重要作用。德州田氏八世田雯次女嫁與謝重輝之子謝粲爲妻，田雯與謝重輝同朝爲官，并同被王士禛推爲詩壇的『金臺十子』，兩姓交往密切。德州謝氏的代表人物有：

謝廷策，字正甫，萬曆十七年（1589）己丑科進士，歷官陝西高陵令、浙江道御史。因疏忤上謫懷仁縣典史，卒贈光禄寺少卿。

謝陞，廷策長子，字伊晉，萬曆五年（1577）丁丑科進士，官至大學士。明清鼎革中，曾代表德

州士紳上書北京獻城，入清後徵拜左柱國内院大學士少傅兼太子太傅、吏部尚書，卒贈太師，謚清義。

謝陛，廷策次子，拔貢生。甲申之變，於德州率衆『誅僞』。

謝重輝，字方山，號匏齋，謝陞嗣子，謝陛子，以蔭官起家，歷官刑部郎中，後引疾歸里。博雅好古，工詩，與田雯并列『京師十子』（金臺十子），有《杏村集》七卷行世。

（二）德州蕭氏

蕭氏也是德州仕宦之家、書香門第，田雯第三女嫁清順治戊戌科進士、翰林院侍讀蕭惟豫子承沆。蕭氏代表人物有：

蕭時亨，字天衢，别號會寰，原籍遼寧鐵嶺衛人，年十五襲指揮僉事，崇禎五年（1632）寄俸德州，遂移家焉。致仕課子，性慈好施，恬淡自如。

蕭惟豫，時亨季子，字介石，號韓坡，順治十五年（1658）戊戌進士，由庶常歷官至翰林院侍讀，典試江右，督學順天。父時亨曾書『公、明、慎』三字勵之。

蕭承洙，惟豫子，拔貢生。善書，汶上縣教諭。

蕭承沆，惟豫子，字道一，歲貢生。

蕭炘，惟豫侄曾孫，康熙六十年（1721）辛丑科進士，由文選司考授御史。

（三）德州李氏

德州李氏是明清科舉文化世家，自明代李大華以來，科第連綿，明清兩代出仕爲官者數十人。

田霦子蔭麗娶庚辰進士翰林院庶吉士内閣中書貴州主考李楝女，從而成爲德州田氏同邑的重要姻親。德州李氏的主要代表人物有：

李大華，其父自商河遷來德州。萬曆元年（1573）癸酉科舉人，知武强縣，治行清介，秉性剛方，後弃官歸里。

李誠明，大華子，字思伯，萬曆二十三年（1594）甲午科舉人，博覽群書，不同俗解。天啓年間被薦中書舍人不就，閹黨聘之托病固辭不赴，遂建矩亭，讀書自娱，詩文典雅，學者稱泰雲先生，崇祀鄉賢。

李讃明，誠明弟，崇禎十三年（1640）庚辰科進士，歷升山西驛傳道僉事。

李源，誠明子，字星來，一字江余，順治三年（1646）丙戌科進士，知河津縣，寬徭役、緩催科，三月流民盡歸，任上平張家璧叛亂，歸里吟咏矩亭。

李楝，李源三子，字文棨，康熙三十九年（1700）庚辰科進士，由庶常改中書舍人。康熙四十七年（1708）典試貴州，以勞得疾卒於途，黔人祀之。

李樫，李源四子，字聖木，康熙三十八年（1699）巳卯科舉人。工詩文，慷慨尚義，倜儻有氣節。

李徵熊，李樫子，字渭占，幼承家學，篤志力行，雍正五年（1727）舉孝廉方正。以諸生爲浙江武康令，移任定海，廉潔愛民，雅有政聲，受業諸生呼爲『李夫子』。

李賓默，李棅子，字敏叔，由監生考職特用爲知縣，任浙江雲和縣知，創雲溪書院，開倉賑灾。以才幹調鎮海縣，賑海水灾，『民有青天白日，甘雨祥雲之誦』，保舉辰州府同知改保定府同知。

李有基，李樫孫，字黻異，號東圃，乾隆三十年（1765）乙酉科解元，乾隆四十六年（1781）辛丑科進士。授福建連城縣令，興利除弊，『不數月邑人有政簡刑清之誦』，卒於官。著有《州志考异》。

李邦基，李樫孫，乾隆四十二年（1777）丁酉科舉人。

李鋼，李樫曾孫，有基子，乾隆四十八年（1783）癸卯科舉人，官蘭山廣文。

李録，有基子，嘉慶二十一年（1816）丙子科舉人。

李汝霖，字雨岩，李源後裔，幼承家學，詩文超群，咸豐八年（1858）戊午舉人，同治四年（1865）乙丑科成進士。以翰林院庶吉士留館授編修，歷充光緒三年（1877）丁丑、十二年（1886）丙戌等科會試同考官，得人最盛，多爲名卿大夫。時有『鐵網珊瑚』之譽，記名御史，端正不阿，有古大臣風。

李振鈞，字蔚卿，蔭生，歷任寶坻縣知、香河縣知，事多善政，有循良之稱。

（四）武定李氏

武定李氏是清代武定府海豐縣（今濱州市惠民縣）著名的詩書衣冠巨族，先世與田氏一樣爲棗强遺民。李家自清初以文華殿大學士、吏部尚書之芳起家後，有清一代科甲蟬聯不絶，進士、舉人、貢生踵出，得官者有幾十人，可謂『簪纓滿門』。田雯長女嫁與李之芳次子李宜麟，武定李氏是德州田氏姻親中政治地位最爲顯赫的家族。清代海豐李氏主要代表人物有：

李之芳，字鄴園，明崇禎十五年（1642）壬午科舉人，清順治四年（1647）丁亥科進士及第。初授浙江金華府推官，以治績擢刑部主事，歷遷刑部員外郎、刑部郎中、河南道掌印監察御史、左副都御史、吏部右侍郎兼左副都御史銜總督浙江軍務。康熙初，在平定『三藩』之亂中，率軍累立奇功，戰後任兵部尚書、吏部尚書。康熙二十六年（1687）丁卯授文華殿大學士。先後充任《政治典訓》《大清會典》等書總裁。係清初重臣，《清史稿》有長傳。卒後謚『文襄』。

李鍾麟，之芳長子，字玉書，以父蔭岳州府同知，官至副使。著有《四書反身録》。

李宜麟，之芳季子，田雯婿，字繡書，貢生，任陝西分巡驛傳道按察使司副使，誥授中憲大夫。

李生麟，之芳侄，字丹書，康熙進士，翰林院庶吉士。

李壽澎，生麟子，字眉洲，雍正進士，授山西介修知縣，報兵部主事，遷員外升禮部郎中。

李壽瀚，之芳孫，田雯甥孫，字睿洲，歷官湖南岳州府通判、蘭州府同知、鞏昌府同知。

李壽彤，之芳孫，字環洲，西河縣知縣。

李壽淦，之芳孫，字起洲，以舉人例授知縣。

李壽淵，之芳孫，字静洲，雍正舉人。

李本樟，壽澎子，字文木，雍正進士，由刑部主事歷升禮部郎中，官池州府知府。著有《聽松軒詩集》。

李本桂，字燕以，之芳曾孫，附監生，工詩兼精醫理。著有《清梵亭集》。

李本揆，字公度，之芳曾孫，附監生，詩人。有《得朋樓詩文集》。

其中，武定李氏『本』字輩中，田雯曾外孫李師敏，壽瀚子，初名李本杞，字仲堅，號允堂，乾隆二十二年（1757）丁丑科進士，歷任興化、漳州知府，臺灣知府。乾隆三十七年（1772），他於臺灣知府任内建立多處隘勇綫，避免蕃漢衝突，乾隆三十九年（1774）卒於該知府任内，爲加强臺灣府管轄、治理做出了貢獻。

（五）武城蘇氏〔一〇〕

武城蘇氏爲清代武城望族，爲眉山派蘇轍後裔，明代正德年間自兖州遷來。甲申之變，五世蘇之中暗中接納南歸士大夫，且樂善好施，遂聲名鵲起，以豪俠聞名南北齊趙間，海内稱『蘇次公』。有清一代之中支科甲隆盛，共培育出5名進士，中舉、出爲知縣以上品級的士子近五十人，成爲赫赫有名的地域望族。田雯長子田肇麗娶武城蘇氏蘇偉女，兩姓遂爲世交。清代武城蘇氏的杰出代表有：

蘇俊，字茂章，一字用章，號純夫，之中第四子，武城蘇氏第一位進士。蘇俊爲康熙十一年（1672）壬子科舉人，康熙十五年（1676）丙辰科進士。歷任中書科掌印中書、浙江鄉試副主考、兵科給事中加一級。兵科給事中任上，蘇俊不畏權勢，連上三篇奏疏擊中時弊，轟動朝野，被譽爲

『士論快之，天下傳之，後世頌之』。

蘇偉，之中長子，字茂宏，一字濟夫，康熙十四年（1675）乙卯科舉人，康熙三十年（1691）辛未科進士，得二甲二十二名，授中書舍人。順天武闈分考，奉命典試湖廣道，卒於河南衛輝旅途中。

蘇習禮，之中孫，蘇伸子，康熙四十一年（1702）壬午科舉人，康熙四十八年（1709）己丑科進士，歷任翰林院庶吉士、翰林院檢討、宗人府教習，福建連江、江西萬安縣知縣。

蘇亮禮，蘇俊子，康熙三十五年（1696）丙子科舉人。

蘇三禮，康熙三十八年（1699）己卯科舉人。

蘇持禮，蘇俊子，康熙四十一年（1702）壬午科舉人。

蘇大禮，康熙四十四年（1705）乙酉科舉人，絳縣知縣。

蘇襄雲，蘇以禮長子，字龍起，別號木齋。雍正四年（1726）丙午科舉人，雍正十一年（1733）進士。乾隆丙辰由翰林院庶吉士改授山西趙城縣知縣，立學堂、通水渠、緝盜慎刑、築堤捍患，雅有政聲。後充山西鄉試同考官，特調臨汾知縣加一級。

蘇綖，蘇習禮第三子，字其度，號杏村，乾隆十八年順天鄉試舉人，乾隆十九年進士。進入詞林館，歷任翰林院檢討加二級，充武英殿纂修官、功臣館纂修、上書房記名御史、順天庚辰鄉試同考官、辛巳科會試同考官，封儒林郎，例授奉直大夫。

蘇鵬雲，襄雲弟，乾隆丙辰恩科舉人。

蘇載，乾隆丙辰恩科舉人。

武城蘇氏家有武學傳統，弟子中中武舉的代表有：

蘇天成，順治八年（1651）辛卯科。

蘇廷士，康熙八年（1669）己酉科。

蘇楹，康熙十四年（1675）乙卯科。

在德州田氏的婚姻圈裏，除了以上由五家主要姻親而形成的直接親緣關係以外，像封建社會所有的世家望族一樣，田氏通過姻親連接起來的其他望族豪門，也是一種不可忽視的人際脉絡。如在德州及附近州縣，田氏的主要姻親謝氏、蕭氏、蘇氏等，通過自身的姻親將德州盧氏、平原董氏之間連接起來，他們之間的具體關係是：德州謝氏的謝廷策女嫁與德州盧氏的盧世漼爲妻，謝陞女嫁與盧世漼次子孝餘爲妻；德州蕭氏的蕭惟豫一女嫁與平原董氏的董訥之子董思凝；武城甘泉蘇氏的蘇持禮娶平原董氏的董訥之女爲妻。而武定李氏與明清著名的海内右族新城王氏間有4次聯姻之多〔一二〕，通過武定李氏，德州田氏自然與新城王氏也有了相對密切的人際關係。

在這種複雜的婚姻圈内，形成了形形色色的人際脉絡。宋弼《州乘餘聞》記載了一則有趣的軼事：

蕭侍讀女適平原董副使思凝，一子娶田司農女。他日，兩甥董元度、蕭廷相共論人物，蕭

云『吾鄉必司農第一流』，董曰故當是第二流，蕭争之甚力。良久，董徐曰：『汝外祖不如吾外祖。』[一二]

董元度的外祖父蕭惟豫是蕭廷相的爺爺，蕭廷相因爲不願將自己的爺爺蕭惟豫與外公田雯進行比較，從而讓董元度占了上風。

新城王氏的家世情況已經有不少成果介紹，現將德州盧氏、平原董氏的家世情況簡述如下。

德州盧氏是跨越明清兩代、綿延近四百年的官宦家族、文化世家。明初由直隸淶水遷來，自明中期始尤其是清代，科甲相聯，代有聞人。其主要代表人物有：

盧世㴶，字德水，號紫房，晚號南村病叟，明天啓進士，官户部主事、監察御史，明末領導德州『誅僞』，手誅『僞牧』，入清起赴原官，以病不赴。著《讀杜私言》，是杜詩研究史上與錢謙益比肩的人物，時謂『南錢北盧』，有《尊水園集略》十二卷。

盧道悦，世㴶堂孫，字喜臣，號夢山，康熙九年進士，官陝西隴西知縣、河南偃師知縣。著《公餘漫草》《情福堂遺稿》。

盧見曾，道悦子，字抱孫，號雅雨山人，清代著名藏書家和優秀詩人。康熙六十年進士，歷官四川洪雅知縣、安徽蒙城知縣、六安知州、亳州知州、江寧知府、潁州知府、江西饒九南道、兩淮鹽運使、直隸欒州知州、永平府知府、長蘆鹽運使、兩淮鹽運使。《清史列傳·本傳》云，見曾有吏才，『勤於吏治，所至皆有殊績，然愛才好士，官鹽運時，四方名流咸集，極一時文酒之盛』[一三]。

盧蔭文，見曾孫，字景範，號海門，乾隆己酉進士，紀昀婿。歷官安徽建平、舒城、涇縣知縣，壬子分教江南，雅有政聲。

盧蔭溥，盧謙子，字霖生，號南石，乾隆辛丑進士。以翰林院編修起，參與編修三通及河源紀略，充翰林院辦事官，升鴻臚寺少卿，擢兵部左侍郎、禮部尚書，歷任吏、户、兵、刑、工等部尚書，晋協辦大學士，授體仁閣大學士，總理刑部有年，平反多案。卒贈太子太師，謚文肅，入祀賢良祠，國史有傳。

盧慶綸，蔭溥孫，字理堂，號伴鶴，道光辛丑進士。歷官翰林院庶吉士，武英殿協修、編修，武英殿纂修，國史館總纂，功臣館纂修，文淵閣校理。

平原董氏是明清時期平原著名的官僚世家。董家明初自樂安遷至平原，於明末清初科甲不絶，聞人輩出，族中有多人出仕爲官。且與同邑名門張國柱家族、江南長洲世家范必應家均有姻親之誼。平原董氏主要代表人物有：

董振秀，董訥祖，字健華，貢生，以守城功授太平府通判升温州府同知。尋以事兵備於温州，升參議分守處州，晋浙江按察使，署福建驛傳道、兵備道副使，加正三品。

董允禎，董訥父，貢生，官景寧訓導。有一女嫁同邑内閣中書張拭。

董訥，允禎子，字兹重，號默庵，清康熙六年探花。歷官日講官、起居注官、中允、侍講，遷侍讀學士、禮部右侍郎、會試總裁、經筵講官，晋户部、吏部侍郎轉左都御史、兵部尚書兼右都御使、兩江總督，後因治河案株連罷官，降補侍讀學士升内閣學士，轉兵部侍郎總督漕運，掌都察院，督修江工卒。有《柳村詩集》12卷、《督漕疏草》22卷行世。董訥係清初重臣，《清史稿》有傳。

董訪，允禎子，字季問，號裕庵，監生，絶意仕途，於書無所不讀。而尤好詩，爲清初著名文士，著有《似山亭詩集》。

董調，允禎子，字兹鈞，以明經官行人司行人。

董思凝，訥子，字養齋，康熙進士，歷官内閣中書，刑部主事、吏部文選司郎中、湖廣提學道僉事、口北道參議，參修《大清律》。娶長州翰林檢討必因女。

尤其值得一提的是，平原董氏詩書傳家。清中期的董元度，思凝子，號寄廬，乾隆進士，翰林院庶吉士，爲紀曉嵐所推重，後出任某府學教授，晚年主保定蓮池書院。其詩宗王漁洋，有《舊雨草堂集》。元度侄董芸，字香草，號書農，嘉慶舉人。博讀經史，文章雅健，尤工詞賦，著有《廣齊音》《半隱園詩集》。元度、芸，皆爲清中期山左詩壇重要詩家。

綜上所述，作爲名門望族，德州田氏通過追求以『門當户對』和同地域的通婚爲主要特徵的聯姻，進一步擴大了德州田氏人際脉絡和家族勢力。通過血緣親情自然地姻親互助，必然增强了家族抵禦風險的能力，文化世家的高頻率的雅集交流，促進了田氏家族文化水平的提高。

——本文原發表於《齊魯文化研究》2011年第2期，有改動。

【注】

〔一〕德州田氏自十二世誕生了最後一位進士田元春後，徹底衰落，家族婚姻信息稀缺，故本章内容研究主要以德州田氏第一至十二世爲時間斷限。

〔二〕《馬克思恩格斯全集》第二十一卷，人民出版社 2008 年版。

〔三〕凌郁之：《蘇州文化世家與清代文學》，齊魯書社 2008 年版，第 32 頁。

〔四〕張玉書：《皇清誥封太恭人田母張太君墓志銘》，民國續修《安德田氏家譜》卷三藝文二十四，田志恕藏。

〔五〕民國續修《安德田氏家譜》卷四，田志恕藏。

〔六〕民國續修《安德田氏家譜》卷二《内傳》。

〔七〕民國續修《安德田氏家譜》卷二《内傳》。

〔八〕田雯：《蒙齋年譜》，田肇麗《安德田氏家譜》卷二《田肇麗傳記》。

〔九〕王培荀：《鄉園憶舊録》，齊魯書社 1993 年版。

〔一〇〕據乾隆《武城縣志》卷六選舉志。

〔一一〕何成：《新城王氏：對明清時期山東科舉望族的個案研究》，山東大學博士論文，2002 年，第 112 頁。

〔一二〕宋弼：《州乘餘聞》德行篇，光緒戊子（1888）養知堂刻本。

〔一三〕王鍾翰點校：《清史列傳》卷七一，中華書局1987年版，第5838頁。

參考文獻

（清）田雯：《古歡堂集》，清康熙刊本。

（清）田雯等：《德州田氏叢書》，清康熙乾隆間德州田氏叢書本。

（清）田霡：《鬲津草堂詩》，清乾隆三年刻本。

（清）田同之：《硯思集》，清乾隆七年刻本。

（清）田雯、田同之：《田氏家譜》，國家圖書館藏影印天津圖書館藏本。

（清）田雯、田同之等：《安德田氏家譜》，田志恕藏宗祠版。

劉聿鑫主編：《馮惟敏、馮溥、李之芳、田雯、張篤慶、郝懿行、王懿榮年譜》，山東大學出版社 2002 年版。

趙爾巽：《清史稿》，中華書局 1977 年版。

王鍾翰點校：《清史列傳》，中華書局 1987 年版。

《山東通志》，上海古籍出版社 1991 年版。

（清）錢儀吉纂：《碑傳集》，中華書局 1993 年版。

《中國地方志集成（山東府縣志輯）》，鳳凰出版社等 2004 年版。

丁福保：《清詩話》，北京圖書館出版社 2003 年版。

郭紹虞編選，富壽蓀校點：《清詩話續編》，上海古籍出版社 1983 年版。

鄧之誠：《清詩紀事初編》，中華書局 1965 年版。

錢仲聯：《清詩紀事》，江蘇古籍出版社 1987 年版。

王紹曾主編：《山東文獻書目》，齊魯書社 1993 年版。

萬國鼎編：《中國歷史紀年表》，中華書局 1978 年版。

《四庫全書》，文淵閣影印四庫全書本。

四庫全書存目叢書編纂委員會編：《四庫全書存目叢書》，齊魯書社 1997 年版。

（清）永瑢等撰：《四庫全書總目提要》，中華書局 1965 年版。

山東文獻集成編纂委員會編：《山東文獻集成》，山東大學出版社 2006 年版。

安作璋、王志民主編：《齊魯文化通史》，中華書局 2004 年版。

喬力、李少群主編：《山東文學通史》，山東教育出版社 2003 年版。

王世舜、王翠葉譯注：《尚書》，中華書局 2012 年版。

（漢）王符著，（清）汪繼培箋，彭鐸校正：《潛夫論箋校正》，中華書局2014年版。
唐長孺點校，何德章、凍國棟修訂：《魏書》，中華書局2018年版。